*Über dieses Buch*

1915. In Europa tobt der Erste Weltkrieg. Der neunzehnjährige Robert Ross aus einem weltabgeschiedenen Provinznest in Kanada meldet sich nach dem Tod der geliebten Schwester als Freiwilliger in die kanadische Armee. Er ist in der harten Männerwelt des Krieges auf der Suche nach einem Halt, nach einem Vorbild. Was er findet, ist die Hölle von Verdun, das Massensterben im Schlamm der Schützengräben, einen Krieg gegen alles, was lebt. Er ist kein Held, er ist ein Mitleidender, der erleichtert das Überleben der Kröte zwischen den toten Kameraden registriert und schließlich in einer Wahnsinnstat – er befreit Pferde aus brennenden Eisenbahnwaggons und schießt dabei in apokalyptischem Wahn Menschen, die sich ihm in den Weg stellen, nieder – wenigstens die Kreatur zu retten versucht.
Dieses Buch über die Schrecken der Flandernschlachten zerstört eine heroische Legende, nicht anders als Remarques »Im Westen nichts Neues« und Hemingways »In einem andern Land«. Aber im Unterschied zu Remarque und Hemingway hat der kanadische Autor vom Jahrgang 1930 weder den Ersten noch den Zweiten Weltkrieg miterlebt. Um so erstaunlicher die Kraft seiner Imagination, mit der er den grausamen Realismus des Sterbens zu schildern vermag. Ein Antikriegsbuch, in dem das Veteranenpathos des Dabeigewesenen ersetzt wird von tiefer Trauer – »hier verbluten Seelen« –, von Annemarie Böll mit bewundernswerter Einfühlsamkeit ins Deutsche übersetzt.

*Der Autor*

Timothy Findley, geboren 1930, lebt in der Nähe von Toronto. Er war fünfzehn Jahre lang Schauspieler. Er schreibt Erzählungen, Hörspiele, Drehbücher für Film und Fernsehen. »Der Krieg und die Kröte« ist sein dritter Roman.

Timothy Findley

# Der Krieg und die Kröte

Roman

*Aus dem Englischen*
*von Annemarie Böll*

Fischer
Taschenbuch
Verlag

*Danksagung*

Romane enthalten selten eine Danksagung, dieser Roman hätte jedoch nicht ohne die Unterstützung der folgenden Personen geschrieben werden können: Graham Brogan, Nancy Colbert, Stanley Colbert, Nora Joyce, Alma Lee, Buffalo Brad Nicholson, Beverley Roberts und William Whitehead. Außerdem danke ich Alan Walker für seine Auskünfte über Schußwaffen, Ellen Powers für das Abschreiben des Manuskripts und Juliet Mannock, die es im Hinblick auf sprachliche und historische Details durchgesehen hat. Schließlich möchte ich M. für die mitternächtlichen Telephonanrufe und für die Briefe danken, aus denen die Photographien fielen. T. F.

Fischer Taschenbuch Verlag
September 1980
Ungekürzte Ausgabe
Umschlagentwurf: Jan Buchholz/Reni Hinsch
Fischer Taschenbuch Verlag GmbH, Frankfurt am Main
Lizenzausgabe mit freundlicher Genehmigung
des Verlags R. Piper & Co., München
Die Originalausgabe erschien unter dem Titel »The Wars«
bei Clarke, Irwin & Company Limited in Toronto/Vancouver 1977

Gesamtherstellung: Hanseatische Druckanstalt GmbH, Hamburg
Printed in Germany
680-ISBN-3-596-22238-9

*Meinem Vater und meiner Mutter*
*P. M. Findley*
*und*
*in Erinnerung an*
*T. I. F.*

*»Nichts, was ist, soll sterben«*
Euripides

*In so gefährlichen Dingen, wie der Krieg eins ist, sind* die *Irrtümer, welche aus Gutmütigkeit entstehen, gerade die schlimmsten.*

Carl von Clausewitz

# Eins

## *Prolog*

Es stand mitten auf den Eisenbahnschienen. Es hatte den Kopf gesenkt, und der rechte Vorderhuf war erhoben, als ruhe es aus. Die Zügel hingen bis zum Boden herunter, und der Sattel war auf eine Seite gerutscht. Hinter ihm hatte ein Lager mit Medikamenten und Verbandszeug eben angefangen zu brennen. Neben ihm lag ein Hund, den Kopf zwischen den Pfoten, die Ohren aufmerksam gespitzt.

Drei Meter entfernt hockte Robert auf den Fersen und beobachtete die beiden. Die Pistole hing ihm zwischen den Knien lose vom Finger. Er trug noch die Uniform mit den zerfetzten Aufschlägen und den angesengten Ärmeln. Im Feuerschein glänzten seine Augen sehr hell. Seine Lippen standen ein wenig offen. Er konnte nicht durch die Nase atmen. Sie war gebrochen. Sein Gesicht und die Handrücken waren mit Lehm und Schweiß verschmiert. Das Haar hing ihm in die Stirn. Er war vollkommen ruhig. Er war jetzt länger als eine Woche unterwegs.

Hinter ihm erstreckten sich die Eisenbahnschienen bis zur Stadt. Vor ihm liefen sie durch das Feuer hindurch ins offene Land und auf die Straße zu, die nach Bois de Madeleine führt. Auf einem Seitengleis stand ein Zug. Der Lokführer und die Besatzung hatten ihn entweder im Stich gelassen oder waren umgekommen. Man konnte es nicht wissen. Robert schien der einzige Überlebende.

Er stand auf. Die Lokomotive zischte und rumpelte. Der Zug bestand aus einem Dutzend Waggons, nicht mehr. Es schienen Viehwagen zu sein. Robert trat auf das Pferd zu.

Er hatte Angst gehabt, es lahme, aber sobald er sich näherte, stellte es den Fuß wieder auf den Schotter und hob den Kopf. Robert klopfte ihm den Hals, schob seinen Arm über den Nacken des Tieres und zog ihm die Zügel wieder über die Ohren. Das Pferd begrüßte ihn mit einem Schnauben, es drehte den Kopf und beobachtete, wie er den Sattel zurechtschob und den Gurt anzog. Der Hund hatte sich erhoben und wedelte mit dem Schwanz. Es war, als hätten beide, der Hund und das Pferd, darauf gewartet, daß Robert sie holen kam.

Das Pferd war eine schöne schwarze Stute, die Schulterhöhe betrug etwas mehr als eineinhalb Meter. Sie war bis jetzt gut gepflegt worden, und offenbar hatte jemand sie täglich geritten. Sie war in ausgezeichneter Verfassung. Anscheinend war der Hund an ihre Gesellschaft gewöhnt, und sie an seine. Sie bewegten sich wie ein Gespann. Der Hund war auch schwarz. Das eine Ohr hing ihm auf merkwürdige Weise nach vorn, so daß es wie eine kecke Mütze wirkte. Robert wußte nicht, welche Rasse es war, aber er hatte etwa die Größe eines Labrador-Jagdhundes. Bevor er aufsaß, bückte sich Robert und strich mit der Hand über den Rücken des Hundes. Dann sagte er: »Los!« und schwang sich in den Sattel.

Sie ritten die Schienen entlang auf die Straße zu, die nach Bois de Madeleine führt, und kamen dabei an dem Zug vorbei, der auf dem Nebengeleise stand. Als sie den ersten Wagen erreichten, blieb das Pferd stehen. Es warf den Kopf hoch und wieherte. Andere Pferde gaben aus dem Inneren des Wagens Antwort. »Nun gut«, sagte Robert, »dann gehen wir eben alle zusammen.«
Eine halbe Stunde später standen die zwölf Wagen leer da, und Robert ritt hinter hundertdreißig Pferden die Schienen entlang; der Hund trottete neben ihm her. Um ein Uhr morgens befanden sie sich auf der Straße, die nach Bois de Madeleine führt. In diesem Augenblick ging rot der Mond auf.

1

All das ist vor langer Zeit geschehen. Aber es ist noch nicht so lange her, daß alle, die eine Rolle dabei spielten, tot wären. Einigen von ihnen kann man noch in alten dunklen Zimmern begegnen, eine Pflegerin an der Seite. Sie schauen dich an und versuchen ihre Gedanken zu ordnen. Sie sagen: »Ich erinnere mich nicht.« Die Bewohner des Gedächtnisses müssen vor Fremden geschützt werden. Frage, was geschehen ist und sie sagen: »Ich weiß es nicht.« Nenne den Namen Robert Ross – sie wenden den Blick ab. »Er ist tot«, sagen sie dir. Das ist nichts Neues. »Erzählen Sie mir von den Pferden«, bittest du. Manchmal fangen sie dann an zu weinen. Dann wieder sagen sie: »Dieser Halunke!« Dann nicken die Pflegerinnen dir zu, wie um zu sagen – Sie sehen ja. Es ist das beste, Sie gehen jetzt und suchen Ihre Informationen anderswo. Am Ende bleiben dir nur die Tatsachen, die allgemein bekannt sind. Aus denen machst du, soviel du kannst, denn du weißt, daß eins zum anderen führt. Manchmal vergißt sich einer und sagt zuviel, oder die Ecke eines Bildes enthüllt das ganze. Womit du dich von Beginn an abfinden mußt, ist dies: Viele Männer sind gestorben wie Robert Ross, hinter einem Schleier von Gewalt. Lawrence wurde gegen eine Mauer geschleudert – Scott in Eis und Sturm begraben – Mallory ging auf dem Everest zugrunde. Verloren. Es heißt, Euripides sei von Hunden getötet worden – und das ist alles, was wir wissen. Das Fleisch wurde zerfetzt und verstreut – gefressen. Ross wurde vom Feuer verzehrt. Dies alles ist wie eine Feststellung: *»Du mußt aufpassen!«* Menschen kann man nur in dem wiederfinden, was sie tun.

## 2

Du beginnst in den Archiven mit den Photographien. Robert und Rowena – Kaninchen und ein Rollstuhl – Kinder, Hunde und Pferde. Barbara d'Orsey – die S.S. *Massanabie* – Bois de Madeleine. Schachteln über Schachteln voll von Schnappschüssen und Porträts, Landkarten und Briefen, Telegrammen und Zeitungsausschnitten. Du brauchst sie nur zu beschriften und quer durchs Zimmer zu tragen. Auf Tischplatten ausgebreitet, liegt ein ganzes Zeitalter in Bruchstücken unter den Lampen. *Der Krieg, der allen Kriegen ein Ende setzt.* Du hörst nichts als das Ticken deiner Armbanduhr. Draußen schneit es. Es wird früh dunkel. Die Archivarin schaut von ihrem Schreibtisch herüber. Sie hustet. Die Schachteln riechen nach gelbem Staub. Du hältst den Atem an. Während die Vergangenheit sich unter deinen Fingerspitzen rührt, zerfällt ein Teil davon. Andere Teile, das weißt du, wirst du nie finden. Dies ist alles, was du hast.

## 3

1915. Das Jahr selbst wirkt vergilbt und fleckig – verschwommen wie die Bilder. Auf den Photos sehen alle auf den ersten Blick schüchtern aus – verloren – unentschlossen. Die Jungen und die Männer blinzeln in die Kamera. Frauen wenden sich

mißtrauisch ab. Sie halten sich immer noch in der Öffentlichkeit zurück.
Einen Teil dessen, was du siehst, erkennst du wieder. Hier ist die alte Eleganz der Gründerzeit zum erstenmal fragwürdig geworden. Stil ist weder dies noch das – es sei denn, man wollte den Stil »apologetisch« nennen. Die Männer tragen Mützen und formlose Kittel bei der Arbeit, sie haben die Hände tief in den Taschen vergraben. Überall tauchen Uniform-Imitationen auf: Mädchen tragen Matrosenblusen – Jungen stecken in Matrosenanzügen. Die Frauen tragen eine Art Überzieher und Hüte mit flacher Krempe und Bandrosetten. Die Damen tragen ihren Pelz nicht mehr; sie haben ihn um den Arm drapiert, und die vielen Fuchsschwanztrophäen hängen herab wie Skalpe. Niemand lächelt. Das Leben ist gefährlich. Der Sommer macht den Sonnenschirm erforderlich, der Winter die Galoschen. Einige der Photographien sind verwischt. Obgleich die Gestalten wie erstarrt sind, bewegen sich die dunklen Maschinen, von denen die Straßen voll sind, weiter.
Hier ist die Knabenbrigade mit ihrem Musikzug. Operettenhaft aufgeputzte Hinterhofmusikanten stolzieren über einen Rasen an der Admiral Road. Jedes Wohnzimmer hat sein Klavier: Hier sind Soldaten, Arm in Arm singen sie: *»Zieh den Kopf ein, kleiner Fritz!«* Beim Tanztee tanzen die Partner den Castlewalk zu den Klängen von messingnen Kornetts und silbernen Saxophonen. Violinen sind nicht mehr im Gebrauch.
Dies ist das Zeitalter des motorisierten Verkehrs. Mehr als tausend Automodelle sind zu haben. Hinterhofschmiede bauen sie auf Bestellung. FRAGEN SIE DEN MANN, DER EINEN BESITZT! Hier sind Familien, sie sitzen fein herausstaffiert in Packards – posieren mit starren Mienen auf den Rücksitzen von Chevrolets und Russel Knights. Jedermann, so scheint es, macht eine Runde um den Block. Kinder reißen sich darum, hupen zu dürfen.
Dann geschieht etwas. April. Ypern. Sechstausend Tote und Verwundete. Der Krieg, der Weihnachten enden sollte, wird vielleicht doch erst im Sommer vorbei sein. Vielleicht erst im Herbst. Hier ändern sich die Bilder – sie füllen sich mit Soldaten – Pferden – Wagen. Jedermann winkt, entweder den Soldaten oder in die Kamera. Immer mehr Menschen wollen gesehen werden. Immer mehr Menschen wollen, daß man sich ihrer erinnert. Hunderte, Tausende drängen sich in den Bilderrahmen.

Hier kommen die Truppen die Yonge Street herunter! Die Frauen geben ihre frühere Zurückhaltung auf und stürzen auf die Fahrbahn, werfen Blumen, schwenken Fähnchen. Hier kommen die achtundvierziger Highlander!! Schottenröcke und Trommeln und Leopardenfelle. Jungen rasen auf Fahrrädern hinter ihnen her. Kleine Mädchen mit offenem Mund wagen kaum zu folgen. Ältere Männer ziehen den Hut. Da ist Sir Sam Hughes, er steht auf der Tribüne und nimmt die Abschiedsparade ab. »GOD SAVE THE KING«!!! (ein Banner). Wo man auch hinblickt, fahren Züge aus Bahnhöfen, laufen Schiffe aus Häfen aus. Musik übertönt das langgezogene Hurra. Jeder hat den Blick auf etwas gerichtet, beschattet mit der Hand die Augen. Jeder blickt mit ausgestrecktem Arm auf etwas hin – wie erstarrt am Rande von Quais und am Rande der Zeit.

*Robert Ross kommt genau auf die Kamera zugeritten. Seine Mütze ist ihm vom Kopf gefallen. Die Zügel sind straff durch die Finger geschlungen. Die Hände bluten. Das Pferd ist schwarz und naß und stolpert. Roberts Lippen stehen offen. Er liegt auf dem Hals des Pferdes. Seine Augen sind ohne Ausdruck. Seine Wangen und seine Stirn sind lehmverschmiert, und seine Uniform brennt – lange, helle Flammenschweife flattern hinter ihm her. Ohne einen Laut stürzt er durch die Erinnerung. Die Archivarin seufzt. Ihre Augen sind auf ein Buch gesenkt. Eine Haarsträhne hängt ihr in den Mund. Sie schiebt sie beiseite und wendet das Blatt. Du legst das feurige Bild in dein Bewußtsein zurück und läßt es dort ruhen. Du weißt, es wird immer wieder auftauchen, bis du herausfindest, was es bedeutet – hier.*

Eine Kapelle hat sich im Musikpavillon versammelt – rote Röcke und weiße Handschuhe. Sie erfreuen die Menge mit »Soldaten der Königin«. Du drehst sie um und fragst dich, ob sie durcheinanderpurzeln werden – und liest auf der Rückseite mit ganz blasser Tinte von Frauenhand geschrieben: »*Robert*«. Aber wo? Du schaust noch einmal hin, siehst aber nichts als die Menge. Und die Kapelle spielt immer noch, ohne sich im geringsten stören zu lassen, und weit davon entfernt, durcheinanderzupurzeln. Dann siehst du ihn: Robert Ross. Er steht am Rand, die Hände in den Taschen, die Beine gespreizt, und blinzelt. Das Haar fällt ihm schräg in die Stirn. Er trägt eine karierte Mütze und einen dunkelblauen Anzug. Er schaut mit einem zwiespältigen Ausdruck zu; halb bewundernd, halb unwillig über seine Bewunderung. Er ist alt genug, um in den

Krieg zu ziehen. Er ist nicht dabei. Er bezweifelt die Berechtigung dieses ganzen kriegerischen Gehabes, aber er kann seinen Zweifel nicht ausdrücken. Es stammelt in seinem Bewußtsein. Er streckt die Hand seitwärts aus, wendet sich um. Er greift nach der Rücklehne eines Rollstuhls aus Rohrgeflecht. »Komm, Rowena. Wir haben noch den ganzen übrigen Park, um darin zu sitzen.«

*Thomas Ross und Familie* stehen neben einem neuen Ford-Lastwagen. Der neue Ford-Lastwagen steht neben dem Fabriktor der RAYMOND/ROSS INDUSTRIES, die landwirtschaftliche Maschinen herstellt. Das Bild wird in dem Torontoer Blatt *Mail and Empire* erscheinen mit einer Schlagzeile quer über die ganze Seite hinweg, die besagt, daß der Lastwagen für das RAYMOND/ROSS Feldlazarett hinter der Front in Frankreich bestimmt ist. Große rote Kreuze schmücken die Seiten. Die »Familie« besteht aus Mr. und Mrs. Ross und dreien ihrer Kinder: Robert, Peggy und Stuart. Rowena, die Älteste, ist nicht dabei. Sie ist nie auf Photographien, die in die Öffentlichkeit gelangen könnten. Es ist ihr überhaupt nicht oft gestattet, vor einer Kamera zu erscheinen. Robert hat ihr Bild auf seinem Schreibtisch stehen.

*Rowena* sitzt in ihrem Korbstuhl mit der muschelförmigen Lehne und den hohen Doppelrädern. Sie trägt ein weißes Kleid. Ihr Haar ist kurz und lockig. Ihre Schultern sind ständig hochgezogen. Ihr Kopf ist groß und erwachsen, aber ihr Körper ist der eines zehnjährigen Kindes. Sie ist fünfundzwanzig Jahre alt. Sie leidet an Hydrozephalus – das heißt, sie hat einen Wasserkopf. Sie wirkt zart und nachdenklich. Sie trägt eine breite bunte Schärpe. Auf dem Schoß hält sie ein großes weißes Kaninchen. Robert hat ihr einmal erzählt, sie sei das erste menschliche Wesen, das er mit Bewußtsein gesehen habe. Er lag in seinem Bettchen, war eben aus seinem Mittagsschlaf erwacht und sah durch halbgeschlossene Lider, wie seine Schwester in ihrem Rollstuhl quer durch den Raum glitt und neben ihm anhielt. Sie starrte ihn lange, lange an, und er starrte zurück. Als sie lächelte, hielt er sie für seine Mutter. Später, als er merkte, daß sie nicht gehen konnte und ihren Rollstuhl nie verließ, wurde er ihr Beschützer. Für sie lernte er laufen.

*Mutter und Miß Davenport* stehen in ihren Küchenschürzen auf dem Bahnsteig des Sunnyside-Bahnhofs und reichen den

Soldaten, die sich aus den Zügen beugen, Schokoladetafeln. Sie tun dies jeden Dienstagnachmittag. Robert wünschte, seine Mutter würde so etwas nicht tun, denn er ist schüchtern und findet, daß sie zuviel in der Öffentlichkeit auftritt. Aber Mrs. Ross ist eisern. Diese Dinge müssen getan werden – irgend jemand muß sie tun. Die führenden Mitglieder der Gesellschaft haben ihre Verpflichtungen – und was würden die Leute sagen...? Etc. etc. Miß Davenport nickt und lächelt die ganze Zeit: Sie ist mit jedem Wort einverstanden. Aber kein einziges Wort davon ist wahr. Träume sind es, deretwegen Mrs. Ross an den Dienstagnachmittagen ihre Pflicht erfüllt.

Hier sieht man *Meg – ein patriotisches Pony;* mit bunten Bändern geschmückt, steht es im Garten. Die Ohren hat es flach angelegt. Es ist entweder böse oder hat Angst. Meg ist sehr alt. Ganz am Rande des Bildes kann man Stuart sehen, der in die Sonne blinzelt. Er trägt einen Indianerkopfschmuck und hält einen Baseballschläger in der Hand.

Dies ist *Peggy Ross mit Clinton Brown aus Harvard!!!* Nichts in der Erscheinung von Clinton Brown aus Harvard rechtfertigt drei Ausrufezeichen. Er ist nur einer von Peggys vielen Beaus. Robert ist auch auf diesem Bild, er sitzt auf den Stufen des Hauses am South Drive neben einem Mädchen mit dem Namen Heather Lawson. Es wurde angenommen, daß Robert sich für Heather Lawson »interessiere«, aber in Wirklichkeit war sie es, die sich für ihn interessierte. »Interessieren« führte zur Heirat, und das war es, was Heather Lawson wollte. Auch ihre Eltern wollten es. Robert war für jedes Mädchen eine gute Partie. Er war gebildet und ein guter Sportler. Außerdem hatte er Geld.

In einem Sommer fuhr die Familie Ross auf der S.S. *Minnetonka* nach England hinüber, um ihren Urlaub mit dem britischen Bevollmächtigten der Firma RAYMOND/ROSS, Mr. Hawkins, zu verbringen. Den ganzen Monat Juni ergingen sie sich an den Stränden der Isle of Whight. Ende Juli fuhren sie auf dem Schwesterschiff der *Minnetonka,* der S.S. *Minnewanka,* nach Hause zurück. Von einem der Decks dieses Schiffes aus machte einer der Ross-Familie (man weiß nicht genau, welcher) eines frühen Morgens eine Aufnahme des Ozeans. Wer immer es war, er zeichnete später einen Pfeil ein, der auf einen kleinen weißen Punkt am Horizont deutete. Der kleine weiße Punkt ist kaum sichtbar. Sonst sieht man nichts als Meer und Himmel. Direkt über dem Pfeil steht in dicker schwarzer Tinte die Frage:

»WAS IST DAS?« Der kleine weiße Punkt ist eindeutig ein Eisberg. Warum derjenige, der das Photo machte, das nicht feststellte, bleibt ein Geheimnis. Das Bild trägt das Datum: vierter August, aber die Jahreszahl fehlt.
Mische die Karten und breite sie aus: Dies sind die Karten, die Robert Ross bei seiner Geburt zugeteilt wurden. Mr. und Mrs. Ross – Peggy und Stuart – Kaninchen und Rowena. Auch ein Hund, der Bimbo hieß, und ein Zeitungsausschnitt, auf dem steht: »LONGBOAT GEWINNT DEN MARATHONLAUF!« Meg und Miß Davenport – Heather Lawson und der Eisberg. Und Clinton Brown aus Harvard, der im Juni 1918 in der Schlacht um den Wald von Belleau den Heldentod starb – und schließlich doch ein Ausrufezeichen verdiente.
Dies ist vielleicht eine geeignete Stelle, um Miß Turner vorzustellen, die erst am Ende dieser Geschichte eine Bedeutung erlangt, deren Einsichten aber einiges Licht auf deren Anfang werfen.
Marian Turner war Krankenschwester im Ersten Weltkrieg, und sie erinnert sich lebhaft an Robert. Sie war es, die ihn aufgenommen und versorgt hat, nachdem er verhaftet worden und ins Lazarett in Bois de Madeleine eingeliefert worden war. Sie hat (auf Band) den einzigen authentischen Bericht geliefert, den wir außer dem von Lady Juliet d'Orsey über ihn besitzen. Hier folgt ein Teil dessen, was Miß Turner zu sagen hat. Sie ist jetzt über achtzig, immer noch rüstig, sie spricht voller Energie und würzt ihre Erinnerungen in der geräumigen grünen Wohnung, die auf einen Park hinausgeht, mit Gelächter und dem wiederholten Angebot von Sherry.

Abschrift: Marian Turner 1:
»Sie werden aus dem, was vorgefallen ist, schließen können, warum ich Ihnen nicht sagen kann, wie er aussah. Ich vermute, diese Dinge sind von Interesse. Nun – natürlich sind sie das! (LACHEN) Jeder will wissen, wie die Leute aussehen. Es scheint irgendwie soviel über die Möglichkeiten eines Menschen auszusagen. Verstehen Sie, was ich meine? Ich kann nur sagen, daß Lady Barbara d'Orsey in ihn verliebt war – und daß alle ihre anderen Männer umwerfend waren! Ich möchte also annehmen, daß für Ross dasselbe galt. Jedenfalls kann ich wegen dessen, was geschehen war, nichts über sein Gesicht sagen – aber ich hatte den Eindruck, daß er ein äußerst wohlgestalteter

Mensch war, dem sein Körper wichtig war. Wenigstens habe ich es so im Kopf – so wie es war. Man verwechselt sie schließlich alle, nach einer so langen Zeit; und jeder Junge, den sie uns brachten, schien ein so hübscher Bursche. Heute hört man das gar nicht mehr: *Er war ein so hübscher Bursche!* Aber wir sagten das immer in all den Briefen, die wir an ihre Familien schrieben. Ich glaube, sie kamen einem alle schön vor, weil es so schwer zu ertragen war, sie zerstört zu sehen. Der menschliche Körper, also, ich glaube, es ist wie mit dem Geist; er scheint so stark, bis er gefährdet ist. Dann wird er zu etwas ganz Zerbrechlichem – wie Glas. Robert Ross? Nun – es war alles so tragisch. Wenn man bedenkt, daß heutzutage so viele Menschen – besonders junge – vielleicht wissen könnten, was mit ihm los war. Aber dann ... (PAUSE) In meinen Augen war er ein Held. Nicht Ihr alltäglicher Sergeant York oder Billy Bishop etwa! (LACHEN) Aber trotzdem ein Held. Sehen Sie, er hat etwas getan, was alle anderen nicht einmal zu denken gewagt hätten. Und das ist für mich die beste Definition eines »Helden«, die es gibt. Selbst wenn man mit dem, was getan worden ist, nicht einverstanden ist. Er war *un homme unique* – und das ist im Französischen ein viel größeres Kompliment als im Englischen. Oh, er war ... (PAUSE) ... Feuer, wissen Sie – es gibt nichts Schlimmeres als Feuer. Sogar wenn man all das gesehen hat, was ich gesehen habe. Und die Geschichte mit den Pferden, das ist etwas, von dem ich am liebsten nie etwas gehört hätte. Oh, ich verstehe sehr gut, warum Sie glauben, daß sie erzählt werden muß – aber ... (MISS TURNER WANDTE SICH AN DIESER STELLE AB UND BLICKTE AUS DEM FENSTER. AUF DEM BAND IST HIER EINE ZIEMLICH LANGE PAUSE) ... Also, ich glaube, das Verrückte daran war der Krieg. Nicht Robert Ross oder das, was er getan hat. Sie werden natürlich sagen, daß das banal ist. Aber ist es das wirklich? Wenn ich zurückschaue, kann ich das, was geschehen ist, kaum glauben. Daß die Menschen im Park da unten hier sind, weil wir alle verrückt geworden waren. Ja. Er war einzigartig. Aber Sie müssen vorsichtig sein, wenn Sie seiner Geschichte nachspüren. Ich habe alles mitgemacht, wissen Sie – (LACHEN) – dieses ganze außerordentliche Jahrhundert –, und es sind nicht die außerordentlichen Leute, die mit seiner Verrücktheit fertiggeworden sind. Ganz im Gegenteil. Oh – weit davon entfernt! Es sind die *gewöhnlichen* Männer und Frauen, die uns zu dem gemacht haben, was wir sind. Monströs, nachgiebig und verrückt. Denken Sie daran. Selbst wenn ich wie eine moralisierende Närrin zu sprechen scheine, will ich es riskieren. Schließlich bin ich ziemlich alt. (LACHEN) Morgen kann es mit mir vorbei sein! Vielleicht gibt es dann niemanden mehr, der Ihnen das sagt. Heute sind alle so überkandidelt, daß sie das helle Licht nicht ertragen können. Wie? Nun – ich habe beide Kriege erlebt. Und ich kann Ihnen sagen, daß die Leidenschaften, die sich darin austobten, so gewöhnlich waren, wie wenn ich und meine Schwester Bessie sich zanken, wer das Mittagessen kochen soll. Und wem geht es nicht ebenso! (LACHEN) Diese Menschen da im Park, Sie, ich, jeder – der größte Irrtum war, daß wir uns vorgestellt haben, etwas Magisches trenne uns von Ludendorff, Kitchener und Foch. Unsere Führer, wie Sie wissen. Nun – und denken Sie an Churchill und Hitler! (LACHEN). Also, diese Leute sind genau wie der Metzger und der Krämer – sie verkaufen uns Fleisch und Kartoffeln über den Ladentisch. Das ist es, was uns aneinander bindet. Sie appellieren an unsere niedrigsten Instinkte. Der kleinste gemeinsame Nenner. Und dann drehen wir uns um und nennen sie *außergewöhnlich*! (HIER SCHLUG SIE MIT DER HAND AUF DEN TISCH, DASS DIE SHERRYGLÄSER KLIRRTEN.) Verstehen Sie, was ich sagen will? Sie müssen sehr vorsichtig sein, wenn Sie das Außergewöhnliche definieren. Besonders heutzutage. Robert Ross war kein Hitler. Das war sein Problem.«

## 4

Ostern war früh im Jahr 1915. Der Karfreitag fiel auf den 2. April. Es schneite. Robert stieg an diesem Morgen in Kingston, Ontario, aus dem Zug. Er trug einen nagelneuen Koffer und hatte seine karierte Mütze auf. Sein Regenmantel – auch neu – war von der Machart, die bald als »Trenchcoat« bekannt werden sollte. Die Knöpfe waren mit Lederstreifen bezogen, die sich kreuzten, und das Auffallendste an dem Mantel war seine Kürze: Er war so kurz, daß man damit bis zu den Knien im Wasser waten konnte.

Robert stand allein auf der einen Seite des Zuges unter dem Schutzdach der Station und betrachtete die Lokomotive. Er beobachtete den Heizer, der rasselnde Schaufeln voll Kohle ins Feuer warf. Er sah zu, die Hände in den Taschen, die Schultern hochgezogen, die Zehen dicht an seinem Koffer. In der Schule hatte man ihm beigebracht, daß es sich nicht gehöre, die Schultern hochzuziehen; aber er behielt diese Haltung bei, während die Lokomotive brüllte und zischte. Große Dampfwolken umwogten die Räder. Das »*Feuerroß*«: so nannten es die Indianer. Robert wandte den Blick unter dem Mützenschild hervor zur Seite, er hoffte, daß niemand gesehen hatte, wie er vor dem Dampf und dem Feuer zurückgewichen war. Er wünschte, sie würden gehen. Seine Schultern schmerzten. Sein Arm tat weh. Auf seinem Rücken hatte er Prellungen. Er hatte Schmerzen. Er wünschte, alle andern, die ausgestiegen waren, würden vor ihm den Bahnhof verlassen. Es mußten mehr als drei Dutzend sein, vierzig oder fünfzig Männer, die alle zusammen von Toronto hergekommen waren – sie waren zu anderen gestoßen, die von so weit her kamen wie Winnipeg und Saskatoon. Die meisten von ihnen waren prahlerisch die Wagen hinauf- und hinunterstolziert, hatten Zigaretten geraucht und aus silbernen Taschenflaschen getrunken. Robert war ihnen während der ganzen Reise aus dem Weg gegangen – er wollte sich den letzten Rest seines Eigenlebens bewahren. Jetzt zerstreuten sie sich in Gruppen von dreien und vieren, neckten und stießen einander, riefen irgendwelche Namen und warfen Schneebälle, sangen Lieder.

Robert blickte zur anderen Seite des Bahnsteigs. Dort standen drei Frauen. Zwei von ihnen waren jung und lächelten. Die andere war älter und trug Schwesterntracht und einen Umhang. Die jüngeren trugen elegante blaue Mäntel, und die eine von ihnen beobachtete ihn. Robert wandte sich verärgert und verwirrt ab. Er war gerade jetzt Mädchen gegenüber schüchtern – er mißtraute ihnen und fragte sich, warum sie einen ansehen mußten, einem den Gedanken aufdrängen mußten, man begehre sie. Erst vor ein paar Wochen hatte er entdeckt, daß er nicht in Heather Lawson verliebt war. Heather hatte sich so rätselhaft verhalten. Was hatten Frauen mit Männern für Absichten? Bei einem Fest hatte sie ihm gesagt – und das in seinem Elternhaus –, jemand anderes sei in sie verliebt. Robert war gar nicht betroffen gewesen. Was hatte die Tatsache, daß jemand anderes in sie verliebt war, mit ihm zu tun? Aber Heather Lawson hatte gewollt, daß er betroffen war. »Nun gut«, hatte Robert gesagt, »wer ist es? Vielleicht werde ich dann betroffen sein.« (Er hatte gelächelt.) »Es ist Tom Bryant«, hatte Heather gesagt, »und ich finde, du solltest mit ihm kämpfen.« Robert verstand nicht. *Bryant?* Wer war das? Liebte Heather Lawson ihn? »Nein«, hatte sie gesagt, »natürlich

nicht.« »Warum soll ich dann mit ihm kämpfen?« hatte Robert gefragt. »Weil er mich *liebt*«, sagte sie. Sie sprach mit ihm, als sei er begriffsstutzig. Das alles erschien Heather vollkommen sinnvoll, aber Robert fand es idiotisch und sagte das auch. Daraufhin weinte Heather laut los. Weinte und wankte und wurde blaß. Und fiel in Ohnmacht. Kurz gesagt – sie machte eine »Szene«, wie sie damals in den Büchern von Booth Tarkington beliebt waren. Alle Gäste von Roberts Gesellschaft gingen. Es gab hinterher sogar gesellschaftliche Komplikationen für Roberts Eltern, und Heather sagte, sie wolle Robert nie, nie, nie mehr sehen. Alles, weil er nicht mit einem Mann kämpfen wollte, den sie nicht liebte und den er nie gesehen hatte.
Die Oberschwester schnippte mit dem Finger und rief die letzte Droschke herbei. Nachdem ihr Gepäck auf dem Dach festgeschnallt war, traten die beiden jungen Frauen auf die offene Tür zu. Die eine stieg, ohne sich umzuschauen, zu der Oberschwester ein, aber die andere wandte sich einen winzigen Augenblick lang um und schaute in Roberts Richtung. Er war hübsch – keine Frage –, obgleich seine Ohren ein wenig zu weit abstanden und sein Unterkiefer in einem Zeitalter der spitzen Gesichtszüge auf unmodische Weise breit war. Etwas in der Art, wie er allein da stand, zog sie an. Aber die Hand der Oberschwester tauchte auf, das Mädchen wurde wie eine zusammengeklappte Puppe nach drinnen gezogen, und die Droschke fuhr davon. Sie sah sich um, und ihr Ausdruck sagte »auf Wiedersehen«; dann war sie verschwunden.

Zwanzig Minuten später stand Robert immer noch da mit seinem Koffer – regungslos. Er stand so entschlossen still, daß der Bahnhofsvorsteher kam und ihn fragte, ob er seinen Zug verpaßt habe. Robert sagte, nein, es sei alles in Ordnung, und wenn noch eine Droschke komme, würde er sie nehmen. Aber der Bahnhofsvorsteher sagte, es komme keine mehr. Es gebe nur eine bestimmte Zahl, und heutzutage sei das nie ausreichend, wo jeden Tag und zu jeder Tageszeit alles komme und gehe. Die Wochentage hatten keine Bedeutung mehr. Sogar an bedeutungsvollen und ernsten Feiertagen wie an Sonntagen und an Ostern kamen und gingen die Züge, und die Menschen stiegen lachend ein und aus, so, als ob das Ende der Welt nicht bevorstünde.
»Sie sind wohl ebenso wie alle andern hergekommen, um sich zur Feldartillerie zu melden, wie?« fragte er.

»Ja«, sagte Robert.
»Nun – dann wünsche ich Ihnen Glück, junger Mann. So wie sie hier ein- und ausgeladen werden, scheint es mir, als erwarteten die einen langen, langen Krieg.«
»Ja, vermutlich«, sagte Robert.
Der Bahnhofsvorsteher ging seinen Geschäften nach, zog sich langsam in die Wärme des Telegraphenbüros zurück, und Robert konnte ihn mit dem Telegraphisten reden sehen – er wies mit dem Daumen in Roberts Richtung –, und wahrscheinlich sagte er: »Da ist ein komischer junger Kerl, der offenbar keine Lust hat, wegzugehen ...«
Robert nahm seinen Koffer auf und sah in die Richtung des Bahnhofsvorplatzes. Seine Schultern schmerzten. Jedesmal, wenn er die Arme bewegte, spürte er die Verlagerung des Gewichts an den verletzten Stellen. Der Vorplatz war geräumig und naß. Ein alter weißer Hund trottete über die Schlacke auf das Tor zu. Robert hatte so lange da gestanden, daß der Schnee zu Regen geworden war. Drinnen in der Stadt begannen die Osterglocken zu läuten, und Robert blickte auf seine Oxford-Stiefel hinunter und schätzte die Breite und Tiefe der nächsten Pfütze, die den Rand des Bahnsteigs bildete. Mit ausdruckslosem Gesicht starrte er hinunter und beobachtete, wie sein Spiegelbild vom Regen zerschlagen wurde. Er klappte den Kragen hoch und zog den Mützenschirm bis auf die Nasenwurzel hinunter. Er schloß die Augen und tat einen tiefen Atemzug. Der schmelzende Schnee begann sich in Nebel zu verwandeln, und der Nebel füllte sich mit Kaninchen und Rowena und seinem Vater und seiner Mutter und seinem ganzen vergangenen Leben – Geburt und Tod und Kindheit. Er konnte sie einatmen und wieder ausatmen.
Bis zur allerletzten Sekunde – da er einen einlaufenden Zug hörte, der ihn nach Hause hätte bringen können –, wußte er nicht, in welche Richtung er gehen würde: hinunter in die Pfütze und in die Stadt oder zurück auf den Bahnsteig. Der Hund setzte sich triefend und einsam auf der anderen Seite des Tores hin und beobachtete ihn. Vielleicht hing sein eigener Entschluß davon ab, in welcher Richtung Robert sich wandte. Dann schloß Robert die Augen und fällte seine Entscheidung. Er trat in die Pfütze hinunter und blieb darin stehen.
Wie konnte er sich von der Stelle bewegen?
Rowena war am Tag zuvor beerdigt worden.

5

Sie stürzte. Es war Sonntag.

Stuart hatte auf sie aufpassen sollen, es war also Stuarts Schuld, aber nein – es war nicht Stuarts Schuld. Es war Roberts Schuld. Robert war ihr Beschützer, und er hatte sich in sein Schlafzimmer eingeschlossen und befriedigte sich in seine Kissen hinein.

Jesus.

Sie stürzte.

Es war Sonntag.

Robert war nicht da.

6

Sie starb am Montag, ohne das Bewußtsein wiedererlangt zu haben. Mrs. Ross trug einen großen schwarzen Hut. Robert trug eine Armbinde. Leute, die sie nur von fern kannten, sahen sie die Straße entlanggehen und glaubten, sie müßten einen geliebten Menschen durch den Krieg verloren haben.
Mr. und Mrs. Ross wurden schweigsam. Sie liebten ihre Kinder – alle. Aber sie waren hierauf vorbereitet gewesen. Man wußte, daß Kinder wie Rowena nicht alt wurden. Es war ein Wunder, daß sie überhaupt so lange gelebt hatte. Die Lebenserwartung für einen Menschen mit einem Wasserkopf war zehn, höchstens fünfzehn Jahre. Rowena hatte eine zusätzliche Gnadenfrist von zehn Jahren gehabt.
Warum war sie gestürzt?
Ich weiß nicht, sagte Stuart.
Warum hast du sie nicht im Auge behalten?
Ich habe mit Meggy gespielt. (Er hatte das Pony geneckt, indem er den Baseballschläger über seinem Kopf kreisen ließ – so daß es die Ohren anlegte.)
Hat Rowena nicht um Hilfe gerufen?
Nein.
Et cetera.
Bei dieser Art der Befragung kam nichts heraus. Bei keiner Art der Befragung würde etwas herauskommen. Es war eine Tatsache – sie war tot.

Es war im Stall geschehen, wohin sie mit Stuart gefahren war, um mit ihren Kaninchen zu spielen und sie zu füttern. Stuart hatte sie bereitwillig durch den Schnee und Matsch und an dem ordentlichen Düngerhaufen vorbeigeschoben, durch das Doppeltor hindurch auf den ganz neuen Zementfußboden, der zwei Wochen zuvor gelegt worden war, damit der ›Reo Roundabout‹ den Stall mit Meg und den Kaninchen teilen konnte. Die Kaninchen waren in Ställen an der einen Seite untergebracht, und die Ställe waren so gebaut, daß Rowena sie von ihrem Rollstuhl aus erreichen konnte. Es gab zehn. Robert hatte sie vor drei Jahren am Ende der Sommerferien gebaut. Damals bestand der Boden nur aus gestampftem Lehm, und alles roch nach Heu und Hafer und Pferdemist. Rowena saß vor den weit geöffneten Türen, nahm die Kaninchen eins nach dem andern in die Arme und hielt sie auf ihrem Schoß. Robert trainierte auf dem Hof, wo sie ihn sehen konnte. Indianerkeulen, Klimmzüge am Reck und Schattenboxen. Eigentlich war er Langstreckenläufer – aber dies machte er, um sich in Form zu halten. Sein Held war der große Tom Longboat – der Sieger im Marathonlauf. Nach dem Training brachten er und Rowena die Kaninchen auf den Rasen hinaus und ließen sie dort Gras fressen.
Warum war sie gestürzt?
Ich weiß nicht, sagte Stuart.
Hast du sie nicht im Auge behalten?
Ich habe mit Meggy gespielt.
Alle hatten sich abgewandt.

*»Robert?«*
*»Ja, Rowena?«*
*»Wirst du immer bei mir bleiben?«*
*»Ja, Rowena.«*
*»Können die Kaninchen auch immer bei mir bleiben?«*
*»Ja, Rowena.«*

Dies hieß nun immer. Jetzt mußten die Kaninchen getötet werden.

*7*

»Warum müssen die Kaninchen getötet werden?«
»Weil sie ihr gehört haben.«
»Aber das ist doch sinnlos.«
»Trotzdem, sie müssen getötet werden.«
»Ich werde sie versorgen.«
»Mach dich nicht lächerlich, Robert. Mein Gott! Du bist ein erwachsener Mann.«
»Können wir sie nicht verschenken?«
»An wen? Zehn Kaninchen? Das ist doch wohl nicht dein Ernst?«
»Was ist mit Stuart? Kann er sie nicht versorgen?«
»Du kennst doch Stuart. Ich verstehe nicht, wie du so etwas fragen kannst.«
»Ich werde für sie sorgen. BITTE!!!«
»Robert – nimm dich zusammen.«
Schweigen.
»Und wer soll sie umbringen?«
»Du.«

Robert gab keine Antwort. Er ließ seine Mutter an dem großen Erkerfenster sitzen, wo die Farnpflanzen einen sommerlichen Geruch ausströmten. Nachdem er gegangen war, sah sie sich im Raum um und seufzte. Es schien ein so weiter weiter Weg von da, wo sie saß, bis zum andern Ende . . . von allem.

*8*

Mrs. Ross zog sich in ihr Schlafzimmer zurück.
Mr. Ross ging nach oben und klopfte an die Tür.

Nein, sagte sie.

*9*

Alles andere geschah an dem einen Tag. Dem Donnerstag.
Rowena wurde am Morgen begraben. Unter den Bäumen in gefrorener Erde, die sie mit Äxten hatten aufschlagen müssen. Die ganze Zeit, während der Geistliche schönredete, und die ganze Zeit, während sie beteten, schneite es. Der Sarg war weiß, als sie die Blumen hinunterwarfen. Robert sah zum

Gesicht seiner Mutter hinüber. Ihr Mund war fest geschlossen. Sie stand ein wenig abseits, weigerte sich, berührt oder gestützt zu werden. Miß Davenport war die einzige, die weinte. Ihr Hut saß schief. Mr. Ross hielt während der ganzen Feier die Augen geschlossen.

Peggys augenblicklicher Beau war in Uniform. Er stand in Hab-Acht-Stellung. Robert beneidete ihn, weil er weggehen konnte, wenn dies vorüber war, sich mit Raum umgeben konnte. (Vielleicht tauchte in diesem Augenblick zum erstenmal in Robert die Ahnung auf, daß es Zeit sei, zur Armee zu gehen. Aber er dachte es nicht bewußt.) Er wußte nur, daß seine Hände sich leer anfühlten. Unbewußt griffen sie immer wieder nach der Lehne von Rowenas Rollstuhl. Als sie nach Hause kamen, schob er den Rollstuhl in sein Zimmer und saß darin, die Knie hochgezogen, bis die Gäste den Salon verlassen hatten und die Uhr zwei schlug.

Unten saß die Familie um den Eßzimmertisch und wartete darauf, daß er auftauchte. Die Sache mit den Kaninchen gelangte in den Mittelpunkt der Unterhaltung. Robert konnte es durch die Decke hindurch undeutlich hören. Seine Mutter war eisern. Die Kaninchen mußten sterben – und Robert mußte sie töten. Mr. Ross neigte zu mehr Milde. Die Kaninchen könnten doch auch irgendwo anders getötet werden, sagte er. Vielleicht wollte der Metzger sie haben. Nein, sagte Roberts Mutter. *Es muß hier geschehen, und Robert muß es tun.*

»Warum?«

»WEIL ER SIE GELIEBT HAT.«

Ein Stuhl fiel um.

Schritte.

Jetzt würde seine Mutter sich in ihrem Schlafzimmer betrinken. Aber niemand würde darüber sprechen.

Ein Mann namens Teddy Budge wurde angerufen. (Robert wußte nichts davon – er saß immer noch in seinem Überzieher in Rowenas Stuhl.) Es war etwa drei Uhr. Teddy Budge war ein großer unbekümmerter Mann, der in der Fabrik arbeitete. Es war nichts Unfreundliches oder Grausames in seinem Wesen – das war es nicht. Er tat einfach, was man ihm sagte. Er war auch sehr stark und konnte einen Felsbrocken von der Stelle bewegen, der so groß war, daß seine Arme ihn gerade noch umklammert halten konnten; Robert hatte einmal gesehen, wie er das bei einem Wettkampf zur Feier des Geburtstags der Königin Victoria fertiggebracht hatte. Mr. Ross rief selber an – und schickte sogar den ›Reo Roundabout‹ zur Fabrik (mit Peggys Beau als Fahrer), um Teddy Budge zum Haus am South Drive zu holen.

Robert hörte, wie der Wagen abfuhr – und eine ganze Weile später zurückkam. Der Wagen blieb zögernd in der Einfahrt stehen, Mr. Ross kam aus dem Haus, stellte sich auf das Trittbrett und sprach mit Teddy Budge, der in seinen Arbeitskleidern hoch oben auf dem Sitz saß, als sei er der König. Dann kletterte er herunter und ging auf den Stall zu. Robert sah all das vom Fenster aus.

Er brauchte dreißig Sekunden, um aus seinem Schmerz aufzutauchen und sich bewußt zu werden, warum Teddy Budge gekommen war. Er sprang aus dem Stuhl und lief nach unten, ohne zu denken. Er wußte es nur.

Stuart rannte hinter ihm her.

Peggy sagte: »Warum rennt ihr denn alle?«

Mr. Ross kam ins Haus, und Robert stieß ihn beiseite, er hätte ihn beinahe umgeworfen, während er durch die Hintertür lief.

Roberts Füße glitten und rutschten durch den Schneematsch und den Schlamm des Hofes. Er fiel gegen die Wand des Wagens und sah mit einem halben Blick den Soldaten, Peggys Beau, dort stehen und sich eine Zigarette anzünden – und Robert schrie ihm etwas zu wie: »Du Hund! Hund! Wozu sind Soldaten denn da?« – während er gleichzeitig die offene Stalltür sah und den breiten Neandertalerrücken von Teddy Budge.

Robert fand sein Gleichgewicht wieder und stürzte vor, stieß mit dem Kopf wie mit einem Rammbock zwischen die Schulterblätter des Riesen. Teddy wußte nur, daß er angegriffen wurde. Er konnte nicht sehen, durch wen, und er konnte sich nicht vorstellen, warum. Seine Reaktion war unmittelbar und den Umständen entsprechend vernünftig. Er streckte die Hand nach oben und ergriff den erstbesten Gegenstand, den er zu fassen bekam. Es war eine von Roberts Indianerkeulen. Mit dieser schlug er blindlings auf die Gestalt im Überzieher ein, deren Gesicht er nicht erkennen konnte.

Nun gut. Der Soldat, der Vater und der Bruder zerrten den Felsumklammerer weg und verhinderten einen Mord. Sie trugen Robert ins Haus (trugen ihn mehr oder weniger: Seine Füße schleiften über den Boden), und in der Tür wandte der Vater sich um und gab dem Mann im Stall ein Zeichen, er solle

mit der Arbeit fortfahren, um deretwillen er geholt worden war.
All diese Akteure gehorchten einer Art von Schicksal, das wir »Rache« nennen. Weil ein Mädchen gestorben war – und ihre Kaninchen sie überlebt hatten.

*10*

An diesem Abend lag Robert in der Badewanne, um den Schmerz in seinen geschundenen Gliedern in fast brühendheißem Wasser zu lindern. Er rieb sich den Rücken, soweit er mit der Hand reichen konnte, mit Eukalyptusöl ein. Seine Mutter klopfte an die Tür, und bevor er sagen konnte: »Wer ist da?« war sie eingetreten und hatte die Tür hinter sich geschlossen.
Der Raum war voller Dampf. Mrs. Ross trug ein helles, schimmerndes Kleid und eine lange schwarze Perlenkette. Ihr Haar hatte sich auf einer Seite gelöst und hing ihr in Schlingen über die Wange. Die andere Seite war ordentlich frisiert und aufgesteckt. Sie rauchte eine Zigarette und hielt ein leeres Glas in der Hand. Einen Augenblick lang blieb sie stehen und drückte die Hände dicht an den Körper, als könnte Robert ihr aus irgendeinem Grund diese Besitztümer wegnehmen. Das Glas und die Zigarette waren vielleicht eine Art von greifbarem Beweis dafür, daß sie lebte. Robert beobachtete sie; er ließ die Arme über den Rand der Wanne hängen, und der einzige Laut war das Tropfen der Wasserhähne und das Platschen eines Waschlappens, der ins Wasser glitt wie irgendein Meerestier, das erschrickt.
Mrs. Ross schloß den Deckel der Toilette und setzte sich. Sie benutzte das Waschbecken als Aschenbecher, ließ die Asche sorgfältig über den Rand hinabrollen und beobachtete, wie sie den Porzellanabhang hinunterrutschte wie ein Bergsteiger, der in den Tod stürzt. Sie schauderte.
Robert wandte den Blick ab. Seine Gedanken, die einen Augenblick zuvor so folgerichtig und weise geschienen hatten, begannen sich zu verwirren und Halt zu suchen. Er saß da mit ausdruckslosem Gesicht.
Mrs. Ross sagte: »Hat er dir sehr weh getan?«
Robert sagte: »Nein.«
»Dicht über deinen Schulterblättern ist ein großes blaues

Mal«, sagte sie mit einem Lächeln. »Es sieht aus, als wärst du zur See gefahren und hättest dich tätowieren lassen.«
»Ja. Ich konnte es im Spiegel sehen.«
»Kann ich dir – irgendwie helfen?«
»Nein.« Pause. »Danke.«
Mrs. Ross ließ einen weiteren Bergsteiger den Abhang hinuntergleiten. »Einmal«, sagte sie, »als du noch ein Kind warst ...«
Robert schloß die Augen. Er haßte die Art, wie sie seine Kindheit – jedermanns Kindheit – als Waffe gebrauchte.
»Du bist hingefallen. Beim Schlittschuhlaufen.«
»Ich bin oft hingefallen.«
»Ja. Aber dieses eine Mal bist du Schlittschuh gelaufen. Du hast dich so schnell verletzt. Deine Knie und Ellbogen schwollen an – schlimmer als bei Onkel Harry mit seiner Gicht!« Sie lachte. »Und deine Arme und deine Oberschenkel und deine Schienbeine waren einfach *schwarz* vor Prellungen. Schwarz und blau und gelb. Wie ein Wilder in Kriegsbemalung. Wie wir uns immer aufgeregt haben – jedesmal, wenn du hinfielst ...«
»Ja.«
Plötzlich warf Mrs. Ross den Kopf zurück und lachte. Robert sah sie an, um festzustellen, ob etwas nicht in Ordnung war. Sie lachte und lachte und lachte, bis die Tränen ihr die Wangen hinunterliefen, die Zigarette ihr aus den Fingern fiel und sie sich bücken mußte, um sie aufzuheben. Aber es war kein hysterisches Lachen, wie Robert gefürchtet hatte. Er wartete, daß es aufhörte, und schließlich erklärte sie:
»Wenn du dich nur selbst hättest sehen können. Mit diesen verrückten Schlittschuhen an den Füßen!« sagte sie. »Du warst ein so ernstes Kind. Alles wurde mit einer so großen *Konzentration* getan.« Gelächter. »Stapf, stapf, stapf! So kamst du den Weg entlang. Ich weiß nicht, wo du gewesen warst, aber du gingst tatsächlich auf deinen Knöcheln, diese verrückten Schlittschuhe an den Füßen! Und du hattest diesen riesigen Stock in der Hand. Du trugst einen Pullover – Gott weiß, wem der gehörte! –, jedenfalls hatte er zweimal deine Größe, die Ärmel hingen wie Affenarme herunter, und der untere Rand ging dir bis zu den Knien! Du warst fünf Jahre alt, die Mütze hattest du verloren. Das Haar stand dir zu Berge.«
Sie setzte das leere Glas auf den Boden und faßte sich wieder – benutzte Toilettenpapier, um sich die Augen zu trocknen. Danach seufzte sie und schlug die Beine übereinander – es

wirkte, als käme sie immer und setzte sich im Badezimmer hin, wenn ihr Sohn badete. »Du mußt von weit weit hergekommen sein«, sagte sie, »an jenem Tag. Dein Ausdruck war so gespannt. Und deine Schlittschuhe waren an den Knöcheln fast durchgelaufen. Erinnerst du dich noch daran? Ich erinnere mich sogar noch an das Geräusch, das die Kufen machten, als du mit ihnen über die Ziegelsteine geschlurft kamst. Wie wenn jemand ein Messer schleift.« Sie blinzelte. »Aber du gabst nicht auf – und später warst du der Kapitän der Mannschaft.«
Robert bewegte die Beine, und das Wasser schwappte gegen den Rand der Wanne. Seine Mutter beobachtete ihn – das Lachen in ihren Augen verschwand vollständig. Wenn Robert sich ihr zugewandt hätte, hätte der Ausdruck auf ihrem Gesicht ihn vielleicht erschreckt. Und doch gleichen die Menschen am häufigsten ihrem wahren Selbst, wenn niemand sie beobachtet. Unwillkürlich hatten sich ihre Mundwinkel verzogen. Ihr Mund war trocken. Die Augenlider fielen schwer nach unten. Sie beobachtete ihren Sohn mit delphischer Konzentration, während der Rauch ihrer Zigarette sich nach oben kringelte und sich vor ihrem Gesicht kräuselte. »Komisch«, sagte sie, »daß die meisten Menschen hinfallen, ohne daß etwas passiert. Aber einige bekommen so leicht Druckstellen wie Äpfel. Und doch – meistens passiert nichts.«
»Ja.«
Während andere sterben.
Nach einem langen, langen Schweigen ließ Mrs. Ross ihre Zigarette fallen und drückte sie mit der Schuhspitze aus – sie quetschte und mahlte sie in die Fliesen hinein, bis nur noch eine Mischung aus Teer und Papier übrig war, bis zur Unkenntlichkeit zermalmt. Einen Augenblick betrachtete sie, was sie gemacht hatte, dann sprach sie ohne aufzublicken mit einer Stimme, die so tonlos war, als schliefe sie: »Du glaubst, Rowena habe dir gehört. Nun, ich will dir sagen, Robert, daß niemand einem anderen gehört. Wir werden alle bei der Geburt mit einem Messer abgetrennt und dem Erbarmen von Fremden überlassen. Hörst du mich? *Fremden.* Ich weiß, was du vorhast. Ich weiß, daß du weggehen und Soldat werden willst. Nun – du kannst zum Teufel gehen. Ich trage keine Verantwortung. Ich bin auch nur eine Fremde. Ich konnte dich zur Welt bringen – aber Leben kann ich dir nicht geben. Ich kann niemanden am Leben halten. Nicht mehr.«

Robert saß da wie erstarrt.

Mrs. Ross blickte in ihr leeres Glas. Wie lange war es schon leer? Seit Stunden? Minuten? Jahren? Sie stand auf, sie setzte sich. Es wurde nichts mehr gesagt. Jeder verschwand für den andern hinter dem Dampf. Dies war das letztemal, daß der eine in der Gegenwart des anderen atmete. Am Morgen war er gegangen, bevor sie aufwachte.

## *11*

Robert Ross wurde also am 2. April 1915 in die Armee aufgenommen. Er wurde fast sofort der 30. Batterie der Kanadischen Feldartillerie zugeteilt, die in Lethbridge, Alberta, ausgebildet wurde. Er war aufmerksam und sorgfältig: korrekt. Er beobachtete die Männer um sich herum aus einem Abstand. Einige waren Schulkameraden. Diesen gegenüber war er freundlich, wußte sie sich aber vom Leib zu halten. Er wollte noch keine Bindungen. Was er suchte, war ein Vorbild. Jemand, der ihn durch sein Beispiel lehren konnte, wie man tötet. Robert hatte noch nie auf irgend etwas gezielt. Es war eine Geisteshaltung, die ihm fremd war. Er brauchte also jemand anderen, der sich diese Haltung angeeignet hatte: jemand, für den Töten eine Willensübung war. Die Tage bestanden aus Landkarten und Pferden: Stalldienst und Artillerieschießplatz. Sie wurden vom Morgengrauen bis zum Abendessen gedrillt – an Wagen und Protzen – Ausrüstung und Geschirren – Lafetten und Geschützstellungen – in Paradeexerzieren in Ausgehuniform und im Üben der Schußlinie. Es war sehr ähnlich wie in der Schule: Appell und Kasino. Sogar die Scherze waren die gleichen – Apfelkuchen im Bett und Wasserbomben. Jeder, der im Internat gewesen war, war für das Militär gut vorbereitet. Jemand schrie einen an, und man sprang. Der Unterschied war nur, daß man, je mehr man sich dem Offiziersrang näherte, sehr viel mehr Gelegenheit bekam, seinerseits zu brüllen. Robert war in St. Andrew Kadett gewesen, aber dort hatte es ihm nie Freude gemacht, den Offizier zu spielen. Er fühlte sich erniedrigt, wenn er die Stimme erheben mußte. Er mußte lachen, wenn er andern sagte, was sie tun sollten. Genauso, wie es ihn ärgerte, wenn man ihm sagte, was er tun sollte. Bei den Paraden wurde er daher oft rot. Eine Zeitlang hatte er den Spitznamen »Roter«. Vielleicht war das der Grund von Roberts Beliebtheit.

Trotz seiner Zurückhaltung – niemand konnte einem Mann gram sein, der rot wurde.
Abends saß Robert oft auf den Stufen vor dem Hinterausgang der Kantine, angetan mit einer alten, verschlissenen Flanellhose und einem weißen Hemd mit ausgefranstem Kragen. Er starrte in die Prärie hinaus und überlegte, in welche Richtung er laufen sollte. Er wußte, daß man sich um 360 Grad drehen konnte, wenn man auf dem Dach stand, ohne etwas zu erblicken außer einer weit entfernten Scheune oder einer dunklen Gruppe von Bäumen. Diese konnte er sich beim Laufen als Ziel setzen – aber meist lief er einfach auf den Horizont zu.
Er zog dann die Schuhe mit den Gummisohlen an (Socken trug er nie beim Laufen), band sich die Strickjacke um die Taille und marschierte los. Er lief nicht gern innerhalb des Kasernengeländes. Es erschien ihm würdelos – vielleicht weil man sich zu sehr vorkam wie in der Schule, wenn einem befohlen worden war, ums Viereck zu laufen. Aber das Gehen war eine Behinderung. Wenn er das Tor erreichte, war er schon in einen Trott gefallen, und jenseits des Tores fiel er aus dem Trott instinktiv in den langausholenden Laufschritt, der seine natürliche Fortbewegungsart war. Er hielt die Augen gesenkt. Er betrachtete nie den Himmel. Er verlor jeden Zeitsinn. Es gab nichts zu gewinnen als Ferne.

## 12

Eines Abends lief Robert zusammen mit einem Kojoten. Zuerst dachte er, es sei ein Hund, bis ihm der Gedanke kam, daß er noch nie einen Hund mit so langen Beinen gesehen hatte. Als Robert das Tier gewahr wurde, lief es vor ihm her – es war eigentlich kaum mehr als ein Traben. Es hatte den Schwanz gesenkt und die Ohren angelegt, was bedeutete, daß es ein Ziel hatte. Robert hatte noch nie ein so mageres Tier gesehen. Er wunderte sich, warum es nicht jagte, und dachte dann, es sei vielleicht auf dem Weg in sein Jagdgebiet – irgendein Tal oder eine sumpfige Senke, die Robert noch nicht entdeckt hatte und in der es vielleicht Eichhörnchen und Kaninchen gab. Robert beschloß, dem Tier zu folgen. Er würde seinen Schritt nur beschleunigen, wenn der Abstand zwischen ihnen zu groß wurde. Er stellte fest, daß der Kojote ihn nicht bemerkt hatte,

denn er machte keine Anstalten, seine Gangart zu ändern. So liefen sie fast eine halbe Stunde.
Von Zeit zu Zeit legte der Kojote ein paar Extraschritte ein – er tanzte nach einer Seite, entweder um ein Loch oder einen Stein herum. Die Löcher im Boden schienen ihn nicht zu interessieren. Vielleicht wußte er, daß sie leer waren. Vielleicht kannte er jedes Loch in der Prärie und wußte, welches schon seine Morgen- oder Abendration an Erdhörnchen oder Sandeulen geliefert hatte. Dies dachte Robert zuerst – aber dann sah er vor sich zwei Erdhörnchen auf den Hinterbeinen sitzen, sich strekken und ducken und sich mit Pfiffen verständigen. Auch der Kojote mußte sie gesehen haben, aber er änderte seine Gangart überhaupt nicht – er duckte sich auch nicht. Und als er an die Stelle kam, wo die Erdhörnchen gesessen hatten, unterbrach er nicht seinen Lauf, um in ihren Höhlen zu graben oder auch nur daran zu schnüffeln. Er trottete einfach weiter – vorwärts auf sein Ziel zu.
Kurz nachdem sie die Löcher der Erdhörnchen passiert hatten, fiel der Kojote aus seinem Trott in einen leichten Galopp. Robert paßte seine Geschwindigkeit an und fand es zuerst nicht schwer, Schritt zu halten. Die vorherige Gangart war so gemächlich und gleichmäßig gewesen, daß weder seine Lungen noch seine Beine ermüdet waren.
Da das Rennen schneller geworden war, glaubte Robert, daß das Ziel des Kojoten in unmittelbarer Nähe sein müsse und begann die Prärie mit den Blicken nach einem entsprechenden Zeichen abzusuchen. Aber es war nichts da, nicht einmal ein Steinhaufen.
Dann plötzlich war der Kojote verschwunden. Nicht mehr zu sehen. Robert hatte höchstens einmal mit den Augen gezwinkert, und das Tier war weg. Er verlangsamte seinen Schritt; vielleicht würde das Tier wieder auftauchen; vielleicht war ihm Schweiß in die Augen gelaufen – oder es gab eine Höhle, die so gut getarnt war, daß er jeden Augenblick darüber stolpern mußte. Aber es war nichts da.
Robert lief schneller.
Die Strickjacke fing an, ihm auf die Schenkel zu rutschen. Er riß sie sich ab und band sie sich mit den Ärmeln um den Hals. Als kippe die Welt ihm ins Gesicht, erblickte er vor sich die blaugrünen Blätter von Bäumen. Die Zweige schienen direkt aus dem Boden zu kommen. Robert war auf ein Tal gestoßen – so jäh abfallend wie ein Graben.

Er blieb am oberen Rand stehen und blickte nach unten. Das Tal war weder breit noch lang, es war in der Mitte nicht tiefer als zwölf oder fünfzehn Meter. Die Abhänge waren von scharf eingeschnittenen Wasserrinnen gefurcht, aus denen man ersehen konnte, daß die Eiszeit bei seinem Entstehen mitgewirkt hatte. Die Bäume drängten sich wie flüsternde Verschwörer um den Rand eines hellen Wasserspiegels. Der Kojote trank am Ufer.

Es war Juni, beinahe Sonnenwende. Obgleich es schon fast sieben Uhr war, würde die Sonne erst in zwei Stunden untergehen. Die Hitze war gewichen, und vom Wasser stieg eine plötzliche Kühle an den Talwänden empor und traf Robert, als hätte ein Wind sich erhoben. Er zog seine Jacke über und hockte sich hin, um den Kojoten beim Trinken zu beobachten. Er war jetzt genau unter ihm – etwa achtzehn Meter entfernt – und hatte ihm den Rücken zugekehrt. Darum waren sie also so weit gelaufen. Ein Stelldichein mit dem Wasser. Robert überlegte, daß er selber hinuntergehen und vielleicht sogar schwimmen könnte, nachdem der Kojote getrunken hätte. Er war schon so lange nicht mehr geschwommen, daß er sich nicht mehr erinnern konnte, wann und wo das gewesen war, aber es mußte letzten Sommer in Jackson's Point gewesen sein. Mr. Ross hatte der Familie dort im Jahre 1900 ein Sommerhäuschen gekauft. Es hatte hohe grüne Wände aus Brettern und Latten, auf den breiten, schattigen Veranden hingen Hängematten, und man konnte die Veranden mit Bambusjalousien schließen, die sich an Kordeln hoch- und herunterziehen ließen. Ein paar Vettern hatten Meg hergebracht, waren zuerst die Straße entlanggeritten, und dann immer rund um den Hof, und Rowena hatte gebettelt, man möge sie hinaufheben und auch reiten lassen ...

Robert schloß die Augen. Das Geräusch, das der Kojote beim Aufschlappen des Wassers machte, überbrückte die Entfernung zwischen ihnen und schien seinen eigenen Durst zu löschen. Er atmete tief und blieb so, auf den Fersen hockend, sitzen; seine Arme hingen herunter – die Fingerspitzen streiften die scharfen Grashalme. Die Sonne schien ihm ins Gesicht. Er konnte fühlen, daß sie golden und rot war, genauso wie er fühlen konnte, daß das Gras grün war. Sein Gesicht war ein Spiegel für die Sonne.

Als der Kojote sich satt getrunken hatte, wandte er sich vom Wasser ab, setzte sich ganz plötzlich hin und kratzte sich heftig hinter dem Ohr. Dann saß er da, hechelte und sah sich im Tal um, genau wie ein ganz und gar zufriedener Besitzer. Er warf die Nase in die Luft und schnappte nach irgendeinem vorbeifliegenden Insekt. Dann kratzte er sich wieder hinter dem Ohr, aber diesmal mit der lässigen Trägheit eines Hundes, der vor dem Feuer sitzt. Dann beschnupperte er sorgfältig die Spitzen seiner stumpfen Klauen und leckte sie sauber, bevor er sich erhob und durch die Bäume davontrottete. Er hatte zehn Minuten ausgeruht.

Robert hatte das Tier aus den Augen verloren und dachte schon, es hätte vielleicht seinen Bau in dem Dickicht, als er es wiederentdeckte, wie es den gegenüberliegenden Abhang des Tales hinaufkletterte. Oben angekommen, mußte es sich über den Rand ziehen. Dabei strampelte und kratzte es, und die Luft füllte sich mit Staub. Der Kojote schüttelte sich, wandte sich um, und Robert glaubte, er werde aus irgendeinem Grund zurückkehren – vielleicht hatte er einen Fehler begangen, als er das ganze Tal durchquerte, und mußte nun auf dem selben Weg zurückkehren. Aber statt dessen blieb er auf dem gegenüberliegenden Talrand stehen, warf den Kopf zurück und heulte. Dann sah er Robert direkt an – sah ihn an, den Schwanz leicht gesenkt – und bellte. Dann begann der Schwanz zu wedeln. Der Kojote hatte die ganze Zeit gewußt, daß Robert da war: vielleicht schon während ihres ganzen Laufs durch die Prärie. Nun gab er Robert zu verstehen, das Tal sei leer: sicher – und Robert könne zum Ufer hinuntergehen und trinken. Er bellte dreimal – eine deutliche Ankündigung, daß er nun gehe. Dann wandte er sich um und trottete davon, der Sonne entgegen.

Robert kam an diesem Abend zu spät zum Appell. Zur Strafe durfte er zwei Wochen lang die Kaserne nicht verlassen. An den Abenden saß er auf dem Dach, starrte, starrte und starrte in die Prärie hinaus und er wünschte, jemand würde heulen.

## *13*

Es hatte etwas mit Pferden zu tun, daß Robert Eugene Taffler kennenlernte. Sie begegneten sich in der Prärie.

Er war am Morgen jenes Tages einem Kommando zugeteilt worden, das einige wilde Pferde abholen sollte, die aus Calgary geschickt worden waren. Es waren Mustangs – als Reittiere für Offiziere in Frankreich bestimmt –, und sie sollten im Verlauf der Woche einzeln zugeritten werden. Es waren herrliche Tiere von außerordentlicher Kraft, aber auch einem erheblichen Freiheitsdrang. Sie von der Bahnstation zur Kaserne zu bringen war eine Aufgabe für Cowboys, nicht für Leute, die ihre einzige Erfahrung im Reiten auf der Reitbahn von Queen's Park Crescent erworben hatten. Sie machten einen abenteuerlichen Umweg, kilometerweit hinaus in die Prärie, und die Übung, die um 9 Uhr morgens begonnen hatte, war erst gegen 4 Uhr nachmittags zu Ende.

Als alle Pferde in der Koppel waren, stellte sich heraus, daß zwei fehlten. Robert, der sich mittlerweile gut in der Prärie auskannte (es war im August), meldete sich freiwillig, um hinauszureiten und sie zu suchen. Ein Junge namens Clifford Purchas, der zusammen mit Robert die Schule in St. Andrew besucht hatte, erklärte sich bereit, mitzureiten. Nach dem Abendessen machten sie sich auf den Weg in Richtung der Scheune, die Robert vom Dach aus entdeckt hatte und die etwa eineinhalb Kilometer weit entfernt war.

Während sie dahinritten, sangen Robert und Clifford alte Kirchenlieder, die sie in der Schule gelernt hatten. Sie sangen aus vollem Hals, und sie sangen die alten Kirchenlieder, weil dies die einzigen Lieder waren, die sie beide kannten. Clifford kannte auch eine obszöne Version von »O Susanna«, das er in seinem hohen klaren Tenor ebenso hingebungsvoll sang wie zuvor die »Old Hundredth«. Als das Lied seinen fleischlichen Höhepunkt erreicht hatte, sagte Robert plötzlich: »Sei still!« und zügelte sein Pferd.

»Was ist denn?« fragte Clifford.

»Das möchte ich auch wissen«, sagte Robert und wies mit dem Kopf nach einer Seite, wo man eine Gestalt sehen konnte, die mit Steinen nach Flaschen warf, die auf einem Brett aufgereiht standen. Dieser Mensch war etwa hundert Meter weit entfernt, nackt bis zur Gürtellinie; die Hosenträger hingen herunter. Etwa drei Meter von ihm entfernt graste ein gesatteltes Pferd, und daneben saß ein Hund, der den Mann mit gespitzten Ohren beobachtete. Jeder Stein, den der Mann warf, traf eine Flasche. Er verfehlte keine einzige.

Während Robert und Clifford anhielten und zuschauten, mußte der Hund sie gewittert haben, denn er drehte sich jetzt um und bellte.

Der Mann mit den Steinen in der Hand winkte ihnen freund-

lich zu und rief: »Hallo!« Dann warf er wieder einen Stein und zertrümmerte wieder eine Flasche.
Robert fragte: »Wer ist das?«
Clifford sagte: »Das ist Eugene Taffler, du Idiot.«
Robert sagte: »Oh.« In gedämpftem Ton. Taffler war ein Held. Er war schon in Frankreich gewesen, war verwundet worden und nach Kanada zurückgekehrt. Nun war er völlig wiederhergestellt und in den Westen geschickt worden, um das Pferdematerial zu begutachten, bevor er wieder nach Übersee abgestellt wurde. Er war auch auf der Universität ein Allround-Sportler gewesen, aber das war vor Roberts Zeit, und darum war ihm Tafflers Gesicht nicht bekannt. Sein Name jedoch war Empfehlung genug.
»Gehen wir hin?« fragte Clifford.
»Ich denke schon«, sagte Robert. Er hatte keine Lust, hinzugehen. Schon der Gedanke an Taffler schüchterte ihn ein. Aber es war unmöglich, nicht zu ihm zu gehen, da Taffler Hauptmann und daher Cliffords und sein Vorgesetzter war.
Sie ritten langsam hinüber.
»Sie halten Ausschau nach diesen Mustangs, nicht wahr?« sagte Taffler. Er war über einsachtzig groß, und sein Gesicht und sein Körper waren von Staub bedeckt. Sein Mund, seine Augen und die Brustwarzen sahen aus, als habe jemand ihn aus Lehm geformt und seine Fingerabdrücke hinterlassen.
Robert sagte: »Ja, Herr Hauptmann. Wir haben sie heute morgen in dieser Gegend verloren.«
Taffler spielte mit den Steinen in seiner Hand. Eine Aureole von Staub bildete sich.
»Wenn Sie glauben, daß ich von Nutzen sein kann, würde ich mitkommen«, erbot er sich.
»Nein danke, Herr Hauptmann«, sagte Robert. »Verzeihen Sie, daß wir Sie gestört haben.«
»Wahrscheinlich fragen Sie sich, was zum Teufel ich hier mache, wie?« Taffler lächelte sie an. »Alsoooo...« sagte er gedehnt und fixierte mit zusammengekniffenen Augen die Flaschen – zielte und warf den Stein. Der erreichte sein Ziel, und die Flasche fiel in Stücke. »*Das* mache ich«, sagte er, »ich bringe Flaschen um.«
»Oh«, sagte Robert.
»Ich muß meinen Arm in Übung halten, verstehen Sie.«
»Ja, Herr Hauptmann«, sagte Clifford begeistert. »Ich habe an der Universität ihre Einwürfe bewundert. Wie schade.«

»Schade, Herr ...«
»Purchas, Herr Hauptmann.«
»Schade, Mr. Purchas? Und warum das?« Er zielte und warf erneut.
Peng!
»Oh, ich weiß nicht, Herr Hauptmann. Vielleicht schade, daß wir nicht einfach alle Fußball spielen.«
Taffler blickte zur Sonne auf.
»Ja«, sagte er, »das ist schade.« Dann drehte er sich um und blickte die Reiter an. »Die Entfernung«, sagte er, »zwischen unseren Linien und ihren beträgt manchmal nicht mehr als hundert Meter. Wußten Sie das?«
»Nein, Herr Hauptmann.«
»Einhundert Meter«, sagte Taffler. Er wies auf die letzte Flasche. Sie war grün und hatte einen langen, schmalen Hals. »In diesem Krieg gibt es nichts«, sagte er, »als einen kleinen David gegen einen anderen.« Dann warf er, und der lange dünne Hals brach sauber durch. »So. Nur ein Haufen von Steineschmeißern.«
Robert fragte sich, ob die Bitterkeit nur davon herrührte, daß sich Tafflers Hals beim Werfen verdrehte – oder wünschte Taffler wirklich, daß der Krieg ihm einen Goliath gegenüberstellte?
Taffler bückte sich und hob sein Hemd auf.
»Kann ich Ihnen bestimmt nicht helfen?«
»Nein, Herr Hauptmann. Vielen Dank, Herr Hauptmann.«
»Gut.« Er lächelte wieder. »Es ist noch eine Stunde bis Sonnenuntergang. Der Hund und ich können noch ein paar Klapperschlangen jagen.«
Dies war das Ende ihrer Unterhaltung, und da Taffler nicht in Uniform war, waren sie nicht verpflichtet zu grüßen; daher wendeten sie einfach und ritten davon. Robert drängte sein Pferd vor das Cliffords und ließ es galoppieren – Clifford schrie hinter ihm her: »Allez! Allez! Allez!«, so als hätte Robert einen Fuchs gesichtet. Aber Robert galoppierte so weit voraus, daß er bald allein war. Als er sich umschaute, sah er, daß Clifford die Verfolgung aufgegeben hatte und ruhig dahergetrabt kam – wahrscheinlich sang er: »Daheim in der Kaserne.« Erst jetzt ließ Robert das Pferd im Schritt gehen. Taffler war nur ein Punkt am Horizont. Punkte waren anonym. Stell keine Fragen. Entfernung bedeutete Sicherheit. Der Raum war eine Zuflucht.

Später am Abend ritten sie durch den Sonnenuntergang, sie führten die beiden gefangenen Mustangs hinter sich her. Am Himmel standen Sonne und Mond gleichzeitig. In weiter Ferne heulten die Kojoten. Robert ritt immer weiter – führte. Clifford dachte laut darüber nach, ob Taffler wohl einen Kojoten mit einem Stein töten könnte. Der Himmel war grün. Robert gab keine Antwort. Er glaubte, daß er vielleicht das Vorbild gefunden hatte, dem er nachstreben konnte – ein Mann, für den töten nichts anderes bedeutete als bloß werfen. Peng! Eine Flasche. Ein Mann, dem der Krieg nicht gut genug war, wenn der Krieg nicht größer war als er. Peng! Ein David. Ein Mann, der seinen Frieden mit Steinen machte.
Die Sonne begann unterzugehen. Sie war jetzt riesig. Clifford wäre gern stehengeblieben, um sie zu beobachten. Robert sagte nein. Er hatte Angst, sich umzudrehen und nach hinten zu blicken, obgleich er nicht wußte warum. Es kam ihm einfach gefährlich vor. Sie ritten also weiter. Clifford sang. *»Bringt mir, o bringt mir einen Becher kalten Wassers und kühlt meine Schläfe, sagte der Cowboy, aber als sie mit dem Becher kalten Wassers zurückkamen, hatte der Geist ihn verlassen, und der Cowboy war tot ...«* Orangefarbene Balken stiegen am ganzen Horizont auf. Vier Pferde. Zwei Reiter.

## 14

Der Sommer war trocken gewesen. Der Herbst kam, und das Wetter schlug um. Es regnete ohne Unterlaß. Über ganz Nordamerika und Europa strömte der Regen nieder, von Ende September bis Ende Oktober. Im November begann es zu schneien. Es schneite sogar in England, wo es schon seit Jahren nicht mehr geschneit hatte.
Während seines ganzen Prärieherbstes überschütteten Roberts Eltern ihn – beinahe schon auf eine perverse Weise – mit Schals und Socken und Fausthandschuhen, von denen Robert die meisten verschenkte. Sie schickten ihm auch Lebensmittel. Für sie schien es, als wäre er außerhalb der Grenzen der Zivilisation – dort, wo die Menschen weder Kleider trugen noch gekochte Speisen aßen. Aber es kam auch viel Nützliches an: die nötigen Ausrüstungsgegenstände, die die Armee nicht lieferte – zum Beispiel ein Schwimmkompaß, Reitstiefel und blaugetönte Feldstecher. Robert schrieb seinem Vater auch, er hätte

gern eine automatische Pistole. Dieser Brief rief eine gewisse Panik hervor. »GEBEN SIE EUCH NICHT EINMAL WAFFEN?« telegraphierte sein Vater. »NUR ARTILLERIE« telegraphierte Robert zurück.

Falls es denjenigen von Ihnen, die nicht dabei waren oder über diesen Teil der Geschichte nichts gelesen haben, unsinnig erscheint, daß Robert um seine eigenen Handwaffen bitten mußte, möchte ich darauf hinweisen, daß es sich um eine »Volksarmee« handelte – nicht um ein Berufsheer. Die Offiziere stellten ihre eigene Uniform, und falls sie es wünschten, ihre eigenen Pferde. Begüterte Bürger stellten eigene Kompanien auf und finanzierten ihre Ausrüstung. Offizierspatente konnten noch gekauft werden, und sogar der einfache Soldat bekam seine Socken von zu Hause. Wie auch immer – wegen dieser Pistole gingen viele Telegramme und Briefe hin und her. Sollte es eine Webley sein oder ein Colt – eine Browning oder eine Savage? Ihr Schicksal wurde, wie das Schicksal von Leopold Blooms Stück Seife, eine kleine Odyssee.

Eine letzte Begebenheit muß noch von Roberts Aufenthalt in der Prärie erzählt werden. Sie hat mit den Huren von Läusestadt zu tun.

## 15

Läusestadt war ein Weiler, der etwa siebzehn Kilometer von Lethbridge entfernt lag – oder »siebzehn Kilometer hoch«, wie jemand sagte. Es wäre nicht fair, seinen wahren Namen zu verraten, denn er ist inzwischen zu einem ehrbaren Zentrum der Landwirtschaft geworden. In jenen vergangenen Tagen jedoch war es nur eine Ansammlung von Häusern – im ganzen sieben –, die irgendwo am Ende der Welt standen. Es gab keine richtige Straße, nur ein paar Wagenfurchen. Die Häuser waren aus Holz und sind inzwischen abgebrannt. Das einzige Gebäude, das der damalige Ort mit dem heutigen gemeinsam hat, ist ein Gemischtwarenladen, der damals von einem Mann mit Namen Oscar Dreyfus betrieben wurde. Aber Dreyfus war zu einem berüchtigten Namen geworden, deshalb stand auf dem Ladenschild nur »OSCARS DREYGOODS«. Es gab sogar Leute, die ihn so nannten. »Hallo, Mr. Drygoods!« riefen sie, wenn sie lachend hereinkamen. »Wie geht es Mrs. Drygoods?« *Mrs. Drygoods* war die Madame des Hauses nebenan. Ihr Name war

Maria – aber sie hielt eisern an Dreyfus fest. Maria Dreyfus konnte lesen, und sie hatte »*J'accuse!*« gelesen. Sie war sehr stolz auf ihren Namen. Aber alle anderen blieben bei »Drygoods«, und da neben Marias Haus der Müllplatz lag, wurden die drei nebeneinander liegenden Örtlichkeiten allgemein DRYGOODS, WET GOODS und SPOILED GOODS* genannt. *Wet Goods* war das beliebteste Haus am Platze.

Robert wurde gegen sein besseres Wissen gezwungen, hinzugehen. Aber es bedurfte keines großen »Zwangs« dazu. Man hätte ihn verlacht, wenn er nicht mitgegangen wäre. Wenn man nicht hinging, war man komisch, so einfach war das. Die Kaserne und das Internat lassen dem Individuum wenig Spielraum, wenn es um Sex geht. Entweder man »tut es«, oder man »tut es nicht«, und wenn man es nicht tut, sieht man sich einer Art von Mißbilligung ausgesetzt, die die meisten Männer lieber vermeiden.

Was nun die Tatsache anbelangt, daß es gegen sein besseres Wissen war, so war Robert sicher, daß er versagen würde.

Sie fuhren an einem Freitag abend in einem Chevrolet hin. Es regnete, und die hohen, dünnen Räder des Wagens rutschten immer wieder in die Wagenspuren hinein. Als sie ankamen, waren sie infolgedessen von der Mütze bis zu den Stiefeln hinunter mit Lehm bespritzt: Clifford Purchas, Roddy Taylor-Bennett, Robert und ein Mann namens Gas, der ein Zivilist zu sein schien. Auf dem Weg sangen Mr. Gas und Clifford Purchas, während Roddy Taylor-Bennett aus einer Sherryflasche trank. Das Innere des Chevrolets stank nach Zigaretten und Eau de Cologne aus Florida. Clifford nannte den Wagen ihr »Hurenhaus auf Rädern«.

Aus den Fenstern von *Wet Goods* strahlte blaues Licht (blaues Licht für Offiziere – rotes Licht für die Mannschaften. Irgendein Kerl hatte einmal in einem Haus gegenüber, wo es von Filzläusen wimmelte, ein gelbes Licht als Zeichen für Quarantäne ins Fenster gestellt.) Robert stieg als erster aus. Er trug keine Mütze. Der Regen tat ihm wohl. Roddy Taylor-Bennett reichte die Flasche nach draußen. »Mach sie leer«, sagte er. Robert fand, daß er sich diesmal ganz gern betrinken würde und kippte die Flasche in seinen Hals, bis sie leer war. Er war noch nie betrunken gewesen – und der Geruch der Flasche erinnerte ihn an das Zimmer seiner Mutter daheim.

* Drygoods, wet goods, spoiled goods = etwa: trockene, nasse, kaputte Waren.

Hinter dem Müllplatz mündete die Straße von Läusestadt in eine Wiese. Es war keine Straße, auf der die Leute herumbummelten, selbst nicht beim schönsten Wetter. Jetzt wurden sie nur von einer Ansammlung von Hunden begrüßt. Hunde – und ein Pferd.
Dieses Pferd war vor *Wet Goods* an einen Pfahl gebunden worden. Es stand mit gesenktem Kopf da. Als Robert hinschaute, entdeckte er im Schlamm unter seinem Bauch einen Schatten. Robert wandte seinen Blick nicht von diesem Schatten, als er mit den anderen auf den Gehsteig trat. Er hätte gern gewußt, was es war, und warum ihn dieses Miteinander von Pferd und Schatten beunruhigte. Dann, als er nach einer Stelle suchte, wo er die leere Flasche abstellen konnte, zuckte er zusammen. Taffler. Und der Schatten war Tafflers Hund. Robert wußte, wo er die Flasche lassen sollte. Er stellte sie neben den Pfahl, einen Stein obenauf.

## *16*

Wenn man in *Wet Goods* eintrat, wurde man von einem riesigen Stummen begrüßt, von dem es hieß, er sei Schwede. Sein Haar hatte den weißblonden Ton, den man bei Albinos sieht. Seine Augen waren stahlgrau. Er hatte drei Männer getötet. Eine Negerin nahm einem den Mantel ab und nannte einen »Herr Hauptmann«, ganz gleich, welchen Rang man hatte. Dann wurde man im Flur stehengelassen und wußte nicht recht, wohin man sich wenden sollte.
Es gab eine Treppe, auf deren Absatz ein Kübel mit einer Farnpflanze stand. Der Tür direkt gegenüber war die Wand mit Bildern von Odalisken und mit Spiegeln dekoriert, so daß man als erstes sich selbst sah, mitten in einem Gewirr von rosa Armen und bleichen Brüsten. Süßes Rosenparfüm milderte den Geruch von Pferdedung und Hundekot, den man an den Stiefeln hereinbrachte.
Robert wartete, die Hände auf dem Rücken. Es war nicht so, wie er es sich vorgestellt hatte. Er hatte geglaubt, sie würden eintreten und von einer Horde nackter Frauen begrüßt werden, die auf Wolken von Opium schwebten. Aber so war es ganz und gar nicht. Es war eigentlich alles sehr bieder. Dann trat Maria Dreyfus in den Flur. Sie kam aus einem Raum, der sich hinter einer Schiebetür verbarg. Maria war Deutsche. Sie war klein,

hatte glänzendes, kupferfarbenes Haar, ein krauses Medusenhaupt, und sie trug ein schwarzes Kleid. Sie machte ebensowenig ein Hehl daraus, daß sie eine Deutsche, wie daraus, daß sie eine Jüdin war. Sie streckte die Hand aus und sagte: »Good effning.« Niemand lachte über ihre Sprechweise. Ihre Gegenwart und ihre Haltung verboten es. Sie führte sie in den Raum hinter der Doppeltür, und die Tür glitt hinter ihnen zu.

In dem Raum waren sieben Mädchen und noch zwei Männer. Die Männer waren wahrscheinlich Cowboys oder Eisenbahner oder Farmersöhne. Jedenfalls waren sie nicht in der Armee. Robert konnte nicht erkennen, ob sie es schon »hinter sich« hatten oder erst »vor sich«. Er wußte nicht, wie es ablief. Wie es sich herausstellte, wußten es die andern, mit denen er gekommen war, ebensowenig, möglicherweise mit der Ausnahme von Mr. Gas, den eine von den Frauen zu kennen schien.

Die Frauen (oder Mädchen: eigentlich waren sie beides) erschienen zuerst gekleidet wie Schauspielerinnen in einem Stück. Die Farben, die sie trugen, waren leuchtend und grell kombiniert: weinrot und schwarz – orange und blau. Erst als seine Augen sich an das goldene Licht der Lampen gewöhnt hatten, merkte Robert, daß er durch die Kleider hindurchsehen konnte, und die Schatten waren keine Schatten, sondern Haar, das sich abzeichnete, und mit Henna gefärbte Brustwarzen.

Whiskeyflaschen standen auf einem silbernen Tablett. Mr. Gas trat heran und goß sich ein Glas ein. Robert machte es ebenso. Alle Männer im Raum traten herzu und blieben bei den Whiskeyflaschen stehen. Die Frauen warteten diskret ab. Sie lächelten. Schließlich merkte Maria Dreyfus, daß eine peinliche Situation entstanden war, sie ging im Zimmer herum und rief mit dröhnender Stimme den Mädchen zu: »Macht euch bekannt! Macht euch bekannt! Steht auf und macht euch bekannt!« Sie legte eine Platte aufs Grammophon und stellte es an.

Ein Mädchen mit orangerotem Haar, das sie auf dem Kopf aufgetürmt hatte, kam quer durchs Zimmer auf Robert zu. Ihre Schultern waren bloße Knochen, und ihre Augenlider waren schwarz bemalt. Sie trug ein violettes Kleid, das vorn offen war und von einer Schärpe zusammengehalten wurde, und sie wirkte wie ein wandelndes Becken.

»Wie wär's mit 'nem Trab?« sagte sie zu Robert und blies ihm ihren Atem, der nach Gewürznelken roch, ins Gesicht.

»Trab?« fragte Robert.
»*Tanz.*«
»Ich fürchte, das kann ich nicht«, sagte Robert. Er traute Frauen mit rotem Haar nicht. Heather Lawson hatte rotes Haar gehabt.
»Na gut«, sagte das Mädchen mit den Gewürznelken im Mund. »Dann zeig ich's dir eben.« Sie sagte, sie heiße Ella.
Sie legte ihm beide Arme um den Hals und drückte ihr Becken fest gegen seinen Unterleib. Robert erstarrte.
»Beweg dich«, sagte sie und schob ihn vorwärts.
Robert begann, zum Takt der Musik herumzustolpern – »Niggermusik«, wie man es damals nannte, erfüllt von Aufschreien, trommelnden Klavieren und einem wimmernden goldenen Kornett. Die Tänzer schoben sich rund um den Raum, immer im Kreis herum, und die Hitze, die der Ofen in der Ecke ausströmte, der Mangel an Luft und der scharfe, beißende Geschmack des Whiskeys begannen ihre Wirkung zu tun. Robert war schwindlig, nie in seinem Leben hatte er sich so vom Boden losgelöst gefühlt. Der Tanz – Hüfte an Hüfte – hatte etwas von der Förmlichkeit eines verrückten Marsches – alles drehte sich, zu soldatischen Paaren zusammengeschweißt, immer wieder rundherum –, mit geraden Rücken und steifen Beinen. Rundherum, unaufhörlich, bis Clifford Purchas betrunken auf den Teppich fiel. Niemand beachtete ihn. Alles tanzte weiter. Clifford lag auf dem Rücken – die Augen weit offen –, und starrte ekstatisch nach oben. »Ich kann es sehen«, rief er, während die Frauen über ihn hinwegtanzten. »Oh Gottchen, Gottchen! Ich kann es sehen. Seht doch mal!«
Schließlich fand Maria Dreyfus, er hätte lange genug dagelegen. Sie klatschte in die Hände, der Stumme kam, und der kichernde Clifford wurde hochgehoben und die Treppe hinaufgetragen. Er hing über den breiten Rücken des Schweden herab, und seine Finger fummelten an den Röcken der Frau, die ihm folgte. Alle klatschten Beifall.
Die Musik hörte auf.
Robert war mitten im Raum mit Ella stehengeblieben. Mr. Gas hatte seine Wahl getroffen und nickte Maria zu. Maria nickte zurück und kniff ihn in den Arm, als er mit dem Mädchen seiner Wahl an ihr vorbeiging. »Amüsier dich. Amüsier dich!« sagte sie. Dann wandte sie sich lächelnd den anderen zu. Die Leute fingen an, nach oben zu gehen. Alle waren zufrieden. Ruddy Taylor-Bennett ging als nächster – er nahm ein großes

dunkles Mädchen mit, das Löcher in den Fersen seiner Strümpfe hatte.
Robert sah Ella an. Ella lächelte.
Die Cowboys setzten sich hin – einer mit einem Mädchen auf dem Schoß. Robert sah, wie der Cowboy die Hand in ihren Ausschnitt schob, um ihre Brüste zu streicheln. Er konnte ihre Brüste sogar sehen – er konnte sehen, wie die Brustwarzen unter den schwieligen Fingern hart wurden.
Robert wurde unruhig. Er hatte sogar Angst. Er dachte, sie würden »es tun« – hier auf dem Stuhl, wo die Beine des Mädchens über die Schenkel des Cowboys herunterbaumelten und alle zusahen. Er sah zu Maria Dreyfus hin, ob die einschreiten würde, aber Maria goß sich einen Drink ein und hatte dem Zimmer den Rücken gekehrt. Ein Teil von Roberts Panik bestand in der Angst davor, was seine eigenen Hände tun würden. Es kam ihm vor, als wären sie Magneten, die von seinem Unterleib angezogen wurden, und er konnte nur mit Anstrengung verhindern, daß sie sich darauf zubewegten.
Ella beobachtete ihn.
Robert schluckte. »Hast du wohl noch eine Nelke?« fragte er.
»Aber sicher«, sagte sie und gab ihm eine.
Sie gingen nach oben.

## 17

Robert saß auf der Bettkante, die Hände auf den Knien verschränkt. Ella schaute in den Spiegel und fragte sich, was sie mit diesem seltsamen jungen Mann anfangen sollte. Er saß so still da und wollte sie nicht ansehen.
»Gibt es denn gar nichts Besonderes, das du gern möchtest?« sagte sie. »Ich meine – da wären wir also und so.« Sie drehte sich um und lehnte sich gegen den Waschtisch, spielte mit ihrer Schärpe und drohte, sich zu entblößen.
Robert wußte nicht, was er sagen sollte. Was war etwas Besonderes?
»Hör mal«, sagte Ella. »Dafür werde ich doch *bezahlt*. Um dich glücklich zu machen. Okay?«
Aber wie? Robert wollte danach fragen – wußte aber nicht, wie er es in Worte kleiden sollte. Nichts, was er je gelesen hatte, gab Auskunft über diese Situation. Über Huren war natürlich in der Schule diskutiert worden, aber niemand hatte je tatsächlich

gesagt: So wird es gemacht. Sie hatten sich nur alles ausgedacht. Aber was sie sich ausgedacht hatten, war ganz anders als das hier. Ganz anders. Sie waren vom Trapez heruntergeflogen gekommen, hatten sich in Badewannen geliebt und hatten mehrere Frauen vergewaltigt, die an die Bettpfosten festgebunden waren, aber niemand hatte je in einem Zimmer mit fliederfarbener Tapete gesessen und war gefragt worden, ob er nicht »etwas Besonderes möchte«.

»Willst du mich nicht anfassen?« sagte Ella.

Ja, dachte Robert. Und nein. Er hatte ein Problem, über das er nicht sprechen konnte.

»Du bist der ernsteste Mensch, den ich je getroffen habe«, sagte Ella. »In meinem ganzen Leben habe ich keinen Mann getroffen, der nix gesagt hat. Außer dem Schweden natürlich. Aber dem ist die Zunge von den Indianern rausgeschnitten worden.« Sie setzte sich neben ihn und legte ihm die Hand in den Nacken. Sie lächelte. »Du hast deine Zunge doch noch?« sagte sie und ließ den Finger über seine Lippen gleiten. »Du bist 'n netter, scharf aussehender Junge«, sagte sie, »und wir sollten nich einfach so hier rumsitzen. Warum läßt du mich nich...?« Und sie schob ihm die Hand in die Hose. Ganz hinein – unter die Unterhose. Noch nie hatte ihn jemand da angefaßt. Heather Lawsons Hand hatte eines Abends auf seinem Oberschenkel geruht – und als er sich bewegt hatte, damit die Hand näher ans Ziel käme, hatte sie geglaubt, er zöge sich zurück und hatte ihre Hand weggenommen; sie hatte diese Geste nie wiederholt. Und Robert hatte nicht gewußt, wie man darum bitten sollte. Nun war die Lage schlimmer.

»Oh«, sagte Ella. Aber sie blieb freundlich. Sie lächelte weiter – und küßte ihn auf den Mundwinkel. Als sie ihre Hand wegzog, hielt sie die Faust geschlossen und ging zum Waschbecken. Dann nahm sie ein Handtuch und sagte ihm, er solle aufstehen.

»Zieh dich aus«, sagte sie und machte mit dem Kopf eine Bewegung zu der Hose hin, »dann mach ich dich sauber.«

Robert hatte ejakuliert, als er die Treppe hinaufging. Sein Körper hatte nicht auf seinen Willen gewartet. Er hatte selbständig gehandelt.

Robert legte sich zurück. Die Augen hatte er mit dem Arm verdeckt. Ella erledigte ihre Aufgabe mit Geschick und Takt.

Das, was geschehen war, wurde nicht erwähnt. Und als Robert rot wurde, wandte sie sich ab, um zu lächeln.
»So«, sagte sie und schleuderte das Handtuch quer durch den Raum. Dann stieg sie aufs Bett, saß da mit angezogenen Knien und beobachtete ihn. »Es wäre nett, dein Gesicht zu sehen und nicht bloß deinen Arm«, sagte sie lächelnd. Robert rührte sich nicht. »He!« sagte sie. Sie gab seinem Arm einen Stoß. Er fiel zur Seite. Robert starrte zur Decke. Ella lehnte sich zurück und steckte sich eine Zigarette an. »Rauchst du?« Robert schüttelte den Kopf. »Na – wenigstens wissen wir, daß du noch lebst!« Sie lachte.
Robert hätte sich gern zugedeckt, wußte aber nicht, wie er es anstellen sollte, daß es unbeabsichtigt wirkte. Er dachte daran, sich auf den Bauch zu rollen – aber dann würde man seinen nackten Hintern sehen.
»Hör mal, du brauchst dich nicht zu schämen«, sagte Ella. »Vielen Burschen geht es so, wie es dir gegangen ist. Besonders beim ersten Mal. Und – zum Teufel – ich wünscht', ich könnt' dir sagen, wie viele überhaupt nicht können.«
Robert setzte sich auf. Er zog sich die Laken über den Schoß.
»Sieh mal«, sagte Ella, »wir haben die ganze Nacht. Ruh dich ein bißchen aus und dann –«
Robert starrte zu Boden.
»Mein Gott!« sagte sie. »Wenn du den Kuchen nicht willst!« Jetzt wurde sie böse. »Verstehste denn nich – wenn du's nicht machst, werd' ich nich bezahlt!«
Endlich sah Robert sie an.
»Wie kann denn irgendeiner das wissen ...?«
»Die sieht's an der Art, wie du die Treppe runterkommst«, sagte Ella. »Kerle, die's gemacht haben, haben 'ne bestimmte Art zu gehen. Und Kerle, die's nich gemacht haben, haben auch 'ne bestimmte Art zu gehen. Sie weiß es. Sie kann es sehen.«
»Aber was macht das schon?« fragte Robert.
»Wenn wir's nich machen, haben wir nich gearbeitet, sagt sie. Frag mich nich warum. Es ist eben ihre Regel. Alle sollen sich hier *amüsieren.*« Sie imitierte Maria. »*Macht euch bekannt! Macht euch bekannt! Alle müssen sich bekannt machen und ficken!*« Ella lachte vor sich hin. Dann wurde sie wieder ernst. »Sie sagt, wenn du gehst, ohne gefickt zu haben, kommt ihr Haus in schlechten Ruf. Niemand soll weggehen, ohne gefickt zu haben. Das ist ihre Regel.«
Robert hörte aus dem Nebenraum ein dumpfes Geräusch.

Dann kamen mehrere Stöße, und es hörte sich an, als werde jemand geohrfeigt. Robert bedauerte es, daß man durch die Wände hindurchhörte. Er dachte: Jetzt weiß jemand über mich Bescheid.

Ella stieg vom Bett herunter und ging auf Zehenspitzen zur Wand. Robert dachte, sie wolle horchen – aber statt dessen ging sie ganz nah heran und legte das eine Auge an eine Fliederblüte. So blieb sie ein paar Sekunden stehen und dann winkte sie ihn zu sich heran.

»Was machst du da?« fragte er. Er dachte, sie sei verrückt geworden, so wie sie ihr Gesicht an die Wand drückte und den Flieder anstarrte und ihm winkte, es ihr nachzumachen.

»Psssst!« sagte Ella. »Still, und komm her.«

Robert schlurfte durchs Zimmer – in das Bettuch eingewikkelt.

»Schau mal!« sagte sie, als er neben ihr stand. Sie ergriff ihn im Nacken und schob seinen Kopf auf die Wand zu. Die Fliederblüten verschwammen, er fragte sich, was sie wohl mit ihm vorhatte, was für eine Art von Perversion dies war, aber dann sah er, daß der Flieder gar kein Flieder war, sondern ein getarntes Loch. Er konnte in den Nebenraum hineinsehen.

Ellas Hand hielt ihn im Nacken fest, so daß er nicht wegrücken konnte, auch wenn er gewollt hätte. Aber was er sah, verwirrte ihn so, daß er aus freien Stücken stehenblieb – und verzweifelt versuchte, zu verstehen. Das waren, das war deutlich, zwei nackte Menschen – aber alles, was er zuerst unterscheiden konnte, waren Rücken und Arme und Beine. Wer auch immer das war: der eine stand in der Mitte des Raumes und schlug auf den anderen ein – schlug mit aller Gewalt. Robert wandte sich ab und lehnte sich mit dem Rücken gegen die Wand. So etwas hatte er sich nicht einmal träumen lassen – daß man geschlagen werden konnte und wünschen, geschlagen zu werden. Geschlagen. Oder jemand anderen zu schlagen, weil es von einem verlangt wurde. In der Schule hatten sie seltsame Sachen gemacht – aber nichts, was so seltsam gewesen wäre.

Ella nahm seinen Platz an dem Guckloch ein, und nach ein paar Sekunden fing sie an zu kichern.

Wie konnte man das nur komisch finden?

Ella war wie ein Kind. Sie zog ihn wieder heran, ließ ihn wieder durch das Loch schauen und legte dabei die Finger auf die Lippen.

Robert starrte – mit einem Auge und atemlos.
Das Aufeinanderlosdreschen hatte aufgehört, und er konnte zuerst nicht erkennen, wo im Raum die Leute sich befanden. Dann hörte er sie. Atmen. Sie atmeten im gleichen Rhythmus – wie zwei Menschen, die Seite an Seite laufen. Aber wo? Er wechselte die Stellung. Jetzt konnte er gerade das Bett sehen. Da Robert nur mit einem Auge sah, wirkte alles flach und eindimensional. Das Bett schien wie ein Bild an der Wand zu kleben. Und darauf waren zwei eindimensionale Menschen. Der eine lag auf dem Rücken, der einen Bogen bildete, so daß er die Matratze nur mit den Schultern berührte, der andere saß mit gespreizten Beinen auf seinem Schoß, genau wie ein Reiter. Der eine, der das Pferd spielte, bockte – schnellte seinen Körper vom Bett hoch und hob dabei das Gewicht des Reiters mit den Schultern und Knien – er bockte, genau wie die Mustangs, die Robert und die anderen in diesem Sommer zugeritten hatten. Der Reiter benutzte einen langen Seidenschal als Zügel, und das Pferd hielt das andere Ende mit den Zähnen. Es war nichts zu hören als das Atmen und das Knarren der Sprungfedern. Der Reiter hielt den Zügel mit einer Hand, die andere hielt eine Soldatenmütze mit hartem Schirm und schlug das Pferd auf die Schenkel – auf die eine Seite und dann auf die andere. Und die zwei – das Pferd und der Reiter – starrten einander mit einer Intensität in die Augen, wie Robert sie noch nie in einem menschlichen Antlitz gesehen hatte.
Panik.
Roberts Herz schlug so schnell, daß er glaubte, es werde zerspringen. Auch nachdem er den Blick abgewandt und Ella seinen Platz überlassen hatte, hörte und sah er im Geist immer noch, was er gesehen und gehört hatte, und sein Geist begann zu stammeln, wie stets, wenn etwas auf ihn eindrang, das er nicht akzeptieren konnte. Er durchquerte das Zimmer und setzte sich aufs Bett. Er hob einen Stiefel auf und hielt ihn in der Hand. Das Gewicht des Stiefels beunruhigte ihn, die Struktur des Leders verursachte ihm Übelkeit, weil es sich so menschlich anfühlte. Er schleuderte den Stiefel durch den Raum und zerschmetterte den Spiegel. Dann schleuderte er den zweiten Stiefel und zertrümmerte den Wasserkrug.
Ella rannte in eine Ecke und hockte sich dort hin, die Arme über dem Kopf verschränkt. Sie hatte Angst.
Robert rührte sich nicht mehr.

Tick-tick-tick tropfte das Wasser.
Tick – tick – tick.

Der Mann, der geritten wurde, war Taffler. Der Reiter war der Schwede.
Goliath.

*18*

Robert blieb jenen ganzen Herbst bis spät in den November in Lethbridge. Dann wurde er wieder nach Kingston, Ontario, geschickt, um weiter in Kriegsrecht und Ballistik ausgebildet zu werden. Taffler war schon lange weg, und es hieß, er sei wieder nach Frankreich gegangen, obgleich sein Bild in der *Canadian Illustrated* erschien – es zeigte ihn in London mit Lady Barbara d'Orsey: DER HELD UND DIE TOCHTER DES HERZOGS!

Als sie durch Regina fuhren, sah Robert eine Gruppe Indianer – es waren zwölf oder vierzehn – am Bahndamm stehen. Sie trugen alle Decken, mit denen sie sich vor dem Winterwind schützten. Es war sehr früh am Morgen. Alle Soldaten drückten sich gegen die Fenster und schauten nach draußen. Einer der Indianer saß auf einem Pferd. Das Pferd hielt den Kopf gesenkt. Obgleich der Wind blies, obgleich der Schnee vom Boden hochgeblasen wurde und ihnen um die Füße fegte, machten die Indianer keine Bewegung. Sie standen da und starrten auf all die Gesichter – Geister hinter vereistem Glas. Ihre Augen waren schwarze Abgründe. Robert wollte, daß alle den Arm höben und grüßten. Warum sollten die Indianer, die dort an den Eisenbahnschienen standen, nicht gegrüßt werden? Aber niemand rührte sich. Alle standen wie festgefroren an ihren Plätzen – starrten, bis der Zug sie wegtrug – sie langsam voneinander losriß, so wie ein Blatt Papier entzweigerissen wird. Feierlich angekündigt durch Dampf und stiebenden Schnee, trug der Zug Robert durch die ganze Prärie, durch Winnipeg hindurch in die Wälder, schlängelte sich nördlich von Superior am »Schlafenden Riesen« vorbei, stotterte sich durch den Sault, und dann ging es hinab, hinab, an Felsenarmen entlang, entlang den gebrochenen, erstarrten Fingern von namenlosen Flüssen, hinab in sein Geburtsland der Farmen und Bauernhütten, des Viehs auf eingezäunten Weiden. Dann konnte er seine Vaterstadt riechen – obgleich sie ihn im Dunkeln umgab, und er stand auf und starrte hinaus, während sie an den Feuern seiner väterlichen Fabrik entlangfuhren. Jeder der Öfen spie rote Glut in die Nacht hinaus. Was war aus all den Kirchtürmen geworden und den feierlichen, vertraueneinflößenden Handelshäusern, an die er sich erinnerte – Banken und Läden und Handelspaläste mit Flaggen? Wo waren die Straßen mit den Häusern hinter dem Rasen der Vorgärten und den sanften Baldachinen der Ulmen? Was war hier in so kurzer Zeit geschehen, daß er sich seiner Abwesenheit nicht einmal erinnern konnte? Was waren all diese Feuer – und wo unter dieser Hülle von Qualm, die den Schein von orangenen, roten und gelben Flammen zurückwarf, schliefen sein Vater und seine Mutter? Wo in dieser Dunkelheit war die Welt, die er gekannt hatte, und wohin wurde er getragen, so schnell, daß nicht einmal Zeit für einen kurzen Aufenthalt blieb?

Abschrift: Marian Turner 2:
»Was ihr, die ihr damals noch nicht geboren wart, nicht wissen könnt, ist, was es bedeutete, in Städten unter lautlosem Schneefall zu schlafen, wo die einzigen Laute, die man während der ganzen Nacht hörte, das Bellen von Hunden waren, die einen Zug anbellten, der in so weiter Ferne vorüberfuhr, daß er nur eine Abkürzung durch eure Träume nahm und niemals jemanden weckte. Es war der Krieg, der all das änderte. Wirklich. Nach dem Großen Krieg, der um der Zivilisation willen geführt wurde – war der Schlaf überall anders...«

## 19

Robert und seine Offizierskameraden blieben nicht lange in Kingston. Der Krieg hatte an allen Enden eine Wendung zum Schlechten genommen. Gallipoli hatte sich als ein Desaster herausgestellt. Die Alliierten würden sich zurückziehen müssen. Die Deutschen und die Österreicher waren tief in Rußland eingedrungen, vierhundertfünfzig Kilometer bis zu den Pripetsümpfen. Polen war gefallen. Serbien würde bald fallen. Den Alliierten fiel nichts anderes ein, als ihre Führer an der Front auszutauschen. Haig ersetzte French – der Zar ersetzte seinen Vetter, den Großherzog Nikolaus –, das gesamte französische Oberkommando warf man mit einer Geste verzweifelter Konsolidierung Joffre hin. (General French zog sich in sein Bett zurück und schrieb seinem König, General Haig sei »wahnsinnig«.) Die Feldmarschälle schienen zu nichts anderem fähig, als zu kneifen und zu intrigieren, um ihren eigenen Ruf zu retten. Tausende starben in Schlachten, in denen um wenige Meter Schlamm gekämpft wurde. Von Kanada kam die Nachricht, daß weitere Tausende bereit standen. Genau in diesem Augenblick bekam Robert seine Ernennung zum Leutnant. Er war nun Offizier und reif für den Krieg. Am 18. Dezember 1915 schiffte sich die 39. Batterie des Kanadischen Expeditionscorps, dem Robert in Kingston zugeteilt worden war, im Hafen von St. John auf der S.S. *Massanabie* ein. Drei Tage zuvor hatte er mit einer Flasche Wein, die Clifford Purchas besorgte, seinen Geburtstag gefeiert. Sie taten dies um Mitternacht, wobei sie Lieder in der Latrine sangen, lange nach dem Löschen der Lichter. Robert rauchte sogar eine Zigarette. Er war neunzehn Jahre alt.

Am vierten August 1914 hatte Kaiser Wilhelm *Unter den Linden* im Schutz eines ausladenden Baldachins gestanden. Sein verkrüppelter Arm war wie stets mit einem Haken an seinem Säbel befestigt. Er schien entspannt und lächelte. Der Himmel war voller Vögel und weißer Wölkchen. Der Kaiser machte mit seinem gesunden rechten Arm eine Geste, und die Geste umschloß die vielen Reihen kühlen Schattens. Dann sagte er zu seinen scheidenden Truppen: »Ihr werdet wieder daheim sein, bevor die Blätter von diesen Bäumen gefallen sind!«

Und nun waren die Blätter schon zweimal gefallen. Er hatte nicht umsonst an jenem Sommertag unter dem ausladenden Baldachin gestanden. Der Baldachin würde sich füllen und auf alle herniederstürzen.

*20*

Longboat, Roberts Held, war Indianer. Er lief den Marathonlauf. Er gewann. Dann lächelte er und schwieg. Auch Robert lächelte und schwieg. Als er zehn war, ging er oft auf den Dachboden hinauf, zog vor einem alten, dunklen Spiegel seine Kleider aus und wünschte, er wäre rot. Oder schwarz. Oder gelb. Irgendeine Farbe, bloß nicht rosa. Lächeln und schweigen schien nicht zu rosa zu passen. Eines Abends, später, als Robert

zwölf war, beschloß er, selbst am Marathonlauf teilzunehmen. Sechsundzwanzig Mal um den Block – hinunter in die Schlucht und auf dem Bürgersteig zurück – auf bloßen Füßen. Eines Abends tat er dies nach dem Abendessen, während sein Vater von der Veranda aus zusah und die Runden zählte. Sechsundzwanzig Mal. Nach einer Mahlzeit von Leber mit Speck und geschmorten Tomaten. Das war unklug. Das sagten sowohl Mrs. Ross wie Eana, das Dienstmädchen. »Er stirbt noch«, sagte sie. »Sechsundzwanzig Mal mit dem Abendessen im Magen. Der ist ja verrückt!« Aber Tom Ross sagte: »Nein – laßt ihn. Er will es so.« Am Ende, bei der vierundzwanzigsten Runde, hatte sich die ganze Familie auf der Veranda versammelt – Bimbo der Hund – das Mädchen Eana und der Gärtner Charles – und *schrien Hurra.* Die Leute kamen sogar in ihre Vorgärten an der Straße, winkten und riefen: »Halt durch!« – »Nicht aufgeben!« – und »So ist's recht, Robert!!!«
Dann wurde Robert ohnmächtig. Genau am Ende der fünfundzwanzigsten Runde. Er wurde ohnmächtig und bekam die Gelbsucht.
Sein Vater half ihm, die Krankheit zu überwinden.
Jeden Abend nach der Arbeit kam er nach oben, saß in Roberts verdunkeltem Zimmer, sprach mit ihm und erzählte ihm Geschichten. Keine der Geschichten hatte etwas mit Laufen zu tun. Er erzählte von Reisen und Schiffen und wie man reitet. So entstand eine feste Bindung zwischen Vater und Sohn. Als die Krankheit vorüber war, nahm Tom Ross seinen Jungen mit auf den Dachboden und sah zu, wie Robert vor dem dunklen Spiegel seinen Schlafanzug abstreifte und feststellte, daß seine Haut anders geworden war (eine Art ockergelb). Robert lächelte und schwieg. Er ging mit seiner dunklen Haut nach unten und lächelte noch einen ganzen Tag lang.
Tom Ross schien ihn zu verstehen. Auch er lächelte und schwieg. Als Mrs. Ross ihn fragte, woran er denke, zuckte er mit den Schultern. Aber er dachte daran, daß er, als *er* zehn Jahre alt war, einen Kirchturm erklettert und zum allerersten Mal gesehen hatte, daß sich die Welt um ihn herum ausbreitete wie ein Geschenk.

*Robert Raymond Ross – Leutnant, C.F.A.*

Er trägt seine Uniform. Noch ist nichts verschlissen. Jeder Stich ist steif, wie gestärkt. Die Stiefel sind neu – das jüngste Geschenk seines Vaters. Er trägt eine Reitpeitsche aus algerischem Leder. Der Griff ist fein geflochten, und Robert hält sie leicht in der rechten Hand, weist damit zu Boden. Geist und Körper sind beherrscht. Nur seine linke Hand gehorcht seinem Willen nicht. Die Finger sind zur Faust geballt.

*Tote Männer sind ernst* – dies scheint die Photographie sagen zu wollen. Überleben ist nicht vorgesehen. Der Tod ist romantisch – das verkünden stumme Bilder. Ich lebte – war jung – und starb. Aber natürlich keinen wirklichen Tod, denn hier stehe ich, lebendig, mit all diesen Lichtern, die hell in meinen Augen glänzen. Oh – ich kann dir schon irgendwie sagen, wie Sterben sein könnte. *Der Tod des Generals Wolfe.* Jemand wird meine Hand halten, und ich werde keine wirklichen Schmerzen erdulden, denn die habe ich schon erduldet und überlebt. Auf Bildern – und auf Photographien –, da gibt es kein Blut. Höchstens tut der Held seinen letzten Seufzer, während man ihm Leinentücher auf die Wunden preßt. Seine Wunden sind Gedichte. *Glorreich werde ich dahinsinken, Musik im Ohr und meinen Namen. Jemand wird mir die Augen zudrücken und man wird mich in die Flagge hüllen, und Trommeln und Trompeten oder Dudelsäcke werden den Zug durch den Schnee begleiten ...* Später wird meine Mutter ihre Freundinnen über die Teppiche und Parkettböden vor diese meine Photographie führen, und alle werden weinen und auf Zehenspitzen gehen. Orden – (bis jetzt habe ich noch keine, wie du sehen kannst) – werden neben diesem Bilderrahmen in kleinen, seidengefütterten Lederschatullen zur Schau gestellt sein. Ich werde das Military Cross haben. *Er starb für König und Vaterland* – er kämpfte im Krieg, der allen Kriegen ein Ende machen soll. 12 x 22 Zentimeter und in Silber gerahmt.

*21*

Sie waren um zehn an Bord gegangen, und nun war es beinahe zwei. Robert war in einer Luxuskabine untergebracht, zusammen mit Clifford Purchas, Hauptmann Ord und einem jungen Burschen namens Harris aus Sydney, Nova Scotia. Die S.S. *Massanabie* fuhr im Konvoi mit anderen Schiffen, aber wie viele es waren, wußte niemand genau. Einige waren im Hafen – andere lagen draußen, jenseits der äußersten Landzunge, wo man sie nicht sehen konnte. Es gingen Gerüchte, daß es Sturm geben würde, aber im Augenblick sah man nur einen tiefen grauen Himmel, und es herrschte eine demoralisierende feuchte Kälte.

Um zwei entstand eine Bewegung an Bord. Robert ging auf Deck hinauf. Alles war in Aufregung. Es wurden Pferde an Bord gebracht. Dies war unerwartet. Niemand war benachrichtigt worden.

Jedes Pferd wurde einzeln in einer Art Geschirr von einem Riesenkran hochgehoben und wie ein Stück Ladung in den Laderaum gesenkt. Robert hatte so etwas noch nie gesehen. Hundertvierzig Pferde wurden auf diese Weise an Bord gebracht. Jedes Pferd hob oben in der Luft den Kopf und wieherte laut. Immer nur einmal. Und dies war der einzige Laut, den sie von sich gaben. Als sie alle verladen waren, wurden die Luken geschlossen, und die S.S. *Massanabie* legte vom Dock ab und blieb eine Stunde oder länger in der Mitte des Hafens liegen. Sie mußten jetzt auf die Flut warten.

Jemand kam und sagte, das letzte Begleitboot fahre bald zurück, und jeder, der noch eine Nachricht oder Briefe mitschikken wolle, solle sie fertigmachen. Robert schrieb seinem Vater und äußerte seine Überraschung darüber, daß er ihn in Montreal gesehen hatte. Als der Truppentransport dort auf dem Verschiebebahnhof stand, hatte Robert zum Fenster hinausgeschaut und den privaten Eisenbahnwaggon von RAYMOND/ROSS gesehen; er hatte drei oder vier Gleise weiter auf einem Nebengleis gestanden und war zum Teil von einer Lokomotive mit einem Schneepflug verdeckt gewesen. Es war ihm ganz unmöglich vorgekommen. Wie konnte sein Vater wissen, daß er hier war? Und warum – aber er stellte diese Frage in seinem Brief nicht –, wenn sein Vater hatte kommen können, warum war dann Mrs. Ross nicht dabei? Jedenfalls hatte der Anblick seines Vaters seine Stimmung grenzenlos gehoben. Die Hand des Vaters auf seinem Arm zu spüren, hatte ihn in eine Welt zurückgeholt, die er für sich verloren geglaubt hatte. Trotzdem mußte er seinem Vater schreiben, daß er den Revolver, den der Vater ihm gebracht – und er hatte den weiten Weg nach Montreal gemacht, um ihn persönlich zu überbringen –, nicht gebrauchen konnte. Mr. Ross hatte ihm einen Kasten aus poliertem Holz überreicht und ihn gebeten, ihn nicht zu öffnen, bevor der Zug sich in Bewegung gesetzt hätte. Jetzt schrieb Robert: »Ich glaube, das einzige, was man tun kann, ist, ihn zurückzuschicken und sich von der Firma Rice-Lewis, wo du ihn gekauft hast, das Geld zurückerstatten zu lassen.«

In dem Kasten lag ein sechsschüssiger Colt. Robert hatte eine Automatik haben wollen. »Ich beeile mich, dir zu versichern, daß es nicht dein Fehler war«, schrieb er. »Als ich das letzte Telegramm aufgab, hätte ich mich vergewissern müssen, daß sie .455 schrieben, und wahrscheinlich haben sie .45 geschrieben. Ich könnte den Revolver jetzt in einem Paket zurückschikken, aber ich darf als Offizier nicht ohne Handwaffe sein. Ich behalte ihn, bis wir nach England kommen, und schicke ihn von da zurück. Vielleicht kann Mister Hawkins ihn schicken, ihn in ein Firmenpaket stecken oder so. Tatsächlich wollten mehrere Offiziere unbedingt sechsschüssige Revolver mitnehmen, aber jemand, der sich in diesen Dingen auskennt, sagt, daß man, sobald man in die Schützengräben kommt, unbedingt eine Automatik haben muß. Da dies mit meiner Sicherheit zu tun hat, bin ich gewiß, daß du mit meinem Vorschlag einverstanden bist.«

Clifford sagte, Robert solle Grüße an Peggy ausrichten lassen. Robert nickte, als sei er einverstanden – aber er tat es nicht. Das Verhältnis zwischen ihm und Clifford war gespannt, seit Clifford sich Geld geborgt und nicht zurückgegeben hatte. Seltsamerweise hatte er auch keine Lust, irgend jemandem Grüße zu schicken. Es kam ihm unmännlich vor. Aber er fügte dem Brief eine Photographie (eine offizielle) bei und schrieb dazu: »Hier kannst du sehen, daß mein Jahrgang streitbare und rauhe Männer aufweist. Bis jetzt sind es noch keine perfekten Kanoniere oder Fahrer – ich fühle mich auch noch nicht so ganz als Soldat. Jedesmal, wenn man glaubt, perfekt zu sein, kommt jemand und sagt einem das Gegenteil. So ist es von Anfang an gewesen. Jedesmal, wenn man seine Leute in Form hat, nehmen sie einem entweder die Männer weg oder schicken einen irgendwo anders hin, wo man von vorn anfangen kann. Die Männer auf diesem Bild kommen meist aus Holzfällerlagern oder Fabriken. Dir würden sie bestimmt gefallen. Diese Batterie ist erst vor kurzem zusammengestellt worden, daher habe ich im Augenblick noch Probleme mit der Disziplin. (Ha! Ha!) Der größte Mann, der Feldwebel links, ist der Ire, der, wie ich dir auf dem Bahnhof erzählt habe, desertiert ist. Er hat sich ein Pferd genommen und ist nie mehr zurückgekommen. Mir scheint, daß manche Leute alles tun würden, nur um die Aufmerksamkeit auf sich zu lenken! – Also – ich muß dich jetzt verlassen. Von überall her wird gepfiffen und geläutet. Alle an Deck schreien hurra, obgleich wir im Dunkeln abfahren und niemand an Land ist, der uns hört. AUF WIEDERSEHEN! Weit, weit draußen am Ende der Landzunge brennen Feuer. Diese letzten Worte schreibe ich beim Licht der Laterne. Einer grünen Laterne an Steuerbord, die aufs Meer hinausleuchtet. Ich hoffe, du kannst dies lesen – denn ich kann es nicht. Also – adios, wie die Banditen sagen. Robert Ross. Dein Sohn.«

## 22

Der 19. Dezember 1915 war ein Sonntag. Es war der erste Tag, nachdem Robert (und mit ihm ein ganzes kanadisches Truppenkontingent) die Reise nach England angetreten hatten. Die Familie Ross ging an diesem Morgen durch den Schnee zur Kirche. Miß Davenport ging mit. Sie hatte sich immer mehr zur ständigen Gefährtin von Mrs. Ross entwickelt, die immer weniger eine Gefährtin für ihren Mann und ihre Kinder war. Der Gang durch den Schnee führte sie die Park Road hinunter, dann durch die enge Schlucht einer unbebauten kleinen Senke zur anderen Seite hinauf und über die Collier Street nach Bloor. Sie tauchten einen Straßenabschnitt weit von ihrem Ziel (der St. Paulskirche) auf. Auf den Kirchenstufen stand ein Dudelsackpfeifer und begleitete die Gläubigen mit seiner Musik in den Gottesdienst. Seine Gegenwart bedeutete, daß irgendein Regiment heute zum Gottesdienst abkommandiert war und die Bänke mit Soldaten vollgestopft sein würden. Mrs. Ross bedauerte dies. Es bedeutete, daß der Ton der Predigt kriegerisch sein würde, höchstwahrscheinlich sogar blutrünstig.
Mr. Baldwin Mull – ein Nachbar, der wegen seiner Reizbarkeit und seiner Gewohnheit, Häuser aufzukaufen, einigermaßen gefürchtet war –, ging mit wehendem Bart und einem schwarzen Zylinder auf dem Kopf auf dem Bürgersteig vor ihnen her. Stuart machte einen Schneeball, zog die Fausthandschuhe aus, um ihn in der bloßen Hand zu wärmen, damit sich eine äußere Eisschicht bildete. Als sie sich der Kirche näherten, wurde Mrs. Ross immer gereizter durch die Menge der Bekannten, die sich auf dem Bürgersteig und den Kirchenstufen sammelten. Miß Davenport wollte ihren Arm nehmen, aber sie weigerte sich. »Wenn ich falle –, dann falle ich eben«, sagte sie. Mr. Ross hörte sie, ging aber weiter. Er und Peggy nickten und lächel-

ten nach allen Seiten. Mr. Ross zog immer wieder den Hut. Peggy, die zum Kirchgang immer weiße Handschuhe trug, ließ ihre weiß behandschuhte Hand auf dem Ärmel ihres Vaters ruhen. Die Familie Ross trug, wie es selbstverständlich war, schwarz, und Mrs. Ross trug einen Schleier vor dem Gesicht, der ihren Ausdruck verbarg, aber nicht ihre Züge. Die Bennetts und die Lawsons, die Lymans und die Bradshaws, die Aylesworths und die Wylies, alle waren da. Und die Raymonds. (Die Raymonds waren die Vettern und Schwestern von Mrs. Ross.) Sie haßte sie alle. Sie hatte sie früher, als sie heranwuchs, nicht gehaßt. Aber nun haßte sie sie. Der einzige anständige Mensch, den sie kannte, war Davenport. Davenport verschenkte Schokolade an Soldaten, die sich aus Zügen beugten. Wenn Mrs. Ross sie begleitete und auf dem Bahnsteig stand, so gab ihr dies das Gefühl, Kugeln aufhalten zu können.

Auf den Stufen stehend, aber nicht direkt an der Seite ihres Mannes, betrachtete Mrs. Ross die Versammlung von Männern und Frauen, mit denen zusammen sie ein Kind gewesen war. Sie waren alle – das dachte sie immer wieder – zusammen *Kinder* gewesen. Warum standen sie hier im Schnee, in diesen schwarzen, schwarzen Kleidern und wehenden Schleiern, und lauschten dem wimmernden Dudelsack und nickten einander zu – schüttelten einander die Hand, als beglückwünschten sie sich dazu, daß alle ihre Söhne weggegangen waren, um zu sterben. Die Hälfte der Leute hier – vielleicht mehr – hatten Söhne wie den ihren auf diesen Schiffen, die am Tag zuvor den Hafen von St. John verlassen hatten.

Stuarts Schneeball schmolz in seinen Handschuhen. Mrs. Ross wollte ihn fragen, warum er ihn nicht warf. Hier standen ein halbes Dutzend Leute, auf die er den Schneeball hätte werfen sollen – aber das war natürlich Wahnsinn. Langsam gingen sie alle hinein. Eine Kompanie der »Toronto Scottish« traf ein und begab sich im Gänsemarsch auf ihre Plätze. Als nächstes kam der Chor, und alle standen auf. Irgend etwas wurde gesungen. Eine Art Litanei wurde gebetet. Sie setzten sich – sie standen auf – sie sangen – sie setzten sich – sie knieten. *Gott dies und Gott das und Amen.* Mrs. Ross lehnte sich zurück.

Heute würde der Bischof zu ihnen sprechen. Er sprach über diejenigen, die sich auf See in Gefahr befanden. Er sprach über das Sichten von Land. Er sprach über Flaggen und heilige Kriege und das Empire. Er hatte sogar die Frechheit, über

Weihnachten zu sprechen. Das war zuviel für Mr. Ross. Sie stand auf. Stehend beugte sie sich über Davenports fuchsienroten Hut und sagte: »Ich brauche Sie. Kommen Sie.« Sie drückte sich an Dorothy Aylesworths Knien und an den Schienbeinen der alten Mrs. Aylesworth und am Spazierstock von Mr. Aylesworth mit seinem goldenen Knauf vorbei und erreichte den Mittelgang, ohne zu fallen. Miß Davenport folgte, und sie gingen auf den Ausgang zu – Mrs. Ross setzte die Hacken fest auf, damit auch jeder sie hörte und wußte, daß sie vorüberging. Der Bischof unterbrach sich, gab den Kampf aber nicht auf...

Draußen ließ Mrs. Ross sich auf die Stufen fallen und setzte sich in den Schnee.

»Aber – hier können wir doch nicht sitzen«, sagte Miß Davenport.

»Ich kann«, sagte Mrs. Ross und tat es auch.

Sie zündete sich sogar eine Zigarette an. Was machte es schon aus? Die einzigen Menschen, die vorbeikamen, waren Kinder – sie liefen alle hinter den Autos her, rutschten und schlitterten auf dem Eis.

Mr. Ross, Peggy und Stuart blieben drinnen. Peggy wäre ihrer Mutter beinahe gefolgt, aber ihr Vater hatte sie zurückgehalten. Er hatte Angst um seine Frau, aber er wußte, daß sie weder ihn noch ihre Kinder brauchte. Was sie brauchte, war eine leere Kathedrale, wo sie gegen Gott wettern konnte.

Davenport setzte sich auf ihre Stola aus Fehpelz. Ihre Hände waren bereits kalt. Mrs. Ross griff in ihren Zobelmuff und zog eine silberne Flasche heraus. Sie trank und bot auch Davenport an – aber Davenport hatte Angst, den Anstand zu verletzen, da sie sich so nahe der Straße befanden, und lehnte ab.

Mrs. Ross zog ihren Schleier zurecht, steckte die Flasche aber nicht weg. »Ich fürchtete, ich würde anfangen zu schreien«, sagte sie. Sie wies hinter sich auf die Kirche, wo die Predigt noch im Gang war. »Ich verstehe es nicht. Ich verstehe es nicht. Ich will nicht. Ich kann nicht. Warum geschieht uns das, Davenport? Was bedeutet es – *daß sie unsere Kinder umbringen?* Sie bringen unsere Kinder um, und dann gehen sie da hinein und singen davon! Was bedeutet das?!« Sie weinte – aber voller Zorn. Ein Kind mit einem leuchtend roten Südwester stand am Fuß der Stufen und starrte sie an. Mrs. Ross wandte den Blick ab. »All diese Soldaten, die da drin sitzen und zu ihren Eltern hinüberlächeln. Gott und Jesus sei Dank, daß Robert mir nicht zugelächelt hat, bevor er ging – ich hätte es nicht ertragen.« Sie hob die Hand an die Stirn. Das Kind beobachtete sie gespannt, und Mrs. Ross merkte durch den Alkoholschleier hindurch und trotz des Rausches, den ihr leidenschaftlicher Zorn hervorrief, daß das Kind erschrocken war, sie so zu sehen – eine erwachsene Dame, die auf den verschneiten Stufen saß und ihre Pelze von sich geworfen hatte, als wären es welke Blumen. Sie wußte, sie mußte aufstehen, sonst würde das Kind sie für wahnsinnig halten – und die Welt hatte so schon genug Erwachsene, die wahnsinnig geworden waren. Sie streckte die Hand nach Davenport aus. Davenport nahm sie.

Mrs. Ross stand auf.

Das Kind schien froh zu sein. Im Stehen war die Vernunft wieder hergestellt. Es lächelte.

Mrs. Ross senkte den Blick – sie warf sich den Pelz um die Schultern –, verbarg die Flasche und steckte sie in den Muff zurück. Sie behandelte die Zigarette wie etwas, das sie gefunden hatte, und der Blick, den sie darauf warf, schien zu sagen: Wie habe ich nur denken können, dies gehörte mir? Sie warf sie weg. »Wo sind deine Eltern?« fragte sie das Kind.

»Zu Hause.«

»Aber – darfst du denn allein auf die Straße?« sagte Mrs. Ross.

»Wir wohnen ja da hinten«, sagte das Kind. »Und ich darf auf die Straße und zusehen, wie die Leute sonntags rein- und rausgehen.«

»So«, sagte Mrs. Ross. »Also – wir gehen rein. Willst du mitkommen?«

Das Kind sah Miß Davenport an. Der rote Hut war ein bißchen erschreckend, da er auf beiden Seiten Vogelschwingen hatte – aber die Dame, die im Schnee gesessen hatte, trug einen Schleier, und dem kleinen Mädchen gefielen Schleier. Sie wehten um das Gesicht herum wie Rauch. Das Kind nickte. Mrs. Ross streckte die Hand aus.

Die drei gingen hinein und blieben beim Eingang stehen. In diesem Augenblick erhob sich die ganze Gemeinde und begann zu singen.

*Die Menschen all im Erdenrund*
*Dienen dem Herrn und preisen ihn,*
*Sie singen ihm mit frohem Mund*
*Und treten freudig vor ihn hin.*

Die Militärkapelle spielte. Die Orgel dröhnte und donnerte. Alle Leute sangen.

*Wahrlich, wir rühmen unsern Herrn,*
*Er schuf uns ohne unser Tun.*

Mrs. Ross faßte die Hand des Kindes fester, um sich selbst am Singen zu hindern; trotzdem dröhnte das Lied weiter.

*Wir folgen als die Lämmer gern,*
*In seinem Schoß wir alle ruhn.*

Mitten hinein in die letzte Strophe begann eine Trompete zu blasen. Die silbernen Töne schwangen sich in einem hohen und verzweifelt schönen Diskant nach oben – vergoldeten das Gewölbe –, zogen alle Blicke nach oben, und sogar Mrs. Ross hob den Blick, um zu sehen, wohin sie verschwunden waren.

*Warum? Der Herr, unser Gott, ist gut,*
*Seine Gnade währt von Jahr zu Jahr*
*Wir sind in seiner Treue Hut*
*Die währet ewig, immerdar.*

Es folgte ein langgezogenes, hallendes *Amen.*
Das Kind ließ die Hand von Mrs. Ross los.
Mrs. Ross ließ ihren Blick über die ganze Gemeinde schweifen bis hin zum Bischof weit hinten in einem Nebel von Kerzenlicht und dem hohen goldenen Kreuz dahinter. Sie konnte nur an eins denken: *Hier habe ich geheiratet.*
Auf dem Boden war der Schnee unter den vielen Füßen geschmolzen. Mrs. Ross mußte lächeln. Aus Wasser konnte man keine Schneebälle machen.

## 23

Robert hatte schon immer die See geliebt. Bei früheren Reisen hatten ruhigere Wasser ihm einen falschen Eindruck vermittelt: Die See war tief – aber sanft. Sie schaukelte dich mit weiten grünen Schwüngen auf der glasigen Dünung dem Ziel entgegen. Stürme, die sie aufwühlten, kamen nur bei Joseph Conrad vor oder im »Jahrbuch für Knaben«.
Aber jetzt war es anders. Der Sturm, der wütete, war wirklich und richtete überall auf dem Schiff Verheerungen an. Die Männer, deren Disziplin von Anfang an gefährdet gewesen

war, waren auf einem Raum zusammengedrängt, der ursprünglich für ein Viertel von ihnen vorgesehen war. Sie stritten und prügelten sich von einem Ende des Ozeans zum anderen. Zu essen gab es immer nur Eintopf – und sehr oft war er mit Curry gewürzt, damit der eigentliche Geschmack übertönt wurde. Er wurde in tiefen weißen Schüsseln serviert, von denen die grellgelbe Farbe besonders abstach. Das Essen wurde kompanieweise eingenommen. Zweihundertvierzig Mann setzten sich zusammen hin und aßen von blanken Brettern, die man törichterweise auf Böcke gelegt hatte. Einmal am Tag brachen diese Blöcke immer zusammen – entweder stieß jemand mit dem Stiefel dagegen, oder sie verrutschten durch das Schwanken der S.S. *Massanabie*, die sich hob und senkte und nur so durch den Sturm zu torkeln schien. Fast bei jeder Mahlzeit krachten die Schüsseln und Bestecke, Kannen mit dampfendem Tee und Kaffee und die großen Blechkannen mit Milch und Wasser zu Boden und rutschten über die Decks. Der größte Teil des gelben Breis landete – so oder so – auf dem Boden.

Nur wenige der Männer waren je auf See gewesen, und obgleich sie einigermaßen an überfüllte Kasernen gewöhnt waren, hatte man sie nicht auf die luftlose Enge ihrer Quartiere unter Deck vorbereitet. Die provisorischen Latrinen und Duschen standen jederzeit offen, es war unmöglich, sich dort irgendwie zurückzuziehen. Männer, die an den trogartigen Pissoirs keinen Platz fanden, drehten sich einfach um und zielten gegen die Wand. Die Bullaugen waren geschlossen und wegen der Kälte verrammelt. Die Luft war blau von Tabaksqualm, und dies und die gewaltige Hitze der Kessel verzehrte den Sauerstoff. Alle litten an Kopfschmerzen, und Männer, die ihr Leben lang im Freien zugebracht hatten, wurden ohnmächtig, weil sie keine Luft bekamen.

Die Pritschen waren notgedrungen in Lagen von vier, sechs oder sogar acht übereinander angebracht. Schlaf war – anders als bewußtloses Dösen – beinahe unmöglich. Wenn man sich von einer Seite auf die andere drehen wollte, so mußte man sich zu Boden gleiten lassen, sich umdrehen und wieder in die Koje klettern, diesmal mit dem Kopf dorthin, wo die Füße gewesen waren. Alles war in Bewegung, und die Riesenarme der Kolben trieben das Schiff an, trieben es im Takt einer knirschenden Melodie, die nie abriß. Man konnte ihr nicht entrinnen, außer beim Bootsmanöver oder wenn man zu denen gehörte, die bei der Pferden Wache schoben. Nichts war zur Unterhaltung der Männer vorgesehen, daher kam es zu häufigen Prügeleien, die meist mit Betrug beim Kartenspiel zu tun hatten oder mit sexueller Nötigung.

Oben in der ersten Klasse waren die Offiziere etwas besser dran. Auch hier war man beengt, aber unerträglich konnte man es kaum nennen. Einzelkabinen der Luxusklasse waren mit vier Personen belegt – Doppelkabinen mit acht usw. Nur die vorgesetzten Offiziere hatten das Vorrecht behalten, von ihren Burschen bedient zu werden. Badezimmer mußten von mehreren benutzt werden, eine Ausnahme wurde nur für den Bataillonskommandeur gemacht. Alleinsein mußte hart erkämpft werden, war aber nicht ganz unmöglich wie auf den unteren Decks. Zum mindesten die Toilettentüren konnten geschlossen werden, und die Duschen hatten Zwischenwände. Im Ballsaal stand ein Flügel, der auf dem Fußboden festgeschraubt war, und an einem der Abende zu Anfang der Reise standen vier blonde Männer auf und sangen und hämmerten die gesamte Partitur von *Pinafore* herunter. Sie hatten damit keine glückliche Wahl getroffen, und gegen Ende sangen sie nur für sich selbst. Für den Rest der Reise blieb der Flügel geschlossen. Für diejenigen, die überhaupt etwas bei sich behalten konnten, wurde feierlich in den Speisesälen serviert. Die Offiziere aßen an weißgedeckten Tischen. Die Ordonnanzen feuchteten die Tischtücher an, indem sie Gläser voll Wasser darübergossen: So blieb das Geschirr mehr oder weniger an seinem Platz. Das Essen war eine veredelte Variante des Eintopfs, den es unten gab. Gelegentlich wurde etwas Wein darübergegossen, und es kam als *bourgignon* auf den Tisch. Aber der Geschmack von erbrochenem Wein ist nicht besser als der von erbrochenem Curry, so daß letztlich die Wirkung des Essens ziemlich demokratisch war. Die meiste Zeit verbrachten die Offiziere liegend, oder sie wurden nach unten geschickt, um nachzusehen, was man tun könnte, um die Männer vom Meutern abzuhalten. Bei solchen Gelegenheiten war Robert froh, daß er den Revolver behalten hatte.

Das Pistolenhalfter am Gürtel hob die Autorität ins Rituelle. Denn trotz ihrer Ausbildung und der Wochen, die sie damit verbracht hatten, sich durch Strafexerzieren und endloses Antretenlassen in ihrem Rang zu etablieren, waren die Offiziere noch sehr jung, und die meisten von ihnen waren schmächtig im Vergleich zu den Veteranen der Holzfällerlager und den altgedienten Streckenarbeitern. Schließlich war es nur die Unterwerfung aller unter eine geheime Tyrannei, die Mannschaft und Offiziere in Schach hielt – und auseinanderhielt. Vielleicht war es die luftlose Enge des Schiffs. Vielleicht war es der Sturm. Was auch immer es sein mochte, die Konfrontationen liefen immer auf dasselbe hinaus. Jemand fing an zu lachen.

Von Roberts Kabinengenossen war nur einer nicht aktiv: Hauptmann Ord. Am zweiten Tag auf See zog er einen blauen Schlafanzug an, der auf den Taschen weiße Anker aufgestickt hatte, und blieb von da an in seiner Koje. Er behauptete, er habe die Stimme verloren, und verbrachte die Reise damit, auf seine Kissen gestützt Cognac aus einem Silberbecher zu trinken und die Werke von G. A. Henty zu lesen. »Warum in aller Welt lesen Sie dieses Zeug?« fragte ihn Clifford. »Mein Gott«, fügte er hinzu, »ich hab' diese Bücher nicht mehr angesehen, seit ich *zwölf* bin.« Ord sagte mit heiserer Stimme, da er Knabenarbeit tun werde, müsse er auch »den Stoff, aus dem Knaben gemacht sind«, lesen. Und er lächelte. Clifford fand das nicht lustig. Für ihn war der Krieg eine todernste Angelegenheit, vom Himmel gesandt, damit man ein Mann wurde. Jeden Abend stand er vor dem Einschlafen mit Horatio auf der Brücke – überbrachte Nachrichten von Aix nach Gent und fiel, ein Lächeln auf den Lippen, tot nieder. Er sagte häufig: »Da hast du verdammt recht!« und verbrachte einen großen Teil seiner Zeit im Badezimmer, wo er heimlich vor dem Spiegel seiner Mütze und seinem Lächeln den richtigen Dreh gab. Er sang auch seine Lieder und dichtete viele eigene Verse hinzu. Oft saß er auf seiner Koje, polierte seine Stiefel und Knöpfe und schwatzte auf Ord ein – ohne zu merken, daß Ord oben eingeschlafen war oder daß *»Mit Clive in Indien«* ihm gleich auf den Kopf fallen würde.

Harris, der junge Bursche aus Sydney, Nova Scotia, war blaß, hatte immer den Kragen hochgeschlagen und die Revers nach vorn über die Brust geklappt. Er besaß ein Paar Lederhandschuhe, die Robert bewunderte. Sie waren weich und mit handgewobenem Wollstoff gefüttert. Aber sie waren ruiniert. Harris hatte in die Spitzen der Zeigefinger Löcher gebissen. Er war ein einziges Kind, das nie von zu Hause weg gewesen war. Seine Mutter war gestorben, als er drei Jahre alt war, und er hatte wie ein Fremder neben seinem Vater gelebt, einem schweigsamen Mann, der eine Werft besaß, auf der Fischerboote gebaut wurden. Harris stand stundenlang vor dem Bullauge, starrte hinaus und wünschte, er würde einen Wal zu sehen bekommen. »Bei einem solchen Wetter hast du keine große Chance, einen Wal zu sehen«, sagte jemand. »Sie sind jetzt sowieso alle im Südatlantik.« »Oh, das weiß ich natürlich«, sagte Harris, »aber man kann nie wissen ...« Wenn sie morgens wach wurden, stand Harris schon da, vollständig angezogen, manchmal mit einem Schal um den Hals. Der Schal war zartblau.

Frische Luft bekam man nur beim Bootsmanöver, aber die war kaum das Einatmen wert, denn die Temperatur war unter sechs Grad minus gefallen. Im Wind waren es minus zwölf Grad. Das einzige, was man ihnen bei den Booten einschärfte, war, nicht herauszufallen. Im Wasser gab es kein Überleben. Man starb, sobald es bis auf die Haut drang. Offiziere und Mannschaften stellten sich zugweise auf. Die Offiziere standen mit dem Gesicht zu den Booten – die Männer standen in einer Reihe, das Gesicht in die entgegengesetzte Richtung gewandt, und starrten die Schornsteine an. Hätte man ihnen erlaubt, sich umzudrehen, so hätten sie möglicherweise angefangen zu zählen und entdeckt, daß nicht einmal für die Hälfte der Leute Boote da waren. Der Wind war ein Segen. Die Männer kniffen die Augen zusammen.

Robert und Clifford versuchten während der ersten Tage, Spaziergänge an Deck zu machen, aber es endete immer damit, daß sie sich hinter zusammengestellten Deckstühlen oder einem Entlüftungsrohr hinkauerten. Am vierten Tag ging Harris mit ihnen und holte sich prompt eine Erkältung. Aus der Erkältung wurde schnell eine Bronchitis, und die Bronchitis entwickelte sich zur Lungenentzündung. Die Temperatur stieg rasend schnell, und nach anderthalb Tagen wurde er ins Schiffslazarett gebracht, wo die Ärzte ihre Aufmerksamkeit zwischen ihm und zwei Männern teilten, die sich mit den Absätzen ihrer Stiefel bewußtlos geschlagen hatten. Der eine hatte dem anderen eine Tafel Schokolade gestohlen. Harris' Krankheit war schuld daran, daß Robert mit den Pferden zu tun bekam.

Harris war verantwortlich für die Abteilung gewesen, die die Pferde im Laderaum versorgen mußte. Zufällig war Hauptmann Ord der Kompaniechef von Harris. Er warf einfach einen Blick von seiner Koje herunter, wo er gerade bei *Mit Wolfe vor Quebec* war, und bestimmte Robert zum Nachfolger von Harris. Als Robert einwandte, daß sein eigener Kompaniechef darüber zu bestimmen habe, setzte Ord sein charmantes Lächeln auf und flüsterte, daß »das alles« schon geregelt sei.

»Aber haben Sie keine Angst«, fügte er hinzu, »Joyce, der Hauptfeldwebel der Batterie, wird Ihnen helfen, und ich möchte sagen, das ist der fähigste Mann, den wir an Bord haben – aus allen Rängen.« »Danke, Herr Hauptmann.« »Nichts zu danken, Mr. Ross – nichts zu danken«, sagte Ord. »Ich hoffe, die Sache wird Ihnen Spaß machen.«

## 24

Eine erfreuliche Aufgabe konnte man es kaum nennen. Das erste, was er beim Anblick des Laderaums empfand, war Entsetzen. Dann Wut. Schon bevor man den Laderaum sah, hörte man ihn. Der Raum schwirrte von Fliegen. Robert fragte sich, warum Harris nichts dagegen unternommen hatte – wie er es selber versuchte. Er entdeckte schnell, daß niemand auf dem Schiff bereit war, ihn zu unterstützen. Dies betraf die Schiffsoffiziere und die Mannschaft ebenso wie die Soldaten des Kanadischen Expeditionscorps.

Man konnte kaum etwas sehen, und die Speigatten schwappten über von Seewasser und Urin. Der Dung blieb tagelang liegen, so wie er hinfiel. Darin vermehrten sich die Fliegen. Zu Tausenden. Es gab auch Ratten, und die Männer, die hier Dienst taten, mußten sich auf Stufen setzen oder hoch oben auf die Heuballen. Sie alle hatten sich Taschentücher vor die Nase gebunden und hielten sich, wie es schien, so weit von den Pferden entfernt wie möglich. Viele der Männer waren krank und hätten gar nicht Dienst tun dürfen. Roberts erster Befehl ging dahin, daß sie durch einen anderen Zug ersetzt wurden, und er gab dem diensttuenden Hauptfeldwebel den Auftrag, ordentliche Misthaufen bauen zu lassen. Er organisierte auch eine Gruppe, die mit Eimern voll Wasser die Planken abspülte. Er wollte die Fliegen durch Kälte umbringen, man erlaubte ihm aber nicht, die Ladeklappe zu öffnen. Er bat auch darum, einen zweiten Zug als Ersatz bereitzustellen, weil er die Wachen alle zwei statt alle vier Stunden ablösen lassen wollte, aber der Offizier vom Dienst wollte nichts davon hören. »Diese verdammten Biester dürften gar nicht auf dem Schiff sein!« keuchte er. Er war ein rotgesichtiger, mißvergnügter Mensch mit Patschhänden und hatte stets eine Flasche Gin bei sich. »Und wenn wir nach England kommen – dann werde ich denen Bescheid sagen. Menschen und Tiere im selben Schiff zu trans-

portieren! Barbarisch! *Barbarisch!*« Währenddessen machte er ein Zeichen, daß die nächste Runde Bridge ausgeteilt werden sollte. »Und bis dahin, Mr. Ross, je weniger Leute mit diesen verdammten Pferden beschäftigt sind, desto besser. Ich will nicht, daß meine Soldaten sich irgendwelche Stallkrankheiten zuziehen ...« Und das war alles, was Robert erreichte.
Er verbrachte einen guten Teil seiner Zeit im Laderaum und fand – seltsam genug –, daß dies das beste Heilmittel gegen Seekrankheit war. Er fing an, sich für diese Welt von Pferden, Ratten und Seewasser zu interessieren, die seiner Obhut anvertraut worden war. Sie entwickelte ein ganz eigenes Leben – beherrscht vom brüllenden Hauptfeldwebel und beobachtet von den bleichen, maskierten Gesichtern der Wachen, die von ihren Heutürmen herabsahen. Robert hatte sich bald von dem anderen Leben der Oberdecks völlig gelöst. Er ging sogar nach unten, wenn er keinen Dienst hatte.

## 25

Schließlich kam Land in Sicht. Es war zwei Uhr früh am Montag, dem 27. Dezember – aber der Sturm, der sich etwas gelegt hatte, änderte die Richtung, und den ganzen Tag lang schlingerte die S.S. *Massanabie* hilflos vor dem Hafen von Plymouth. Der Wind blies jetzt in Böen in Stärken von bis zu hundert Kilometern in der Stunde, und mitten drin wurde beschlossen, daß alle Mann nach oben auf die Decks und in die Salons kommen sollten – für alle Fälle. Sie füllten auch die Korridore und Durchgänge in Doppelreihen. Sie standen mit vorgeschobenem Bauch an die Wand gelehnt oder ließen sich an der Wand heruntergleiten und blieben mit gespreizten Knien hocken. Alle trugen ihre Mäntel und darüber die Schwimmwesten. Wenn zwei Männer sich seitwärts drehten, war der Durchgang blockiert. Licht zu machen war verboten. Im Ballsaal rissen ein paar Leute von Zeit zu Zeit ein Streichholz an, das aufflammte, ein Gesicht beleuchtete und wieder erlosch. Niemand sprach. Der Flügel brummte und flüsterte jedesmal, wenn die Tür geöffnet wurde und der Wind durch die Saiten strich. Es war pervers, aber Panik kam nicht auf, weil man ein anderes Schiff des Konvois beobachtete, das beinahe gesunken wäre, als es versuchte, an den Klippen vorbei in den Hafen zu gelangen. Diese Szene wurde vom Mond erhellt.

Robert kehrte am Dienstag um vier Uhr morgens aus dem Laderaum zurück. Er war so erschöft, daß es ihm nicht gelang, die Handschuhe auszuziehen. Er legte sich in seine Koje, eingeschläfert durch den Anblick von Hauptmann Ords Hand, die wie eine Spinne am Faden neben ihm herunterbaumelte. Eine halbe Stunde später klopfte der Hauptfeldwebel an die Tür.
»Tut mir leid, Mister Ross, aber eins Ihrer Pferde hat sich das Bein gebrochen.«
Leutnant Ross würde wieder in den Laderaum hinuntermüssen, weil das Tier erschossen werden mußte, und das mußte natürlich ein Offizier tun. Nur sie hatten Schußwaffen.

## *26*

Der Hauptfeldwebel wartete in Hab-acht-Stellung, während Robert in das Bad ging. Die Tür hatte keinen Riegel, und sie schlug, schlug immer wieder, solange Robert drin war. Seine Gedanken nahmen den Rhythmus auf: halt, halt – vorwärts – halt. Nie in seinem ganzen Leben hatte er gegen ein lebendes Wesen abgedrückt.
Er stand da mit offener Hose, über die Toilette gebeugt, und stützte sich mit der Hand gegen die Wand. Nichts geschah. Seine Blase war ausgetrocknet wie sein Mund. Robert dachte verzweifelt darüber nach, wie er das, was getan werden mußte, vermeiden könnte. *Warum konnte Hauptfeldwebel Joyce es nicht tun?* War er nicht schon ein Leben lang in der Armee? Er war ein guter Schütze, berühmt im ganzen Bataillon. Er mußte schon hundertmal getötet haben – Menschen und Ratten und Pferde –, alles, was man im Krieg tötet. Roberts Gehirn begann zu stammeln.
Joyce hatte im Burenkrieg gekämpft und war in der Schlacht am Paardeburg Drift für tot gehalten und zurückgelassen worden. Sein Kiefer war zerschmettert gewesen, und weil kein Arzt dagewesen war, war er nicht richtig eingerenkt worden. Er war auf einer Seite schief, und die Stimme pfiff bei ihm durch die Kehle nach oben und kam durch die Nase heraus. In diesem Augenblick fragte er Robert: »Ist Ihnen nicht gut, Herr Leutnant?« »Doch«, sagte Robert, »mir war nur einen Augenblick übel.« Er drehte sich um und trat, die Hose zuknöpfend, aus dem Bad. »Mir ist bei solchen Gelegenheiten auch manchmal schlecht geworden«, sagte der Hauptfeldwebel. »Eine trockene

Übelkeit, wissen Sie – nichts will hochkommen.« Robert konnte ihn im Mondlicht erkennen, das durch die Bullaugen schien und vom Spiegel reflektiert wurde. Er dachte, das ist das Anständigste, was jemand in dieser Lage hätte sagen können. »Danke«, sagte er.
Robert trank ein Glas Wasser, und der Hauptfeldwebel sagte zu ihm: »Stecken Sie die Hand hinten unter meine Jacke, Herr Leutnant, und halten Sie sich an meinem Hosenträger fest. Ich gehe vor. Die Korridore sind voll von schlafenden Männern.«
Sie ließen also die tröstlichen Becken und Toiletten hinter sich und zwängten sich durch die verdunkelten Korridore und Durchgänge, unter den Armen von Menschen hindurch und über ihre Beine hinweg, bis in die Eingeweide des Schiffes hinunter. Der Hauptfeldwebel leuchtete mit seiner Taschenlampe in die Gesichter der Schläfer, und Robert hinter ihm hielt die elastischen Zügel mit der einen Hand, seine andere faßte immer wieder zitternd nach dem Pistolenhalfter.

## 27

Der Laderaum war erfüllt von einem stöhnenden Geräusch, viele Lampen waren durch die Gewalt des Sturms erloschen. Gepäckstücke, Proviant und Heu waren in riesigen Stapeln festgezurrt, und im flackernden Licht konnte man nur diese Stapel erkennen. Siebzig Pferde versuchten irgendwo in der Dunkelheit, sich auf den Beinen zu halten. (Die anderen siebzig waren hinter einer Trennwand am hinteren Ende in einer anderen Abteilung des Laderaums.) Sie standen in provisorischen Boxen, die den Seiten entlang zwischen der Ladung eingerichtet worden waren – diese waren durch Seile voneinander getrennt wie auf einem Viehhof –, zehn Pferde Rücken an Rücken in einer Abteilung – zwei Abteilungen auf jeder Seite. Jedes einzelne Pferd war an einem Kabel angebunden, das über die ganze Breite des Schiffes lief und zu beiden Seiten an den Schiffswänden an Haken festgemacht war. Krippen gab es nicht. Die Pferde fraßen das Heu, das man ihnen zwischen die Hufe warf. Wasser wurde in Ledereimern gebracht. Die einzige Bewegung, die die Tiere sich machen konnten, war, sich auf den Beinen zu halten.
Robert hatte gehofft, mehrere Leute vorzufinden, die ihm helfen konnten, aber es war nur ein einziger Posten da. Der

Hauptfeldwebel erklärte, was geschehen war: Robert hatte gesagt, daß die vollzählige Mannschaft unten bleiben solle – aber sobald er in seine Kabine gegangen war, hatte der Brigadeführer den Befehl nach unten geben lassen, die Pferde müßten für sich selbst sorgen, und die Männer hätten alle nach oben zu kommen. In diesem Augenblick war das Pferd gestürzt.
Der einzige Posten, der zurückgeblieben war, war ein blasser, ängstlicher Junge namens Regis aus Regina. Das einzige Gewässer, das er je gesehen hatte, waren die gelben, flachen Pfützen im Tal des Qu'Appelle. Trotz allem, was er dem Offizier bei seiner Einberufung gesagt haben mochte, konnte er kaum sechzehn sein. Er saß jetzt auf einer Stufe, die Ratten um die Füße und das Stöhnen des gestürzten Pferdes im Rücken. Regis hatte geweint, und sein Gesicht war von Staub verschmiert.
Während sie noch auf den Stufen standen, begann die S.S. *Massanabie* zu stoßen und zu zittern. – Peng! Peng! Peng! Der Kapitän versuchte, sie von den Klippen entfernt zu halten und hatte sie zu schnell aus dem Wind herausgedreht. Regis sagte: »Wir werden alle ertrinken, Herr Leutnant.« Und Robert sagte: »Nein, bestimmt nicht« – er war selber erstaunt über die Autorität, mit der er es sagte, denn er glaubte auch, daß das Schiff sinke. Die Ratten verhielten sich ganz still, und Robert wußte, daß dies ein böses Zeichen war. Der Junge schien sich beim Klang von Roberts Stimme zu beruhigen und sagte während des ganzen Zwischenfalls kaum noch ein Wort.
Sie wandten sich um, um das verletzte Pferd zu suchen.
Es lag auf dem Bauch und versuchte, sich gegen die Bewegung des Schiffes aufzurichten – das gebrochene Bein war nach hinten ausgestreckt. Es war so zerschmettert, daß der Knochen bloßlag. Robert versuchte, nicht hinzuschauen.
Der Blick des Pferdes war auf sie gerichtet – weiß vor Entsetzen glänzten die Augen im Lampenschein. Es wieherte und versuchte noch einmal, sich aufzurichten, aber seine Mühen waren ganz und gar zwecklos. Die Hufe fanden auf den Metallplatten des Bodens keinen Halt.
Robert war so entsetzt, daß er sich kaum rühren konnte, aber er wußte, daß er seinen Mut und seine Fähigkeiten als Offizier beweisen mußte. Irgendwo in einem Adjutantenbüro würde jemand all dies in ein Buch schreiben. »Leutnant Ross tat dies und das und jenes. Er zeigte Entschlossenheit – (oder keine). Er hatte die Situation im Griff – (oder nicht). Er hat seine Be-

fähigung zum Offizier bewiesen – (oder nicht). Gott schütze den König.«
»Herr Leutnant – darf ich einen Vorschlag machen, bevor Sie schießen –«, sagte der Hauptfeldwebel. »Es wäre gut, wenn die anderen Pferde den Schuß nach Möglichkeit nicht hörten.«
Robert sah ein, daß er recht hatte, und wartete mit abgewandtem Gesicht, bis der Junge und der Hauptfeldwebel die anderen Pferde aus dem Pferch herausgeführt und im nächsten Gang an dem Drahtseil angebunden hatten.
Als das getan war, sagte der Hauptfeldwebel: »Herr Leutnant, wir wären jetzt so weit«, und er trat an Roberts linke Seite, während dieser den Revolver zog. Eine heimtückische Stimme in seinem Innern sagte ihm, während er dies tat, es sei verrückt, ein Pferd mit einem Colt zu erschießen. Er stand da mit gespreizten Beinen und stemmte sich gegen den Drang, sich abzuwenden und davonzulaufen. Der Hauptfeldwebel beobachtete ihn – er blinzelte aus der Dunkelheit heraus wie ein verrückter Geist, der von einem Baum herunterstarrt. Robert fiel plötzlich ein, daß er gar nicht wußte, wo er das Pferd treffen mußte, und er wollte gerade fragen, als er sich erinnerte, daß er als Junge irgendwo in der Zeitschrift *Kameraden* ein Bild gesehen hatte, auf dem ein Cowboy sein Pferd hinter das Ohr schoß. Das Bild stieg in seiner Erinnerung hoch – schwarz-weiß und plump gezeichnet – ein Bild aus der Kinderwelt, auf dem man sah, wie's gemacht wird.
Robert näherte sich dem Pferd; er hatte den Hahn des Revolvers gespannt und hielt ihn mit dem Daumen fest. Er stellte sich über den Hals des Pferdes, und das Pferd schaute zu ihm auf, es hob den Kopf und rollte die Augen in Roberts Richtung.
»Ich würde mich nicht so über das Pferd stellen, Herr Leutnant«, sagte der Hauptfeldwebel, »es könnte sich herumwerfen.«
Robert trat zur Seite und nahm mehr oder weniger Hab-acht-Stellung ein.
Er zielte. Sein Arm zitterte. Der Schweiß brannte ihm in den Augen. Warum kam niemand, sprang ihm auf den Rücken und hinderte ihn daran, zu schießen?

Er drückte ab.

In seinem Innern fiel ein Stuhl um.

Er schloß die Augen und machte sie wieder auf.
In der Luft vor seinen Augen tanzten kleine Flammen, aber das Pferd war nicht tot. Es hatte sich nach vorn geworfen, kippte auf den Hauptfeldwebel zu, der ruhig beiseite trat, die Hände auf dem Rücken verschränkt. Regis rannte zur Abteilung hinter ihnen und packte die Zügel der Pferde, die alle angefangen hatten, mit den Hufen zu stampfen.
Das Pferd versuchte, sich aufzustellen. Robert warf seine Mütze zu Boden. O Gott, um Christi willen, stirb. »Ich brauche mehr Licht«, sagte er. Er zitterte; seine Stimme war wütend. Der Hauptfeldwebel richtete seine Lampe auf das Pferd zu seinen Füßen. *Schlangen, Schlangen. Klapperschlangen.* Die Mähne war ein Gewirr aus Klapperschlangen. Das Pferd schlug mit dem Kopf gegen die Eisenplatten des Bodens. Irgendein Geräusch kam zwischen seinen Zähnen hervor. Der Hauptfeldwebel sagte zu Robert: »Machen Sie schnell, Herr Leutnant. Seien Sie ganz ruhig und schnell.« Robert zwang sich, die Augen zu öffnen: Er zielte – und schoß noch einmal. Diesmal wurde das Pferd am Widerrist getroffen. Robert sank in die Knie. Er konnte sich selbst keuchen hören. Er hielt die Pistole mit beiden Händen. Er drückte sie fest hinter das Ohr des Pferdes und beschwor das Tier: »Gott verdammt, verdammt – hör auf.« Seine Knie waren naß, er krümmte sich zu einer Kugel und drückte mit aller Gewalt ab. Er begann, den Abzug zu drücken, und er drückte noch einmal und noch einmal und noch einmal, so oft, daß die Pistole in seiner Hand weiterklickte, als der Hauptfeldwebel ihn wegriß.
Und dann brach die Hölle los. Robert stand mitten in der abgezäunten Box, das tote Pferd lag zuckend neben ihm, und alle anderen Pferde bäumten sich auf und zerrten an ihren Seilen, so daß Regis beinahe zertrampelt worden wäre. Aber der Hauptfeldwebel stürzte hin und brachte den Jungen weg. Robert war allein mit den stampfenden Pferden, und das Stampfen hallte im Laderaum wider wie das endlose Dröhnen von Eisenbahnschienen; die Pferde bäumten sich auf und fielen herunter wie Schaukelpferde in einer verrückt gewordenen Kinderstube, bis Robert endlich seine Mütze mit einem Tritt ins Stroh schleuderte und davonging; die Pistole hing ihm vom Finger.
Während der Hauptfeldwebel nach oben kletterte, um Hilfe zu holen, standen Robert und Regis unter der Eisentreppe im Dunkeln. »Soll ich uns eine Laterne anmachen, Herr Leut-

nant?« sagte Regis. »Nein«, sagte Robert. »Jedenfalls jetzt noch nicht.« Er wollte dem andern noch nicht in die Augen sehen – wenn er auch nicht wußte, warum. Einen langen, verlegenen Augenblick lang herrschte Schweigen, das Robert schließlich brach. Er sagte: »Wenn man auf diesem verdammten Schiff was zu trinken kriegen könnte, würd' ich jetzt uns beiden einen Schnaps holen.« Aber Regis gab zur Antwort: »Nein, vielen Dank, Herr Leutnant. Ich habe meiner Mutter versprochen, nicht zu trinken.«

## 28

Kurz nach dem Morgengrauen legte sich der Sturm, und die Sonne stieg an einem wolkenlosen Himmel auf. Gegen acht Uhr (es war am Dienstag) machte der Kapitän noch einmal den Versuch, in den Hafen zu kommen. Die nächsten zwei Stunden waren die schlimmsten der Reise, wenn auch nur, weil man die Klippen jetzt sehen konnte, und die Wellen, obgleich der Wind sich gelegt hatte, immer noch über sieben Meter hoch waren. Der erste Schiffsoffizier sagte zum Offizier vom Dienst, dies sei die gefährlichste Situation in seinen dreißig Jahren zur See gewesen. Sie kamen in einem Abstand von nur dreizehn oder vierzehn Metern an den Klippen vorbei, dann waren sie plötzlich in ruhigem Wasser, und ein gewaltiges Hurrageschrei stieg auf.

Genau in dem Augenblick, als sie die enge Einfahrt passierten, kamen Regis und Robert die Treppe hinauf. Das Schiff senkte sich einmal tief zur Seite, und Robert stürzte. Regis wollte ihm zu Hilfe kommen, aber Robert war schon wieder auf den Füßen und sagte, es sei alles in Ordnung. Er glaubte es auch. Er hatte überhaupt nichts gespürt.

Da auch noch andere Schiffe einliefen, lag die S.S. *Massanabie* mehrere Stunden vor Anker, bevor die Begleitboote kamen, um die Truppen zu entladen. Robert ging in seine Kabine, wo Hauptmann Ord gerade seine Bücher wegpackte. Er war bis *Mit Wellington bei Waterloo* gekommen und bot Robert Cognac aus einem Silberbecher an. »Wissen Sie, dahin gehen wir. Ich meine – es ist irgendwie dasselbe. Ypern ist nur ungefähr hundert Kilometer von Waterloo entfernt. Das gibt einem ein gutes Gefühl, nicht wahr...?« *Wieso?* wollte Robert fragen – aber er tat es nicht. Seine Beine schmerzten. Er zog die Hose herunter, um nachzusehen. »Mein Gott«, sagte Ord, »was ist Ihnen denn passiert?« Robert erklärte, daß er gefallen sei. Seine Beine waren schwarz, und seine Füße begannen anzuschwellen. Er hatte Angst, er werde seine Stiefel tagelang nicht anbekommen, wenn er sie jetzt auszog. Aber Hauptmann Ord war eisern: Er entband Robert all seiner Pflichten und schickte ihn unverzüglich ins Schiffslazarett. Ord war beunruhigt. Er hatte noch nie so starke Prellungen gesehen – aber das sagte er Robert nicht. Jedenfalls war dies der Grund, daß er und Harris zusammen ausgeladen wurden, und auf diese Weise begann ihre seltsame Freundschaft, die in Asche endete. Sie wurden auf Bahren von der S.S. *Massanabie* getragen und fast so, wie die Pferde aufs Schiff geladen worden waren, wurden sie »in einer Art Geschirr« in das Begleitboot hinuntergelassen.

Als sie vom Quai aus, wo ihre Bahren Seite an Seite standen, zum Schiff zurückblickten, stützte Robert sich auf seine Ellbogen auf, und dann, als ihm klar wurde, was er da sah, zog er sich mit den Händen an der Hafenmauer hoch. Alle Pferde – wieso eigentlich – waren im Wasser und schwammen verzweifelt auf das Land zu.

»Was ist denn?« fragte Harris.

»Komm und sieh dir's an«, sagte Robert.

Er wickelte sich und Harris in Decken, und sie setzten sich auf die Brüstungsmauer, genau wie Fußballfans, schwenkten ihre Arme und feuerten die Pferde mit Zurufen an.

Sie kamen an der Stelle an Land, wo die Fischerboote für den Winter auf den Strand gezogen worden waren, und eine Abteilung Soldaten mit bunten Fahnen erwartete sie dort. Die Soldaten schwenkten die Fahnen über den Köpfen wie Cowboys beim Viehtreiben und trieben die Pferde in die nächste Straße hinein. Leute aus der Stadt waren zusammengeströmt, um das Schauspiel zu sehen – von Bordsteinen aus – von Fenstern – andere kamen aus Häusern und Kneipen und Läden gestürzt – alle schrien: »Pferde! Pferde! Pferde!« Kinder stürzten auf die Straße, faßten die Pferde an den Schwänzen, liefen kreischend und lachend davon – alle hielten Gesicht und Hände in den Regen, der wie in glitzernden Vorhängen fiel und im Sonnenlicht blitzend von den Pferderücken spritzte.

Als die Pferde verschwunden waren, ließ Harris sich zurückfallen und drehte sich auf die Seite. Aber Robert wartete – er hielt Ausschau. Er erwartete noch mehr, wußte aber nicht was.

Dann kam Clifford und sagte, Robert solle sich wieder auf die Bahre legen, damit man ihn und Harris zum wartenden Zug bringen könne. Später, als Robert seinen Eltern in einem Brief über die Reise berichtete, schrieb er nur: »Endlich sind wir da! Es war eine schlimme Reise. Ich habe mich erkältet, und der Doktor fürchtete, es könnte eine Bronchitis daraus werden. Wir hatten Sturm. Jemand hat mir die Pferde unterstellt. England ist stockdunkel von einem Ende zum andern. Wir fuhren stundenlang mit dem Zug durch die Dunkelheit, und kein einziges Licht war zu sehen. Ich glaube, der Ort, an dem wir uns jetzt befinden, würde Euch gefallen. Er liegt in Kent. Es gibt hier einen großartigen Landsitz, der von Feldern umgeben ist, und eine alte, kalkweiße Stadt unten am Fuß der Klippen. Der Krieg scheint schrecklich weit weg. Sogar noch weiter als von zu Hause

P.S. Meint Ihr, daß Ihr mir die Automatik bald schicken könnt? Ich hätte sie sehr gern. Der Hauptfeldwebel meint, ob Ihr eine Webley .455 Mark I besorgen könntet. Das sind die besten, die es gibt. Wie er sagt, sind sie leicht zu handhaben, und sie töten auf eine Entfernung von fünfzig Metern.«

## 29

Der einzige Bruder von Mrs. Ross – ein Junge namens Monty Miles – war auf dem Heimweg auf der Shuter Street umgekommen. Das war vor vielen Jahren gewesen, als Mrs. Ross sich gerade mit Tom verlobt hatte. Monty Miles Raymond war bei allen Leuten beliebt. Alle Mädchen liebten ihn, alle Jungen wollten seine Freunde sein. Er trug braune Anzüge und Gamaschen über den Schuhen. Er trug einen Spazierstock. Er pfiff auf dem Weg zur Arbeit und auf dem ganzen Heimweg. Ein Straßenbahnwagen sprang aus den Schienen und stürzte auf ihn. Die Trauer hatte Jahre gedauert. »Erinnern Sie sich an Monty Miles ...?« Und jedermann brach in Tränen aus. Miß Davenport kamen immer noch die Tränen, wenn sie daran dachte, wie er die Straße entlanggeschlendert gekommen war, den Spazierstock geschultert. Jetzt war die Welt voller Straßenbahnen, und Mrs. Ross hörte in ihren Träumen ihre Bremsen kreischen und sah sie aus den Schienen springen. Sie gewöhnte sich an, eine dunkle Brille zu tragen, damit man ihre Augen nicht sah. Miß Davenport wurde aus ihrer Wohnung in der St.

George Street 74 geholt und bekam die Zimmer im Obergeschoß des Hauses South Drive 39. Mr. Ross war sehr aufmerksam. Er hätte alles für seine Frau getan – aber seine Frau wollte nichts von ihm. Sie wollte nur in der Zimmerecke sitzen, auf die Tür starren und auf Roberts Rückkehr warten.
Als Robert nach Übersee abkommandiert worden war – einfach so –, hatte Mister Ross alle seine Beziehungen spielen lassen, um herauszufinden, wo er den Truppentransport treffen konnte. Er wollte seine Frau durch ein letztes Wiedersehen mit ihrem Sohn trösten. Und keins seiner Kinder sollte ohne einen Abschied einfach so weggefegt werden; er wollte verdammt sein, wenn er das zuließ. So benutzte er seine Lieferungsverträge mit der Regierung als Druckmittel, und schließlich kam die Nachricht. Mr. Ross konnte seinen Sohn in Montreal sehen. Er und Mrs. Ross bestiegen ihren privaten Eisenbahnwaggon und fuhren durch die Nacht. Sie bat ihn, ihr vorzulesen. Er las ihr *Huckleberry Finn* vor. Als es Morgen wurde und der Waggon auf einem Seitengleis im Güterbahnhof von Montreal stand, zog Mrs. Ross ihr schimmerndes Kleid an und versuchte, ihr Haar zu frisieren. Sie ließ eine Menge Haarnadeln zu Boden fallen und konnte sich nicht im Spiegel sehen. Sie beschloß, einen großen Pelzhut aufzusetzen, der ihren Kopf bedeckte und die Tatsache verbarg, daß sie ihr Haar nicht so frisieren konnte, wie sie wollte. Dann ging sie in den Salon, setzte sich mit untergeschlagenen Beinen in einen der Pullmansessel und trank ein Drittel einer Flasche Whiskey. Als Mr. Ross hereinkam und sagte, es sei Zeit zu gehen, stand Mrs. Ross auf – und fiel wieder zurück. »Ich kann nicht«, sagte sie. Ihre Beine waren eingeschlafen. Aber Mr. Ross war entschlossen, hinzugehen – auch wenn er allein gehen mußte. Er hatte für Robert außer dem Kasten mit dem Colt einen Korb mit Eßwaren mitgebracht. Er wollte diese Geschenke persönlich übergeben. Er ging also hin und traf seinen Sohn – und nachher stand er auf dem Bahnsteig und winkte –, und in seinen Gedanken stand Mrs. Ross neben ihm. Aber Mrs. Ross stand nur hinter dem Fenster ihres Privatwaggons und hatte Angst, nach draußen zu gehen. Ihre Gedanken waren voll von Straßenbahnen, und sie wußte, wenn sie versuchen würde, die Schienen zu überqueren, würden sie und alle anderen überfahren werden. Statt dessen winkte sie hinter der geschlossenen Scheibe, sah ihren Jungen abfahren und ihren Mann in seinem schwarzen Pelzmantel – stundenlang, wie ihr schien – mit erhobenem Arm

dastehen, während der Schnee um ihn niederfiel. »*Komm doch wieder aufs Floß, Huck, Lieber.*« Und das nannte man nun *den Krieg*.

## 30

Woche für Woche schrieb Robert mit zermürbender Förmlichkeit an MR. UND MRS. THOMAS ROSS, 39 SOUTH DRIVE, TORONTO, CANADA und an MISS MARGARET ELIZABETH ROSS und an MASTER STUART MONTGOMERY ROSS, und er schickte sogar Feldpostkarten an BIMBO ROSS, seinen Hund. All diese Briefe wurden sauber gefaltet und gebündelt in ein längliches Lackkästchen gelegt, das seinen Platz neben der silbergerahmten schweigsamen Ikone des gestiefelten ROBERT ROSS, LEUTNANT in der C.F.A., auf dem schwarzen Nußbaumtisch im Salon hatte. Das Kästchen war mit Samt ausgeschlagen – Scharlachrot, das in letzter Zeit zu Braunrot verblaßt war. Die Briefe an MARGARET ELIZABETH ROSS verwahrte Peggy gesondert in einer Kommode im oberen Stockwerk, in einer gesonderten Schublade und einem gesonderten Päckchen, getrennt von anderen, sauber gefaltet und umschnürten Päckchen von Clifford Purchas – Roly Powell – Garnett Hughes und Clinton Brown aus Harvard. Bimbo sollte immer von den hellbraunen Pappkarten, die er bekam und die durch so viele Hände gegangen waren, die Witterung seines Herrn aufnehmen, aber es gelang ihm nie. Master Stuart faltete seine Briefe zu Papierpfeilen, die er, eine Seite nach der andern, vom Dach des Hauses abschoß – er sah ihnen nach, wie sie sanken und in der grünen Schlucht unten verschwanden. Dazu murmelte er *Rat – a – tat – tat! Bumm! Bumm! Tat – a – tat – tat! Bumm! Bumm! Karumm!* Einige Briefe bewahrte er auf, um sie in der Schule gegen andere Erzeugnisse des Krieges zu tauschen, die von anderen älteren Brüdern nach Hause geschickt worden waren – aber nur die Briefe aus Frankreich hatten Tauschwert. Sie mußten nach Feuer riechen.

# Zwei

1

Es gibt kein Bild, das dies wiedergibt, außer dem, das man sich in der Vorstellung macht. Nach vorn und nach hinten verliert sich die Straße im Regen. Nebel und Rauch grenzen Roberts Blickfeld ein. Die Gräben zu beiden Seiten sind mit stinkendem Wasser gefüllt. Alles ist mit Wasser getränkt. Nicht einmal Grasbüschel schwimmen oben. Vor ihm ist die Straße anscheinend leer. Hinter ihm sind vierzig Pferde – jedes fünfte Pferd trägt einen Reiter. Nur einer dieser Reiter ist zu sehen. Weit hinten sind sieben von Maultieren gezogene Wagen, die mit Munition beladen sind. Robert trägt die Verantwortung für diesen Konvoi. Es ist Februar 1916. Er ist seit einem Monat und zwei Tagen in Frankreich; seit Montag, dem 24. Januar.
Im Mittelpunkt der Welt liegt Ypern, und um diesen Mittelpunkt herum liegen die Niederungen Flanderns. Ganz hinten, das heißt im Südwesten, liegt die einzige erwähnenswerte Landmarke: der Kemmelberg. Er ist hundertsechsundfünfzig Meter hoch. In Belgien gibt es keine größere Erhebung. Im Osten und im Norden liegt eine Bodenschwelle, die in keiner anderen Gegend bemerkenswert wäre. Hier ist diese Bodenschwelle das Ziel der Kämpfe. Wer ihre Höhe besetzt behält, ist im Vorteil. Bis jetzt hatten die Deutschen diesen Vorteil gehabt, und zwei Jahre währende Kämpfe hatten nicht vermocht, sie zu vertreiben. Die Ebene, auf der Ypern liegt, erstreckt sich wie ein gebrochener Arm durch ganz Europa, von Rußland bis zur spanischen Grenze. Dies ist der einzige Weg westwärts nach Frankreich hinein, der nicht durchs Gebirge führt. (Einst, zu Napoleons Zeit, war es der einzige Weg nach Osten gewesen.) Da sie so eben liegt, ist diese Durchgangsstraße seit Cäsars Zeiten immer wieder zum Schlachtfeld geworden. Alle großen Armeen der modernen Geschichte sind hier durchgezogen, durch diesen Schlamm gestapft.
Der Schlamm. Es gibt keine treffenden Synonyme dafür. Schlamm muß ein flämisches Wort sein. Schlamm wurde hier erfunden. Dies Land könnte Schlammland heißen. Die Erde hat hier die Farbe von Stahl. Auf der ganzen Ebene gibt es kaum eine Spur von Humus: nur Sand und Lehm. Die Belgier nen-

nen sie »clyttes«, diese Felder, und je näher man dem Meer kommt, desto schlimmer werden die »clyttes«. Der Pflug stößt hier in einer Tiefe von fünfundvierzig Zentimetern schon auf Wasser. Wenn es regnet (und es regnet fast ununterbrochen von Anfang September bis zum März, außer wenn es schneit), steigt das Wasser aus dem Boden herauf. Es steigt in deinen Fußstapfen – und eine Armee, die querfeldein zieht, kann eine Überschwemmung verursachen. Im Jahr 1916 hieß es: Man watet zur Front. Männer und Pferde sanken ein und wurden nicht mehr gesehen. Sie ertranken im Schlamm. Ihre Gräber, so schien es, gruben sich selbst und zogen sie nach unten.
Und dieser Schlamm und dieses Wasser waren verseucht. Dung und Unrat und verwesende Leichen lagen unter der Oberfläche. Wenn die Flüsse und Kanäle das Wasser nicht mehr halten konnten, ergossen sie sich in die »clyttes«, auf denen schon das Regenwasser stand.
Häuser und Bäume hatten einmal hier gestanden, Flachsfelder hatten geblüht. Die Sommer waren blau von ihren Blüten gewesen. Nun gab es nur noch ein seichtes Meer von stinkendem Grau von einem Horizont zum andern. Und hier trug man den Krieg aus.

## 2

Manchmal lagen die Straßen unter Feuer. Es hing davon ab, wie weit man vorrückte. Es kam darauf an, den Marsch etwas zu verzögern und sich vor Einbruch der Dunkelheit eine Scheune oder eine Hausruine zu suchen, in der man rasten konnte. Nichts ist schlimmer als Granatfeuer im Dunkeln. Flucht war auf jeden Fall sinnlos, man konnte nur versuchen, seinen Kopf zu schützen – aber wenn man hier im Freien in die Dunkelheit hineinlief, ertrank man unweigerlich.
Roberts Ziel war ein Ort namens Wytsbrouk, aus dem die Zivilbevölkerung vollständig evakuiert war und der als Nachschubdepot für die 18., 19., und 20. Batterie der 5. Brigade diente. Er lag etwa eineinhalb Kilometer hinter der Front.
Sie kamen aus der Stadt Bailleul, die bei den Männern als der »letzte Ort der Zivilisation« bekannt war. Dort konnte man tatsächlich in einem Hotel schlafen – obgleich man selten die Gelegenheit dazu hatte. In Bailleul gab es auch eine große, jetzt geschlossene Mädchenschule, die als Truppenunterkunft dien-

te. Am Stadtrand lag ein Irrenhaus (van Gogh war einer der Patienten gewesen), und dort konnten die Offiziere baden; sie badeten in schwarzen Eisenwannen unter hohen Glasfenstern, durch die das Sonnenlicht fiel, gefiltert durch einen hundertjährigen Schleier von Spinnweben und Staub. Dieser Ort hieß *Asile Désolé,* was bedeutet: verlassener oder verwüsteter Zufluchtsort. Der Name rührte davon her, daß das Haus in einem früheren Krieg bombardiert worden war. Der eigentliche Name lautete *Asile d'aliénés aux Bailleul et Ploegbeke.* Alle Namen waren entweder französisch oder flämisch, aber je weiter man auf Ypern zukam, um so flämischer wurden sie und um so unaussprechlicher für jemanden, dessen Muttersprache Englisch war. Robert war gerade erst an diesem Morgen auf Sprachprobleme gestoßen, als er von einem flämischen Bauern angesprochen wurde, der seine Kühe verloren hatte. Höchstwahrscheinlich hegte er den Verdacht, daß Robert sie für seine Soldaten requiriert hätte, und war daher natürlich erregt. Er sprach Flämisch. Robert hatte zuerst geglaubt, er rede wirres Zeug. Die Szene hatte sich auf der Straße im Regen abgespielt, und die unzusammenhängenden Worte des Mannes und seine aufgeregt gestikulierenden Arme hatten Robert auf den Gedanken gebracht, es sei vielleicht ein entsprungener Insasse von Désolé.

Als er seine Geschichte beendet hatte und bemerkte, daß Robert ihn nicht verstand, begann er von neuem auf Französisch. Robert wußte, daß es Französisch war, denn er wußte, daß *vaches* Kühe waren. Aber das war auch alles.

»Können Sie nicht englisch sprechen?« fragte er höflich.

Damit hatte er etwas Falsches gesagt. Der Mann schleuderte seine Mütze zu Boden und begann zu schreien.

»Inklisch! Inklisch! *Vous êtes anglais? Maudit anglais!*« kreischte er.

Robert wurde unruhig. Er wich mit dem Pferd zurück, aber der Mann verfolgte ihn. »*Maudit anglais!*« schrie er immer wieder. Er hob seine Mütze auf und warf damit nach Robert. »*Ce sont touts des assassins!*« schrie er.

Robert verstand kein Wort, aber er hatte den Eindruck, daß ihm etwas zur Last gelegt wurde, das er gar nicht getan hatte. Er dachte, wenn er sich ausweisen könnte, so würde das vielleicht seine Unschuld erklären. Er suchte also die einzigen zusammenhängenden Sätze zusammen, die er in einer fremden Sprache sagen konnte, und schrie zurück: »*Monsieur!*«

sagte er. »*Je ne parle pas français! Je suis Canadien!*«
Die Worte hallten durch den Nebel.
Sie schienen nicht zu helfen.
Der Mann sah Robert nur an – grinste höhnisch – und sagte noch einmal: »*Maudit anglais.*« Dann hob er seine Mütze auf und ging davon.
Nun, dachte Robert, ich habe es wenigstens versucht.

*3*

Neben ihm ritt sein Bursche, Trompeter Willie Poole. Trompeter war eigentlich ein nicht mehr zeitgemäßer Rang und ziemlich bedeutungslos, aber man gab ihn manchmal Leuten, über deren Alter man sich nicht ganz klar war. In früheren Kriegen wären sie vielleicht Trommlerbuben gewesen. Willie Poole war jedoch stolz auf seinen Rang, denn er konnte tatsächlich Trompete blasen. »Warum«, hatte Robert ihn gefragt, »hast du dich nicht zum Musikzug gemeldet?« »Oh«, sagte Willie, »wenn ich im Musikzug spielte, wäre ich nicht hier.« So unkompliziert war er. Er trug seine Trompete an einer Kordel über dem Rücken. Poole war nicht, wie Regis, zu jung – aber er sah so aus. Er war, genau wie Robert, neunzehn Jahre alt, aber er rasierte sich noch nicht, und seine Stimme war immer noch unsicher, denn er hatte den Stimmbruch noch nicht ganz hinter sich. Er war mit Sommerprossen übersät, und sein Haar war sandfarben. Er war Robert zwei Tage nach dessen Ankunft zugeteilt worden – sein früherer Offizier war gefallen, als er eines Abends nach draußen getreten war, um »Luft zu schnappen«. Die Luft hatte ihm den Kopf weggerissen.
»Erinnerst du dich an irgendwelche Scheunen oder Häuser an dieser Straße, wo wir lagern könnten?« fragte Robert.
»Nein, Herr Leutnant«, sagte Poole. »Aber ich könnte vorreiten und nachsehen.«
»Nein«, sagte Robert. »Es reitet niemand vor.« Er drehte sich im Sattel um. »Ich frage mich allmählich, ob überhaupt jemand *hinter* uns herreitet. Vielleicht sollten wir anhalten, damit die andern aufholen können.«
Sie zügelten die Pferde.
Poole sagte: »Ich müßte mal runter, wenn Sie gestatten.«
Robert nickte.
Poole reichte Robert seine Zügel und schwang sich auf die

Straße hinunter. Als er den Rand des Grabens erreicht hatte, fing er schon an, unsichtbar zu werden. Die Luft war erfüllt von einem dicken, grünen, stinkenden Nebel. Robert roch etwas, das er nicht identifizieren konnte.

»Was ist das für ein Gestank?« sagte er zu Poole.

»Wahrscheinlich Chlor«, antwortete Poole. Sein Rücken war Robert zugekehrt – die Mantelschöße standen wie Flügel zur Seite. Robert konnte hören, wie er in den Graben urinierte.

»Willst du damit sagen, du glaubst, daß sie an der Front einen Gasangriff unternehmen?« Das war eine Erfahrung, die Robert noch nicht gemacht hatte. Poole hatte es schon zweimal erlebt.

»Nein, Herr Leutnant. Aber der Boden ist hier voll davon. Manche sagen, daß 'ne Handvoll von dem Lehm hier 'nen Menschen umwerfen kann.«

»Das glaube ich gerne«, sagte Robert. Der Gestank ging ihm auf die Nerven – als ob im Nebel etwas Unbestimmtes lauerte wie ein Drache im Märchen. Poole hatte ganz recht. Der Boden war mit Gas getränkt. Chlorgas und Phosgen wurden dauernd angewendet. Senfgas sollte erst noch kommen.

Der Reiter, der hinter ihnen kam, holte sie mit vier Pferden ein. Die Pferde waren unruhig, und sobald sie zum Stehen gebracht waren, legten sie die Ohren an und begannen zu scheuen.

Robert stieg selber nicht ab, aber er befahl dem Reiter, abzusteigen. Er war nervös. Er wußte nicht, warum. Sie warteten.

Poole kam zurück und knöpfte sich beim Gehen die Hose zu. So blieben sie volle fünf Minuten – Robert saß auf seinem Pferd, nach vorn gebeugt, um seine Bauchmuskeln zu entspannen, und die beiden anderen Männer standen auf der Straße neben den Pferden. Der Nebel war voller Geräusche. Sie waren undefinierbar, und es war nicht festzustellen, aus welcher Entfernung sie kamen. Die Ferne war vom Nebel ganz aufgeschluckt.

»Wenn wir nun an der falschen Stelle abgebogen sind?« sagte Poole, dessen Unschuld ihm erlaubte, solche Bemerkungen zu machen – sogar einem Offizier gegenüber.

Robert hielt es für möglich, sagte aber nichts. Er fragte die andern, woher die Geräusche wohl kämen.

»Vögel«, sagte Poole. Der andere Mann schwieg.

»Es würde mich überraschen, wenn hier Vögel überlebt hätten«, sagte Robert.

Im selben Augenblick flog etwas aus dem Graben auf.

Die Pferde scheuten, und eins der Tiere schnaubte. Robert stellte sich in den Steigbügel auf und versuchte zu erkennen, was da geflogen war. Immer mehr der unbekannten Tiere flogen auf. Ein ganzer Schwarm von irgend etwas. Enten? Er konnte es nicht sehen. Es war seltsam, daß sie sich bis zu diesem Augenblick so still verhalten hatten.
»Verdammt, wo bleiben nur die andern?« sagte er. »Melder, vielleicht reiten Sie am besten zurück.«
»Jawohl, Herr Leutnant.«
»Poole und ich warten hier.«
Der Mann stieg in den Sattel.
»Gib ihm deine Trompete, Poole.«
»Ja, Herr Leutnant.« Poole holte die Trompete von seinem Rücken und reichte sie ihm.
»Und jetzt – probieren Sie mal«, sagte Robert zu dem Melder. »Zählen Sie immer bis fünfzig und blasen dann einmal. Blasen Sie jetzt, damit ich höre, daß Sie's können.«
Der Mann hob die Trompete an die Lippen und brachte einen krächzenden Ton heraus; sofort füllte sich die Luft mit Stoßwellen von Vogelschwingen – eine Welle nach der andern erhob sich aus einem Sumpf, den sie nicht sehen konnten. Der Wind und das Geräusch, das die Bewegung verursachte, machten Robert schaudern. Man konnte nichts erkennen außer einer schemenhaften Bewegung.
»In Ordnung. Reiten Sie zurück«, sagte Robert. »Im Schritt. Und alle fünfzig Schritt ein Trompetenstoß.«
»Jawohl, Herr Leutnant.«
Der Mann wendete sein Pferd und war im selben Augenblick verschwunden.
Robert zählte murmelnd von eins bis fünfzig. Auch Poole zählte.
Man hörte einen gedämpften Trompetenstoß.
»Er kann es nicht besonders gut«, sagte Poole.
»Na ja – er hat nicht soviel Übung wie du«, sagte Robert. »Gib ihm noch eine Woche ...«
Sie versuchten beide zu scherzen. Aber es gelang nicht. Irgend etwas war schrecklich schief gegangen, das wußten sie, aber keiner von beiden konnte es in Worte fassen. Die Vögel waren verschwunden und hatten eine geheimnisvolle Gegenwart mit sich genommen. Sie hatten das Gefühl einer schrecklichen Leere – als sei die Welt ausgeleert worden.
Robert beugte sich nach vorn. Sogar Poole war kaum noch zu

sehen. Es war kalt. Ihm war noch nie so kalt gewesen. Der Nebel verwandelte seinen Mantel in eine weiche Masse. Es war, als hätte der Regen gekocht und sich in Dampf verwandelt – nur daß der Dampf eiskalt war. Robert versuchte sich vorzustellen, wie es war, in heißem Wasser zu baden. Er konnte es nicht.

Sie warteten.

Die Trompete wimmerte weiter und weiter weg im Grünen. Der Nebel war voller Licht. Robert hörte über sich und um sich herum Schwingen. Die Vögel kehrten zurück. Man hörte auch platschende Geräusche – eine Bewegung draußen auf dem Feld –, und das Geräusch erinnerte Robert an das frühmorgendliche Platsch-platsch der schwimmenden Plattform, die vor Jackson's Point auf dem Wasser schaukelte. Etwas trieb auf dem Wasser. Er konnte nichts sehen als die Umrisse von Pooles Gestalt und die Köpfe und Rümpfe der Pferde – ihr unterer Teil war verdeckt. Der Regen hatte aufgehört. Gelegentlich fuhr ein kalter Windhauch durch den Nebel – eine Erinnerung an eine andere Welt und an anderes Wetter. Diese Brisen brachten den Geruch von Qualm und Asche mit sich – bitter und stechend. Die Trompete schwieg.

Poole führte die Pferde in Roberts Richtung zurück. Vielleicht konnte man sich wärmen, wenn man zusammenrückte. Keiner sprach. Die Pferde standen nicht gern still. Die Schwingen hatten sie in Unruhe versetzt.

»Nenne mir alle Vögel, die dir einfallen«, sagte Robert.

»Störche«, sagte Poole.

»Ich meine es ernst«, sagte Robert.

»Ich auch«, sagte Poole. »Tut mir leid, Herr Leutnant, aber mir fallen außer Störchen keine Vögel ein. Mir ist so verdammt kalt . . .«

Stare, dachte Robert; oder ziehen die im Winter fort? Außerdem sind diese Vögel größer. Enten. Es müssen Enten sein. Sie fliegen nach Norden, und sie brauchen Rastplätze und haben sich diese Felder ausgesucht. Das ist es. Sie ruhen sich aus.

Die Trompete ertönte. Nah. Ganz nah.

Poole war so überrascht, daß er zusammenfuhr.

»Ha . . . loooo!« schrie Robert. »Gut«, sagte er zu Poole. »Sie sind da.« Und dann schrie er wieder: *»Ha . . . loooo!«*

Die Trompete gab Antwort.

Robert und die Trompete fuhren fort, einander zu rufen,

sechsmal hintereinander, und nach Roberts letztem Hallo kam eine Stimme aus dem Nebel.
»Rühren Sie sich nicht«, sagte sie.
»Verstanden«, sagte Robert. Seine Stimme war belegt.
Poole hörte auf zu zittern. »Was ist denn los?« flüsterte er.
»Das werden wir bald wissen«, sagte Robert.
Sie spähten beide in die Richtung, aus der die Stimme gekommen war. Ein Mann kam durch den Nebel geschwommen. Sein Kragen war hochgeschlagen. Seine Mütze fehlte. Dies war nicht der Mann, den sie ausgesandt hatten. Er war zu Fuß.
»Wo ist Ihr Pferd?« fragte Robert. »Wer sind Sie?«
»Ich«, sagte die Stimme.
»Wer zum Teufel ist *ich?*« sagte Robert.
»*Ich*«, sagte der Mann, »Levitt.«
Levitt war ein neuer Fähnrich, der sich am Morgen dem Konvoi in Bailleul angeschlossen hatte. Er war gerade aus England herübergekommen.
»Wo ist der andere Kerl?« sagte Robert. »Und warum sind Sie nicht beritten? Sie sollten nicht ohne Pferd hierherkommen.« Er war verärgert. Levitt hatte die Nachhut befehligen sollen. Das bedeutete, daß jetzt kein Offizier bei den Wagen war, und zwei der Wagen hatten Rum geladen.
»Tut mir leid«, sagte Levitt, »aber ich mußte nach vorn kommen. Der andere Bursche war bis auf die Haut durchnäßt. Er und sein Pferd ...«
»Was ist passiert?« fiel Robert ihm ins Wort.
»Sie sind im Deich eingebrochen, Herr Leutnant.«
»Was für ein Deich?«
»*Dieser* Deich«, sagte Levitt.
Robert blinzelte. Levitt starrte in den Nebel. Robert warf einen Blick über seine Schulter. Vögel.
Levitt sagte: »Ich kann Ihnen nicht sagen, wo es passiert ist, aber irgendwo sind Sie falsch eingebogen und auf diesen Deich geraten, und der Deich fällt langsam in sich zusammen.« Robert sah jetzt, daß Levitt selbst völlig durchnäßt war.
»Ich wollte keinen der Männer schicken«, fuhr Levitt fort, »es sind so viele Pferde, und es mußte jemand bei ihnen bleiben, der was von Pferden versteht, darum bin ich selber gekommen. Der Unteroffizier hat den Befehl übernommen.«
»Danke«, sagte Robert. Levitts Sinn fürs Detail war nützlich, wenn nicht mehr. »Nun gut«, sagte Robert. »Wie ist also

unsere Lage?« Er versuchte, nicht zu zittern – sich als Führer des Kommandos hart und unbeeindruckt zu zeigen.
Levitt sagte, der Deich sei gebrochen, und der Einbruch liege etwa hundert bis hundertfünfzig Meter hinter ihnen. Als der Reiter hindurchgeritten war, war die Lücke höchstens zwei Meter breit gewesen. Als Levitt hindurchgewatet war, war sie etwa zweieinhalb Meter breit gewesen. Inzwischen mochten es fünf bis sieben Meter sein.
Robert unterdrückte sein Entsetzen darüber, daß er so blind gewesen war, sich überhaupt auf den Deich zu verirren. Es war später Zeit genug, darüber nachzudenken. Jetzt war die Frage, wie man zurückkam. Drei Männer und sieben Pferde. Levitt gab Poole die Trompete zurück und bedankte sich. »Ich war froh, daß ich sie da draußen hatte«, sagte er. »Denn mir kam der Gedanke – daß die Deutschen, wenn sie mich hörten, nicht auf einen Mann mit einer Trompete schießen würden!« Er lachte nervös. »Trompete könnte jeder blasen.«
Poole sagte: »Sie brauchen sich hier wegen der Deutschen keine Gedanken zu machen, Herr Leutnant. Die sind noch weit weg. Mindestens drei Kilometer oder noch mehr.«
Levitt sagte: »Oh«. Diese Nachricht schien ihn irgendwie zu enttäuschen. Wahrscheinlich dachte er, daß man gar nicht richtig im Krieg sei, wenn der Feind einen nicht erschießen konnte. Darin war er genau wie die meisten andern, die eben angekommen waren. Man war kein richtiger Soldat, solange man nicht in Gefahr war.

*4*

Robert bildete die Vorhut. Er blieb auf dem Pferd sitzen, er wußte, daß das Pferd seine Schritte mit sichererem Instinkt setzte als er selbst. Sein Vater hatte ihn gelehrt, dem Instinkt des Pferdes mehr zu vertrauen als seinem eigenen, wenn es sich darum handelte, den Weg zu finden.
Die Brise war zu einem Wind geworden. Der Nebel begann, sich an einzelnen Stellen zu lichten. Die Form des Deiches wurde sichtbar – er war breit wie eine Straße; aber die Gräben an den Seiten waren keine Gräben. Zur rechten Seite war ein Fluß oder ein Kanal, zur Linken mußten Felder sein, aber man konnte sie noch nicht sehen. Der Deich wurde tatsächlich als Straße benutzt – er war von Wagenspuren zerfurcht.

Einer der Vögel flog auf und kreuzte Roberts Weg. Das Pferd scheute. Robert versuchte, es zu beruhigen. »Ruhig, ruhig, ruhig«, sagte er. »Soo, soo, soo.« Das Pferd wandte sich zur Seite – erst auf die eine, dann auf die andere. Es wollte überallhin, nur nicht vorwärts. Robert hielt es an.

Er saß zusammengekauert im Sattel und spähte nach vorn. Das Pferd wollte nicht weiter.

»Also gut«, sagte Robert laut. »Wenn du nicht willst, dann muß eben ich.«

Er stieg ab und streichelte dem Pferd beruhigend über die Nüstern. Dann ließ er es stehen und ging allein voran in den Nebel. Poole schrie auf, und Robert schrie zurück, daß sie bei seinem Pferd bleiben sollten, bis er den Einbruch gefunden hätte. Als er einmal über die Schultern zurückblickte, sah er sie alle beisammen stehen – die Pferde und Poole und Levitt, und dann fiel der Vorhang wieder, und wie waren verschwunden.

Er blieb stehen und horchte. Es mußte doch irgend etwas zu hören sein. Rauschen oder das Plätschern von Wasser.

In der Ferne dröhnte es.

Kanonen.

Kaliber 5.9.

Eigentlich sollten die Stellungen hinter ihm sein, aber diese schienen vorn und eher rechts von ihm zu liegen. Hatte er sich so in der Richtung getäuscht?

Er bohrte zur Probe den Absatz in den Boden. Immer noch Schlamm und Matsch – der Matsch war wie zersplittertes und gemahlenes Glas. Der Nebel wurde wieder dichter. Er war voller Schemen, die mit den Armen winkten. Dann hörte Robert etwas. Wasser. Ein sattes, dumpfes Geräusch wie von einer geöffneten Schleuse. Das Geräusch war sein Verderben. Er ging erwartungsvoll darauf zu. Plötzlich rutschte sein rechter Fuß weg. Er sank bis zum Knie in die Erde.

*O Gott – er ertrank.* Er versank bis zum Gürtel.

Er ließ sich auf die Schultern zurückfallen. Er konnte sich nur noch mit den Ellbogen halten. Diese bohrte er wie Bremsen in den Lehm. Es zog ihn nicht nur nach unten, sondern auch nach vorn, so daß seine Beine schräg nach vorn lagen. *Nein,* dachte er immer wieder, *nein.*

Seine Hände waren nutzlos. Wenn er sie gebrauchen wollte, mußte er seine Ellbogen heben und würde nur tiefer rutschen. Er lag da mit dem Kopf nach hinten. Der Schlamm zog an

seinen Schenkeln. Sein Kragenrand schnitt ihm in den Hals. Er rang nach Luft.
Viele Menschen sterben ohne einen Laut – ihr Gehirn schreit, und sie glauben, um Hilfe gerufen zu haben, aber sie haben nicht gerufen. Robert dachte immer wieder – warum kommt niemand? Aber niemand kam. Er hatte ihnen befohlen, nicht zu kommen. Der einzige Laut, den er von sich gab, war das ei in nein, und dieses ei blieb ihm in der Kehle stecken.
Er stieß sich ab. Er versuchte, sein Becken nach oben zu drükken. Seine Bauchmuskeln verkrampften sich. Wenn er sich nur von dem Gewicht befreien könnte. Der Schlamm breitete sich weiter über seine Beine aus. Er begann hinten an seinen Oberschenkeln saugende Geräusche zu machen. Der Nebel legte sich wie ein Wolltuch über sein Gesicht. Was auch immer geschah – er würde ersticken und ertrinken. Er begann wieder, sich abzustoßen und sich nach oben zu heben, er stieß sein Becken immer fester und immer schneller nach oben, aus dem Schlamm heraus. Die Mütze fiel ihm herunter. Wind und Nebel zerzausten sein Haar. Sein Hinterkopf sank nach hinten in den Matsch. Hinein und hinaus, hinein und hinaus. Das Gesäß zusammengepreßt, und die Knie ... Er merkte, wie seine Knie sich immer weiter öffneten, und ein Erschauern ging durch seinen Unterleib. Warm. Er würde gerettet werden. Er würde sich retten. Er setzte sich auf. Seine Stiefel staken immer noch fest. Aber seine Schenkel waren frei. Er konnte seine Knie sehen. Er fing an, mit den Händen an den Beinen zu ziehen. Nichts rührte sich. Absolut nichts. Er beugte sich vor. Er versuchte, an seiner Reithose zu ziehen. Seine Handschuhe waren voller Schlamm, und er konnte damit nichts halten. Er riß sie ab und verschränkte die Hände hinter dem rechten Knie. Dann begann er zu schaukeln. Die Fingernägel schnitten in seine Handflächen. Er wiegte sich von einer Seite zur andern und von vorn nach hinten. Sein Bein begann sich zu bewegen. Dann verschränkte er die Hände hinter dem linken Knie und schaukelte wieder von vorn nach hinten. Beide Beine ließen sich immer weiter hochziehen, bis nur noch die Fußgelenke festsaßen und die Knie sein Kinn berührten. Er ließ sich ganz nach hinten fallen und drehte sich auf die Seite. Er streckte die Arme über den Kopf und drückte die Hände tief in den Schlamm, bis seine Finger sich in die Erde krallten. Er zog sich vorwärts, zog die Beine hinter sich her wie zwei verschlun-

gene Stricke, und dann gab er sich einen plötzlichen, heftigen Ruck und klatschte mit dem Gesicht in den Schlamm. Er war frei, aber er lag in fußhohem Wasser. Er konnte seinen eigenen Atem hören. Konnte sich wimmern hören. Er schloß die Augen. Ich will nicht ertrinken, dachte er. *Bitte, ertrink nicht.* Er richtete sich auf den Knien auf, mit hängendem Kopf.

Sein Atem beruhigte sich.

Er kniete da, beide Fäuste auf die Knie gestemmt. Er horchte. Etwas war in seiner Nähe. Er konnte es fühlen.

Er öffnete die Augen und wandte den Kopf zur Seite.

Durch den Nebel hindurch sah er einen Mann wie er selbst – in Uniform und Mantel –, der auf der Seite lag. Sein Rücken war Robert zugekehrt. Er bewegte sich – oder versuchte, sich zu bewegen. Irgend etwas an ihm war in Bewegung. *Platsch-platsch-platsch:* wie die Plattform vor Jackson's Point.

Robert rieb sich die Augen.

Sofort begannen sie zu schmerzen, und innerhalb von Sekunden brannten sie wie Feuer. Das Chlor im Schlamm. Robert konnte nichts mehr sehen. Er begann, in seiner Tasche nach einem Taschentuch zu wühlen. Er hörte Geräusche, die er nicht identifizieren konnte. Eine Bewegung? Was? Was war das? War der Mann aufgestanden?

Robert versuchte verzweifelt, etwas zu sehen, aber seine Augen wollten sich nicht öffnen. Sie waren von brennenden Tränen überflutet, und die Lider ließen sich nicht heben. Einen kurzen Augenblick lang sah er, wie sich etwas in der Luft bewegte.

Eine Hand fiel auf seine Schulter.

Robert schrie und griff danach. Knochen und Klauen. Es entfernte sich. Robert schauderte. Vögel.

Poole rief: »Herr Leutnant? Leutnant Ross?«

Robert sagte: »Alles in Ordnung.« Dann merkte er, daß er nicht einmal die Stimme erhoben hatte, also rief er laut: »Es ist alles in Ordnung. Sie können jetzt vorkommen.« Er band sich das Taschentuch vor die Augen, ließ sich nach hinten sinken – wartete. Krähen. Es waren die ganze Zeit Krähen gewesen – mit Schwingen, so lang wie Arme.

Als Poole und Levitt ihn mit den Pferden erreichten, half Poole Robert auf die Füße. Robert sagte zu ihm: »Hier, gleich neben uns, ist ein Mann. Ich glaube, er ist tot.«

Poole sagte: »Ja, Herr Leutnant.«

»Können wir etwas tun?« sagte Robert. »Sollten wir ihn begraben?«
»Nein«, sagte Poole. »Es ist besser, wir gehen weiter.« Er nahm Robert am Arm.
Von der Einbruchstelle aus warf Robert, dessen Augen aufgehört hatten zu brennen, einen Blick zurück zu der Stelle, wo der Mann gelegen hatte. Er sah, daß das ganze Feld voll war von dahintreibenden Schatten. Man hörte nichts als die Geräusche, die die fressenden Tiere machten, und das Rauschen der Schwingen. Und das Schwappen einer schwimmenden Plattform.

## 5

Robert ging als erster hinüber – zu Pferde.
Die Lücke im Deich hatte sich auf beinahe zehn Meter erweitert. Der Fluß strömte hindurch, aber der Wasserspiegel war inzwischen auf beiden Seiten fast gleich hoch, so daß die Strömung nicht sehr stark war. Dennoch mußte das Pferd schwimmen. Der Einbruch war über drei Meter tief. Robert zog die Stiefel aus den Steigbügeln. Er schmiegte sich an den Hals des Pferdes und hielt sich mit einer Hand an dessen Mähne fest. In der anderen Hand hielt er die Leinen von drei anderen Pferden, die hinter ihm her durch den Fluß mußten. Er spürte den Druck des Wassers gegen seine Beine, als die Flanke des Pferdes sich in der Strömung drehte – aber so kalt es auch war, war Robert doch froh. Das Wasser befreite ihn vom Schlamm.
Er sah, daß auf der anderen Seite die Männer und die Wagen und der Rest des Konvois um einzelne Feuer versammelt waren, und er dachte immer wieder: Wärme. Mir wird warm werden. Es war schwer, nicht selber schwimmen zu können, sondern das Schwimmen dem Pferd zu überlassen. Es war ein seltsames Gefühl, durch das Wasser hindurchgezogen zu werden; er war fast ganz untergetaucht, seine Kleider trieben hinter ihm her, die Knie waren fest gegen den Leib des Pferdes gepreßt, die Steigbügel schlugen gegen seine Fußknöchel. Pegasus. Als sie das andere Ufer erreicht hatten, fiel Robert vom Pferd, und das Pferd lief plötzlich die Böschung ohne ihn hinauf. Er war froh, daß er so vernünftig gewesen war, die Füße aus den Steigbügeln zu nehmen – sonst wäre er geschleift worden. Mehrere Hände streckten sich ihm entgegen und

zogen ihn nach oben. Das nächste, dessen er sich bewußt wurde, war, daß er nackt und in eine Decke gewickelt an einem Feuer saß.

»Brecht die Rumkiste auf«, sagte er.

Poole, der auch nackt und in eine Decke gewickelt da saß, spielte eine Melodie auf der Trompete, und alle sangen: *Wir sind hier, weil wir hier sind.* Sie blieben die ganze Nacht mitten auf der Straße, und irgendwann, nachdem sie eingeschlafen waren, schneite es. Am Morgen warf Robert keinen Blick zurück auf das Feld, auf dem er beinahe ertrunken wäre. Die lange Schlangenlinie von Pferden zog sich vor ihm hin; sie hob sich scharf und schwarz gegen den Schnee ab. Als er den Befehl zum Abmarsch gegeben hatte, ritt er an der ganzen Linie entlang, die Augen auf die schlammige Straße gesenkt. Der Himmel über ihnen wurde von einer schwankenden Linie von Schwingen zerrissen. Die Krähen folgten dem Zug.

## *6*

Die Front war im Grunde etwas ziemlich Normales. Zwei lange, parallele Linien, die Schützengräben, jede mit einem eigenen Netzwerk von Verbindungsgräben – viele zerstörte Bauernhäuser und ein paar Dörfer. Die Lage war seit fast einem Jahr mehr oder weniger unverändert geblieben. Die zweite Schlacht um Ypern hatte im April 1915 stattgefunden, und von diesem Zeitpunkt an sollte die Stadt bis zum Ende des Krieges in alliierter Hand bleiben. Hier wurden die meisten kanadischen Truppen eingesetzt. Zu ihrem Frontabschnitt gehörten die Städte und Dörfer, die Höhen und Wälder, die sich etwa fünfzehn Kilometer weit nach beiden Seiten erstreckten. Dies war die Lage im großen und ganzen. Was die einzelnen Soldaten und Kompanien betraf, so konnte ihre Welt sich auf einen viertel Kilometer beschränken. Roberts Welt reichte sechs Kilometer weit zurück bis Bailleul.

Zur Munitionskolonne gehörten fünf jüngere Offiziere (Levitt war als Letzter dazugekommen); sie taten abwechselnd Dienst bei den Konvois oder bei der Batterie; zwei Wochen bei den Batterien und eine Woche bei den Konvois. Im Augenblick hatten Robert und ein Mann namens Roots die Verantwortung für die Konvois. (Unter den Soldaten war ein Schotte, der sich über diese Kombination von Namen sehr amüsierte und der die

Rs zu jedermanns Vergnügen rollen ließ. Er sagte zum Beispiel »Rrrrrroots un Rrrrrross rrrrreiten.« Oder »Rrrrrroots hat rrrrrecht, un Rrrrrross hat unrrrrrecht!«) Jeder Mann befehligte eine Abteilung – fünfundsiebzig Mann und fünfundneunzig Pferde. Jeden zweiten Morgen mußte einer von ihnen um viertel vor sechs aufstehen und das Kommando auf einem Übungsritt übernehmen. Manchmal waren diese Ritte auch mit Arbeitsdienst verbunden. Ziegel und Sandsäcke, Heu und Stroh mußten an ihren Bestimmungsort, Räder oder Ersatzteile zu den Kanonen gebracht werden. Jeden Morgen wurden die Ställe geputzt. Wenn etwas »los« war, wurde Alarm gegeben, und die Kolonnen für den Munitionstransport traten an. Der Umfang der Ladung hing davon ab, wie lange das Feuer dauern sollte. Wenn zum Beispiel zwei Stunden lang geschossen werden mußte – dann wußte man, daß es wichtig war. Ein halbstündiges Feuer war nur ein Zeichen: Man nannte es Störfeuer.

Manchmal war der Himmel voller Flugzeuge. Dann eröffneten die Flugabwehrkanonen das Feuer. Sie hießen *Archies* – Robert hatte nichts mit ihnen zu tun. Aber die Flugzeuge faszinierten ihn. Manchmal flogen die Hunnen direkt über das Gehöft, in dem sich die Unterkünfte und das Depot befanden, und ein paarmal warfen sie Bomben ab, richteten aber keinen Schaden an. Die Granaten bildeten eine weit größere Gefahr. Aber Robert fand es einfach herrlich, wie die kleinen Flugzeuge durch die Luft segelten, ohne von den Hunderten von Salven aus den Flugabwehrkanonen getroffen zu werden.

Der Tag, an dem es schneite, war der 21. Februar. Es war derselbe Tag, an dem die Deutschen an der Maas ihre große Offensive gegen Verdun begannen, wo sie eine »Todeszone« schaffen wollten. (Es gelang ihnen. Bis zum August starben eine halbe Million Männer.) Zwei Millionen Granaten wurden an diesem ersten Tag abgefeuert, hunderttausend Salven in der Stunde. Am selben Tag lief das Gerücht die Linien entlang, daß die Hunnen am Frontvorsprung bei Ypern mit Gas angriffen. Das Gas drang in Roberts Richtung vor, aber sie waren sieben Kilometer südwestlich und so merkten sie nichts davon, nur die Schneeflocken schmeckten nach Gas.

## 7

Der 21. war ein Montag. Robert tat Dienst bei den Konvois bis zum 26. Am 27. – einem wolkenlosen Sonntag mit hohem, blauem Himmel – gingen er und Levitt los, um die Kanonen der 18. Batterie zu übernehmen. Robert kommandierte die Granatwerfer. Für Levitt war es die »Jungfernfahrt«. Die Sicht war so gut, daß sie vom Beobachtungsstand aus einige sehr interessante Dinge hinter den deutschen Linien sehen konnten. Robert war stolz darauf, daß er Levitt zeigen konnte, wie real der Feind war. Das Stehen hier oben wurde irgendwie bedeutungsvoll, wenn man hinausschauen und sagen konnte: »Siehst du den Mann da hinten mit dem blauen Schal um den Hals...?« und dann erzählen konnte, daß man ihn schon früher einmal gesehen hatte. Es gab dem Krieg einen Sinn, wenn man wußte, daß der Mann, auf den das Feuer gerichtet war (und der es erwiderte), einen blauen Schal trug oder graue Fausthandschuhe wie man selbst.

Es gab bei jeder Batterie nur zwei Offiziere. Robert und Levitt waren also auf sich gestellt, was die Führung betraf. Eine Abteilung blieb eine Woche lang bei den Granatwerfern in den Schützengräben und wurde dann von der anderen Abteilung abgelöst. Sie wohnten in Unterständen.

In der vergangenen Woche hatte es in diesem Abschnitt fast ununterbrochen kleinere Gefechte gegeben; als daher Robert und Levitt vom Beobachtungsstand herunterkamen, um in die Quartiere zu gehen, entdeckten sie, daß von den Gräben kaum noch etwas übrig war. Der größte Teil der Truppen, die sie auf ihrem Weg passierten, war seit sechzehn Tagen an der Front. Die Männer waren vollkommen erschöpft. Einige schliefen in den Stellungen – mit offenen Mündern nach hinten gelehnt, das Gewehr zwischen den Beinen.

Sie kamen auch an einem Deutschen vorbei, der vier Tage ohne Nahrung im Niemandsland gelegen hatte. Er lag auf einer Bahre und starrte zum Himmel empor. Außerdem trafen sie auf eine Gruppe von fünfundzwanzig oder dreißig Deutschen, die an diesem Morgen übergelaufen waren. Das Schlimme war, daß die meisten Unterstände in diesem Abschnitt zerstört worden waren – man konnte nirgends sitzen oder liegen außer im Schlamm. Fast überall, wo die Ausfallstufe stehengeblieben war, schliefen Soldaten. Kaum einer rührte sich. Die Deutschen standen niedergeschlagen in einer Reihe und drehten Robert und Levitt, als diese vorüberkamen, den Rücken zu.

Da von der Brustwehr fast nichts übriggeblieben war, mußten Robert und Levitt die nächsten hundert Meter in voller Sicht des Feindes zurücklegen. Kein einziger Schuß fiel, und Robert sagte: »Wir können von Glück sagen, daß die Deutschen genauso schlimm dran sein müssen wie unsere armen Kerle – oder noch schlimmer, wenn sie überlaufen. Sonst hätten wir bei jedem zweiten Schritt eine Kugel um die Ohren gehabt . . .«
»Können wir nicht ein bißchen schneller gehen?« sagte Levitt.
»Nein«, sagte Robert, »das wäre der sicherste Weg, erschossen zu werden. Warten Sie einen Augenblick«, sagte er. »Schauen Sie mal.«
Robert blieb stehen, drehte sich um und winkte zu den deutschen Linien hinüber. Nichts geschah. Er winkte noch einmal. Immer noch nichts. Er rief: »Hallo, ihr da drüben!« Immer noch nichts. »Jetzt«, sagte er, »passen Sie auf.« Er lief. Sofort kam ein Schuß. Robert warf sich hin.
Einen Augenblick später schaute er aus dem Schlamm auf. »Kommen Sie«, sagte er grinsend. »Aber langsam.«
Levitt ging langsam weiter.
Wie durch ein Wunder war ihr Unterstand noch da. Auch die beiden Männer, die sie ablösten, Devlin und Bonnycastle.
Levitt wurde vorgestellt. Er ließ den Sack, den er auf dem Rücken getragen hatte, herunterfallen, und er knallte gefährlich nahe der Tür auf den Boden.
»Stoßen Sie nicht gegen die Tür! Stoßen Sie nicht gegen die Tür!« schrie Devlin. »Großer Gott – stoßen Sie nicht an die Tür!« Er war ein großer, schwächlicher Mensch mit einem hängenden Schnurrbart und, obwohl er erst siebenundzwanzig war, einem leicht zurückweichenden Haaransatz. Er neigte dazu, den Kopf in den Nacken zu werfen, was ihm auf den ersten Blick etwas Hochmütiges gab. Man hätte ihn für einen Snob oder einen Angeber halten können. Aber Devlin war keins von beiden. Ganz im Gegenteil. Er war sanft wie ein Lamm, und sein Wunsch war es, einmal einen Antiquitätenladen aufzumachen.
Levitt fragte, warum man ausgerechnet nicht an die Tür stoßen durfte. Schließlich mußte eine Tür doch einen gelegentlichen Stoß vertragen. Diese jedoch nicht. Sobald er genauer hinschaute, wußte er, warum sie so kostbar war. Sie enthielt eine Scheibe mit Glasmalerei.
»Was für eine außergewöhnliche Arbeit«, sagte er. »Wo zum Teufel haben Sie das her?«

»Ich bin Sammler«, sagte Devlin. »Ich hab' es aus einem Haus in St. Eloi.«
Er zeigte Levitt ein paar weitere Stücke, die er in Sackleinen eingewickelt hatte. Es waren Teile von Kirchenfenstern, und es war die Flucht nach Ägypten darauf dargestellt (der Kopf des Esels und der Kopf der Jungfrau), Christus, auf dem Wasser wandelnd (Seine Füße und der Saum Seines Gewandes) und das Martyrium des heiligen Marinus, eines römischen Soldaten, der, weil er Christ war, von seinen Kameraden getötet worden war. Dieser Ausschnitt zeigte sein Schwert und seinen Helm – sie lagen zu seinen blutüberströmten Füßen.
»Alles sehr interessant«, sagte Levitt, die Hände auf dem Rükken verschränkt. Er drehte sich um und betrachtete wieder die Tür.
Auf dem Glas war, trotz der Tatsache, daß es, wie Devlin sagte, aus einem Wohnhaus kam, ebenfalls ein Heiliger dargestellt – oder wenigstens jemand, der heilig genug war, um einen Heiligenschein zu rechtfertigen. Es war ein bärtiger Mann, der bis zum Gürtel nackt war und eine Lederschürze trug. Er arbeitete an einem Amboß und hielt mit seiner Zange etwas, das wie ein riesiger Schmetterling aussah. Der Schmetterling war etwas grotesk, man mußte eher erraten, daß es einer sein sollte. Er war gerade aus dem Feuer geholt worden und glühte noch.
»Wer ist das?« fragte Levitt.
»Das ist der heilige Eloi persönlich«, sagte Devlin. »Wissen Sie – er ist der Patron der Schmiede und Kunstschmiede, und ich finde das Stück recht hübsch. Sie nicht auch?«
»Sehr sogar«, log Levitt. Er fand, daß er noch nie ein so häßliches Glasgemälde gesehen hatte. Er sah sich im Unterstand um – der von einer gemütlichen Unordnung war, wie ihm schien – und stellte fest, daß es auch einen knienden Gipsengel und ein paar Gipsschafe dort gab. Ohne Zweifel gehörten sie zu einer Krippe. »Sind Sie religiös?« fragte er Devlin unverblümt.
»Aber nein«, sagte Devlin. »Doch ich habe eine Leidenschaft für Zerbrechliches. Glas hat eine gewisse Feinheit und Sprödigkeit, die ein Mann mit meinen Knochen zu schätzen weiß.« Er lachte.
»Was in aller Welt ist das denn?« fragte Levitt – er hockte in einer Ecke und betrachtete einen kleinen Drahtkäfig.
»Das ist Rodwells Kröte«, sagte Bonnycastle. »Fassen Sie sie nicht an.«

»Bestimmt nicht«, sagte Levitt. »Wer ist Rodwell?«
Auch Robert wollte wissen, wer Rodwell war. Er hatte nie von ihm gehört.
»Er ist ein Gast«, sagte Bonnycastle. »Ich denke, ihr werdet ihn mögen. Er wurde vor zwei Tagen ausgebombt und kam und fragte, ob er hier bleiben könnte, da wir ja vier Pritschen haben, von denen immer nur zwei besetzt sind. Wir sagten also ja. Ich hoffe, ihr seid damit einverstanden.«
Robert nickte. »Zu wem gehört er?« fragte er.
»Zu einer der Lahore-Batterien«, sagte Bonnycastle. »Die sind schon ewig hier. Fast seit dem Anfang.«
»Und er hält sich also eine Kröte?«
»Nun –«, Bonnycastle sah Devlin an. Devlin lächelte. »Er hält sich so allerhand. Vielleicht schauen Sie einmal unter die Pritsche hier.«
Robert schaute.
Er sah eine ganze Reihe von Käfigen.
Rowena.
Robert schloß die Augen.
»Was ist drin?« fragte er. »Ich kann es nicht unterscheiden.«
»Vögel. Kaninchen. Igel. Kröten und solches Zeug ...«
»Warum hält er sie denn da unten im Dunkeln?«
»Sie sollen sich ausruhen. Sie sind alle verletzt. Wissen Sie, es ist sein ganz persönliches Lazarett.« Keins der Tiere gab einen Laut von sich.
Robert stand auf. »Nun – Rodwell ist nicht der einzige, der Überraschungen zu bieten hat«, sagte er. Er ging zu seinem Rucksack und fing an, den Inhalt auf dem Tisch auszubreiten. »Eier ... zwei Dutzend. Kondensierte Milch ... vier Dosen ...«
»Eier – zwei Dutzend!« krähte Devlin. »Eier – zwei Dutzend! Ich kann es nicht fassen!«
»... Zigaretten – fünfhundert«, fuhr Robert fort. »Eingemachte Pfirsiche – vier Dosen ... Lachs – zwei Dosen. Kerzen – achtundvierzig ... Schokolade, Marke Nestle – *sechs Tafeln.*«
Er trat triumphierend einen Schritt zurück.
»Keinen Wein?« sagte Bonnycastle.
Robert griff ein letztes Mal in den Rucksack. »Cognac – ein Liter.«
»Cognac – ein Liter«, flüsterte Devlin. »Robert – Robert: Sei mir gegrüßt und gesegnet ...« Er ergriff die Flasche und betrachtete sie liebevoll. »Cognac – ein Liter.«

»Das ist noch nicht alles«, sagte Robert. »Poole bringt uns ein Hühnerragout.«
»Na, Bonnie – Hühnerragout und Pfirsiche!« sagte Devlin. »Kann dich das nicht aufmuntern?« Bonnycastle hatte einen kleinen runden Mund, an den er oft wie in tiefen Gedanken den Finger legte. Er war sehr schnell deprimiert. Ein einziger Tropfen Regen konnte ihn deprimieren.
Devlin wandte sein Gesicht Levitt zu.
»Und was ist in *Ihrem* Sack?« fragte er.
»Ja«, Bonnycastle teilte Devlins sichtliche Erwartung. Er tippte mit seinen nassen Fingern auf den Sack. »Hm? Wie? Nun? ...«
»Bücher«, sagte Levitt.
»Oh«, sagte Bonnycastle. »Bücher also. Was für eine Platzverschwendung.«
Devlin warf den Kopf in den Nacken – er verpaßte nur knapp den Deckenbalken – und stieß ein lautes, nasales Lachen aus. »Laß nur, Bonnie! Sei nicht so streng mit ihm. Schließlich freut sich jeder, wenn er von Zeit zu Zeit was zu lesen findet. Was haben Sie uns denn mitgebracht, Levitt?«
*»Clausewitz: Vom Kriege.«*
Bonnycastle, Devlin und Robert starrten ihn ungläubig an.
Levitt legte schützend die Hand auf den Rucksack. »Nun«, sagte er, »irgendeiner wenigstens muß ja wissen, was er tut.«

## *8*

Der Unterstand war für einen Unterstand wirklich großartig. Levitt hatte ganz richtig geurteilt: Es war gemütlich hier. Es gab vier Schlafstellen, vier Schemel und einen Stuhl und einen großen, selbstgezimmerten Tisch. Kerzen und Laternen steckten in Haltern, die an die Stützbalken genagelt waren, und über dem Tisch in der Mitte hing eine Lampe an einer Kette. An der hinteren Wand stand ein Herd mit einer emaillierten Kaffeekanne darauf, und auf dem Boden lag ein verfilzter Teppich. Levitts Bücher schmückten jetzt das Bord über seinem Bett, und der kniende Engel stand in einem Halbkreis von Kerzen. Unten in ihren Käfigen regten sich die Tiere – sie schüttelten ihr Fell oder ihr Gefieder. Die Augen der Kröte glitzerten im Kerzenlicht. Rodwell war, wie sich herausstellte, so dick und streng wie ein Porträt von Doctor Johnson, und Robert fürchtete, er könnte ein übellaunischer Mensch sein, besonders da er unaufhörlich die Stirn runzelte und blinzelte. Aber es war offensichtlich, daß Bonnycastle und Devlin irgendwie an ihm hingen. Während des ersten Teils der Mahlzeit fand er nicht viel zu sagen – außer Danke für das, was man ihm vorsetzte. Aber das Essen wußte er zu schätzen, und er lobte das Hühnerragout, was Willie Poole schmeichelte, denn das Vergnügen eines Fremden ist für jemanden, der kocht, immer die größte Genugtuung.

Sie waren zu sechst bei diesem »Bankett«, und da nur die vier Schemel und der Stuhl vorhanden waren, saß Poole auf der Eingangsstufe und blickte beim Essen in den Winterhimmel. Wie sich herausstellte, konnte man die Tür nicht schließen. Bei Nacht hängten sie eine Zeltplane vor den Eingang, damit es nicht hereinregnete. Jedenfalls war es auch nicht tunlich, sich fest einzuschließen, da nur durch die Tür Luft hereinkam.

Levitt versuchte, die Unterhaltung etwas interessanter zu gestalten, machte sich aber äußerst unbeliebt, indem er Clausewitz wie folgt zitierte: »Clausewitz sagt, daß die Urform des Kampfes der Kampf Mann gegen Mann ist. Er sagt, daß aus diesem Grund eine Armee, die aus Artillerie besteht, eine Absurdität ist ...«

Jemand hustete.

Bonnycastle sagte: »Wollen Sie damit sagen, daß wir absurd sind?«

»Nein, ich glaube nicht«, sagte Levitt, »nur, daß der Kampf Mann gegen Mann die wahre Probe auf das ist, was wir hier tun. Niemand kann etwas beweisen, indem er eine Kanone abfeuert.«

»Ich hoffe, Sie werden diesen Ausspruch nicht noch einmal bedauern müssen«, sagte Devlin freundlich.

»Wenn die Artillerie eine Absurdität ist, Levitt«, sagte Bonnycastle, »was haben Sie dann bei der Kanadischen Feldartillerie zu suchen?«

»Ich wollte zur Kavallerie«, sagte Levitt, »aber mit der Kavallerie scheint es irgendwie zu Ende zu gehen, und die einzige andere Truppe, bei der ich mit Pferden zu tun habe, ist die Feldartillerie.«

»Sie mögen also Pferde, wie?« sagte Rodwell.

»Ja, Herr Hauptmann«, sagte Levitt. (Rodwell war Hauptmann.)

»Na dann«, sagte Rodwell versöhnlich, »ein Mann, dessen Liebe zu Pferden stärker ist als seine Angst, eine Absurdität darzustellen, ist mir recht.« Er streckte die Hand aus. »Angenehm«, sagte er.
Levitt erhob sich – schüttelte Rodwell die Hand und setzte sich wieder.
Sie schwiegen.
Sie aßen Pfirsiche.
»Wo haben Sie den Igel gefunden?« fragte Robert.
»Unter einer Hecke«, sagte Rodwell.
Alles lachte.
»Dann haben Sie vermutlich den Vogel am Himmel gefunden, Herr Hauptmann«, sagte Devlin.
»Ich wünschte, es wäre so gewesen, Mr. Devlin«, sagte Rodwell. »Nein, ich habe ihn neben dem Igel gefunden. Sie kauerten da Seite an Seite, als ich sie fand, und ich fand sie, als ich die Hand ausstreckte, um die Kröte zu retten. Wissen Sie, wir hockten alle zusammen da. Die Hecke war zu dem Zeitpunkt sehr gefragt.«
Robert lächelte, als er sich Rodwell unter der Hecke hockend vorstellte.
»Sie sind Botaniker, Herr Hauptmann?« fragte er.
»Aber nein«, sagte Rodwell. »Nicht im eigentlichen Sinn. Ich bin Künstler, müssen Sie wissen.«
»Künstler?« sagte Devlin. »Du meine Güte. Es tut mir leid, aber ich glaube nicht ...«
Rodwell wischte die Entschuldigung mit der Hand beiseite. »Das macht doch nichts«, sagte er. »Ich erwarte nicht, daß die Leute meine Arbeit kennen. Wissen Sie, ich bin Illustrator. Ich illustriere Kinderbücher.«
»Märchen?« sagte Levitt. Er konnte seine Geringschätzung nur mit Mühe verbergen.
»Gegen Märchen ist nichts einzuwenden«, sagte Rodwell. »Aber damit befasse ich mich zufällig nicht. Obwohl ich manchmal ganz froh wäre, wenn ich an einem guten altmodischen Bohnenstengel aus diesem Schlamm herausklettern könnte. Aber nein. Was ich mache, ist ganz realistisch. Zum Beispiel würde ich eine Kröte ganz so zeichnen, wie sie ist, ohne Verschönerung. Wissen Sie, auf ihre Weise hat sie einen ausgeprägten Charakter.«
»Ich dachte immer, es sei inkorrekt, Herr Hauptmann, von Tieren wie von Personen zu sprechen«, sagte Levitt.

»Sie sind ein richtiger Pedant, nicht wahr?« sagte Rodwell seufzend. »Nun – vermutlich haben Sie, genau genommen, recht – vielleicht. Es kommt darauf an, wie gut man sie kennt.« Er lächelte. »Die Kröte da – ich glaube, es ist ein *er*. Wir haben viel miteinander durchgemacht.«
»Darf ich fragen, welchen Rang er hat?« sagte Devlin gutgelaunt.
»Sie dürfen«, sagte Rodwell. »Er ist Feldmarschall.«
»Also, Levitt – dann müssen wir ihn ›Sir‹ nennen, und damit hat sich's«, sagte Devlin und lehnte sich zurück.
Nach einer kurzen Pause sagte Bonnycastle: »Ich mag Pfirsiche schrecklich gern. Ind finde, ein Pfirsich ist das Köstlichste, was man sich vorstellen kann.«
»Du bist betrunken, mein Lieber«, sagte Devlin.
»Trompeter«, sagte Bonnycastle, »spiel uns ein Lied. Die Pfirsiche haben mich traurig gemacht.«
»Aber gern, Herr Leutnant«, sagte Poole. Er spielte gern vor einem Publikum. Er zog seine Trompete heraus und setzte sich zurecht. »Was möchten Sie hören?« fragte er.
»Alles, nur nicht *Herr, bleib bei mir*«, sagte Devlin.

## *9*

Devlin und Bonnie gingen, den Schal bis zu den Ohren hochgezogen, durch die Dunkelheit zurück. Es war eine eisige Nacht. Das einzige Licht kam von den Sternen. Nichts rührte sich. Am südlichen Horizont, in Richtung Verdun, lag ein kränklichgelber Schein. Nichts sonst – nicht einmal das übliche vereinzelte Gewehrfeuer.
Robert lag im Halbschlaf auf seinem Lager. Levitt saß am Tisch und las. Beim Lesen setzte er eine Brille auf, die ihn alt machte. Er war ein seltsamer Mensch, fand Robert. Hilfsbereit und einfallsreich auf seine Weise, aber auch ein kalter Mensch, für den anscheinend außerhalb seines Gehirns nicht viel existierte. Er war allein den ganzen Weg mit der Trompete zurückgegangen, um Roberts Leben zu retten – und Pooles Leben; aber was er tat, war ausschließlich sachlich. Es hatte nichts mit Mut oder dem Mangel an Mut zu tun. Er gehörte zu der Sorte von Menschen, die, wenn man fragte *Wer ist da?* mit *Ich* antworteten. Wer sonst sollte da sein?
Robert schaute zu Hauptmann Rodwell hinüber. Auch er war

seltsam. (Wir sind alle seltsam, dachte Robert. Ich glaube, in einem Krieg ist jeder seltsam. *Normal* ist ein Mythos.) Rodwell fütterte die Kröte. Sie waren zwei Geschöpfe der gleichen Art.

Robert wälzte sich herum. Er versuchte verzweifelt zu schlafen, aber seine Augen wollten sich nicht schließen.

Levitt sagte: »Clausewitz sagt, daß ein Übermaß an Artillerie dem Krieg etwas Passives gibt. Er sagt, daß die Artillerie große natürliche Bodenerhebungen suchen muß – *Gipfelstellungen* –, damit die topographischen Hindernisse zur Verteidigung und zum *Schutz* unserer Kanonen dienen. Er sagt, daß auf diese Weise die feindlichen Kräfte selbst herankommen und *ihre eigene Vernichtung suchen* müssen. Auf diese Weise, sagt er, kann der ganze Krieg wie ein ernstes, feierliches Menuett ausgetragen werden ...«

»Das ist nett«, sagte Rodwell. »Wir tanzen alle gern.«

Roberts Gedanken begannen abzuschweifen.

Er lag auf einer dicken Unterlage von Maschendraht, über den er seine Decken gebreitet hatte. Der Draht war an den Seiten der Pritsche befestigt, und je länger man darauf lag, desto tiefer sackte er durch. Robert verhakte seine Finger in den Maschen und hielt sich fest. Seine Ellbogen schmerzten. Und seine Handgelenke. Das Geräusch des Gewehrfeuers in der Ferne prasselte gegen die Dunkelheit wie eine Handvoll Kiesel, die man gegen eine Fensterscheibe wirft. Die Posten teilten einander mit, daß sie da waren – oder vielleicht war eine Patrouille im Niemandsland über einen lebenden Menschen gestolpert. Was Robert mehr störte, war das Rascheln von Levitts Buchseiten. Er wünschte, der Vorhang vor der Tür wäre offen, ganz gleich, wie kalt es war. Der Qualm aus dem Kohleofen brannte ihm in den Augen. Er hatte Angst vor den Koksdämpfen. In einem anderen Abschnitt waren Menschen in einem Unterstand, der keine Lüftung hatte, im Schlaf erstickt. Koks hatte einen scheußlichen Geruch. Ganz anders als der behagliche Geruch von Kohle, der für Robert der Geruch der Wohnzimmer seiner Kinderzeit war, als große bläuliche Klumpen Pechkohle den ganzen Tag gebrannt hatten – es war der Geruch der Abende, an die er sich kaum noch erinnerte, als jemand ihn, der schon halb schlief und in eine gestrickte Decke gewickelt war, vor den gelben Flammen auf dem Schoß gehalten hatte.

Der Unterstand war voller Augen: den Augen Roberts, die sich nicht schließen wollten; den Augen Levitts, die auf Clausewitz starrten; Rodwells Augen, die in den Qualm blinzelten, und den Augen der Tiere, die ins Dunkel starrten, das nur sie durchdringen konnten. Rodwell hielt die Kröte in ihrem Käfig auf dem Schoß. Der einzige, der schlief, war der Trompeter. Wenn die Schlacht nicht gewesen wäre, würde Rodwells Kröte wahrscheinlich jetzt im Schlamm schlafen wie Poole, der auf einem Absatz lag, der in die Erdwand hineingegraben war. Sein Kissen war ein Gummistiefel, den er mit Socken vollgestopft hatte. Roberts Kopfkissen war sein Brotbeutel, dessen Schnallen nach unten gedreht waren und sich im Maschendraht verfangen hatten. Er wünschte, er hätte auch einen Gummistiefel genommen, aber dazu war es jetzt zu spät. Er war jetzt so nahe am Einschlafen wie nur möglich, und er wollte die Chance, ganz einzuschlafen, nicht aufs Spiel setzen, auch wenn er wußte, daß diese Chance nur gering war. Schlaf war gefährlich. Die animalische Erinnerung im Menschen wußte das. Was auch immer dein Verstand dir sagte, dein Körper wollte nicht hören. Ein Teil deiner selbst blieb immer wach. Bei Robert waren es die Hände und Füße. Seine Finger würden trotz der Handschuhe noch vor dem Morgen blutig sein, so fest verkrallten sie sich in den Draht. Seine Zehen waren in seinen Stiefeln wie Fäuste gekrallt, wie die Zehen eines Affen oder die Krallen eines Vogels, die sich fest um einen Zweig schließen. Robert lächelte. Vielleicht würde sein Haar schlafen – aber mehr auch nicht. Pooles Atem war rauh und verschleimt. Wahrscheinlich hatte er sich in den Sümpfen erkältet. Er erinnerte Robert an Harris – und das war das letzte, an das er erinnert werden wollte. Alles, was er sich wünschte, war ein Traum. Eine Ausflucht. Aber niemand träumt auf einem Schlachtfeld. Es gibt keinen Schlaf, der lang genug währt. Träume und Entfernung sind das gleiche. Wenn er weglaufen könnte... wie Longboat. Seine Segeltuchschuhe anziehen und das alte, ausgefranste Hemd, den Pullover um die Taille binden und loslaufen über die Prärie... Aber er stieß immer wieder auf Taffler. Taffler, der Steine warf. Und Harris.

## *10*

Das alte Landhaus in England, das Robert seinen Eltern beschrieben hatte, lag in Kent in der Nähe einer Stadt, die Shorncliffe hieß. Hier waren die Reserveeinheiten der Kanadischen

Feldartillerie stationiert, aus denen das Kanadische Corps in Frankreich ergänzt wurde. Robert und Harris hatten nur eine Woche dort verbracht. Harris wurde so krank, daß die Ärzte in dem kleinen Krankenhaus sich keinen Rat mehr wußten, und er wurde nach London in das Royal Free Hospital in der Gray's Inn Road verlegt. Robert bekam um dieselbe Zeit seinen Fronturlaub und nahm ihn in London, hauptsächlich wegen Harris, mit dem er sich eng befreundet hatte, aber auch, weil Mr. Hawkins, der Vertreter von RAYMOND/ROSS in England, auf Wunsch seines Vaters eine Webley Automatik für Robert besorgt hatte und Robert sie gern haben wollte. Hier sind die Daten nicht ganz klar – aber es muß Mitte Januar 1916 gewesen sein, da Roberts Fronteinsatz am 24. jenes Monats begann.
Die Gebäude des Royal Free Hospital waren früher die Kaserne der Leichten Kavallerie gewesen. Das war zur Zeit von Waterloo. Irgendwann in den vierziger Jahren des neunzehnten Jahrhunderts waren sie für ihren augenblicklichen Zweck umgebaut worden. Sie waren repräsentativ, rot und feucht. Robert besuchte seinen Freund fast jeden Tag. Die Nachmittage waren düster und neblig – einsam und voll von hohlen Geräuschen. Die Leute auf den Straßen eilten mit kleinen ängstlichen Schritten dahin, die Kragen hochgeschlagen und die Hüte tief in die Stirn gezogen. Niemand sprach, man sagte nur »Verzeihung« oder »Passen Sie doch auf!« Man ging wie durch einen Tunnel, von dem man nicht wußte, wohin er führte. Jeder war ein Fremder. Nachts kamen die Zeppeline. Man hatte das Gefühl einer stummen Bedrohung.
Harris hatte keinen anderen Besucher. Auf das Telegramm, das man nach Sydney, Nova Scotia, geschickt hatte, war keine Antwort gekommen. Es war offensichtlich wahr, daß die Entfremdung zwischen Harris und seinem Vater endgültig war. Es kam nicht einmal ein Dank für die Nachricht. Nur Schweigen.
An manchen Nachmittagen konnte Harris die Augen nicht öffnen. Er brauchte all seine Kraft zum Atmen. Robert saß auf einem Stuhl und beobachtete ihn. Harris' Haar war feucht vom Fieber. Die Schwestern und Ärzte schüttelten die Köpfe. Sie waren froh, daß Robert gekommen war. Sie sagte ihm offen heraus, man sollte niemanden allein sterben lassen.
Der Krankensaal war voller Verwundeter. Manche von ihnen waren auf dem Weg der Besserung – andere lagen schweigend da, in Bandagen gehüllt und von Schienen zusammengehalten.

Zahlreiche Besucher kamen und gingen – einige mit Flaschen Bier und Kuchenschachteln, andere mit Körben, in denen mit Hühnerfleisch belegte Brote, Eiersalate und Moorhuhnbrüstchen waren. Blumen jeder Art wurden hereingeschleppt – von einzelnen Kamelien bis zu Sträußen welker Gänseblümchen in Kinderhänden. An einem verschneiten Nachmittag wurden die Korridore frei gemacht, weil die Kronprinzessin einen Vetter besuchte, der bei Gallipoli verwundet worden war. Sie trug ein Dutzend gelber Rosen. Manchmal herrschte sogar eine fröhliche Atmosphäre, wenn die Besucher ihre Gaben und Blumen wie bei einem Picknick auf den Bettdecken ausbreiteten. Mitten darin saß Robert mit seinen gewichsten Stiefeln, der Uniform mit der makellosen Reithose, die Füße unter dem Stuhl gekreuzt, mit gefalteten Händen, und beobachtete stundenlang, wie Harris nach Atem rang. Wenn Harris wach wurde und lächelte, hatten sich die Stunden gelohnt, und manchmal mußte Robert den Blick abwenden, so verwirrt war er von dem, was er fühlte.

Seit Rowenas Tod hatte Robert nämlich noch nie den Wunsch gehabt, ständig mit jemand anderem zusammen zu sein. Wenn man das, was er fühlte, verständlich machen wollte – so war es dies. »Ich muß hin und ihn sehen«, dachte Robert jeden Morgen, sobald er aufwachte. Er wollte auch zugegen sein, wenn Harris sprach. Harris sagte die seltsamsten Dinge – wie er da in seinen Kissen lag und zur Decke hinaufstarrte. Seltsame und provozierende Dinge. Robert wußte manchmal nicht, was er mit Harris' Aussprüchen anfangen sollte; wie er sie einordnen, wie er Gebrauch von ihnen machen sollte. Er wußte nur, daß sie in sein Inneres sanken und nicht mehr zurückkamen.

»Da, wo ich schwimmen ging, war eine Sandbank. Ich watete immer bis zum Rand der Sandbank, setzte mich hin und ließ die Beine herunterbaumeln. Ich weiß nicht, wie tief es dort war. Wenn ich bei Ebbe auf der Sandbank saß, war mein Kopf gerade noch über Wasser. Dann ließ ich mich gleiten. Wie eine Robbe. Hinaus aus der Luft und ins Wasser hinein. Aus meiner Welt in die ihre. Und da blieb ich stundenlang. Wenigstens kam es mir so vor. Ich dachte immer: *Ich brauche nie mehr zu atmen.* Ich habe mich verändert. Es verändert einen. Aber das war es – ich konnte es. Mich verändern – und einer von ihnen sein. Sie sind nicht freundlicher – die Fische, meine ich. Aber sie akzeptieren dich. Als ob du dazugehören könntest, wenn du wolltest. Es ist nicht so wie hier. Es ist ganz anders als hier.«

dann schlief er ein. Und im Schlaf bewegten sich die Hände an seinen Seiten, als schwimme er im Traum – oder als »atme« er im andern Element.

Eines Tages – sehr früh am Morgen – sagte Harris zu Robert: »Einmal habe ich mich verirrt. In einem Schwarm Makrelen. Silber. Blendend. Jedesmal, wenn sie wendeten, wurde ich von ihren Schuppen geblendet. Wir schwammen in Tang hinein. Blattang. Lange, schlüpfrige Arme wie Pferdeschwänze. Sie verfingen sich um meinen Hals, und ich dachte, ich könnte nicht atmen – ich würde ertrinken und sterben. Bis ich wieder zu schwimmen anfing – als ich zu schwimmen anfing, merkte ich, daß der Tang mir folgte. Verstehst du? An diesem Ort – dort –, in *diesem* Element – war ich irgendwie sicher – sogar vor dem Ersticken. Der Tang glitt einfach weg – ließ seine Wurzel los und folgte mir. Aber als ich dann den Strand erreicht hatte, verknotete er sich und zerrte an mir, und ich konnte mich nicht von ihm befreien. Erst da wäre ich fast gestorben. In der Luft. Mit diesem Zeug um meinen Hals. In der *Luft*...«

Immer, nachdem er gesprochen hatte, sah er Robert an. Nie, während er sprach. Er redete eigentlich nur mit sich selbst, vor dem Einschlafen, vermutete Robert.

Eines Nachmittags kam Robert spät, weil er in einer Matinee im Theater gewesen war. Sein Kopf war noch voll von Musik, und es war schwer, bei dem Sterbenden zu sitzen und nicht mit den Füßen im Takt zu wippen. Harris lag im Halbschlaf, sein Atem ging immer schwerer. Man sprach von einer Eisernen Lunge – aber es gab nur wenige, und es mußte eine Sondergebühr bezahlt werden. Man konnte nichts tun als zuhören. Plötzlich ertönte hinten an der Tür, die zum Flur führte, Gelächter, und Eugene Taffler kam mit einer Frau herein, die Robert als Lady Barbara d' Orsey erkannte. Sie war es, die gelacht hatte, aber als sie um die Ecke kam, hörte das Lachen auf. Ihre Arme waren mit Freesien gefüllt. Auf ihrem Haar lag Schnee. Ihre Lippen waren geöffnet.

Die Wirkung ihres plötzlichen Erscheinens war die gleiche wie immer, wenn man jemanden, dessen Berühmtheit ihn von den anderen fern hält, leibhaftig vor sich sieht. Sie kommen einem so klein vor, und man wünscht, sie würden still stehen. Ihr Bild war wie das von Cathleen Nesbitt und Lady Diana Manners »allgegenwärtig«. In letzter Zeit wurde sie meist mit Taffler zusammen photographiert; wie sie auf Wohltätigkeitsbällen tanzten – mit dem Prinzen von Wales scherzten – beim Ausritt

im Park. Taffler sah mehr denn je aus wie ein Held aus dem »Jahrbuch für Knaben« – in seiner Uniform mit den grünen Feldabzeichen, seinem Reitstöckchen und von Kopf bis Fuß geschniegelt. Sein Haar war frisch geschnitten – ein sicheres Zeichen, daß er an die Front zurückging. Das war immer das letzte, was man erledigte. Sein Kopf wirkte riesig. Die Augen und der Mund waren wie gemalte Augen und ein gemalter Mund: statisch. Seine Hände waren nackt. Robert errötete.
Er stand auf. Es schien ihm das einzig mögliche. Taffler hatte ihn sofort entdeckt, kam quer durch den Raum auf ihn zu und ließ Barbara d'Orsey an der Tür stehen. Während der ganzen Zeit, die sie dort wartete, starrte sie aus dem Fenster, die eine Wange in den Pelz geschmiegt, scheinbar ohne ein Interesse an irgend etwas zu zeigen. Aber Robert bemerkte, daß ihre Hände zitterten.
»Ross, nicht wahr?« sagte Taffler und nahm Roberts Hand in beide Hände. Seine Freude schien echt. Wahrscheinlich war sie das auch. Wenn man bedenkt, wo sie sich befanden, mußte es ermutigend sein, jemanden zu sehen, der noch unversehrt und bei so guter Gesundheit war wie Robert in diesem Augenblick. (Die Blutergüsse an Roberts Beinen waren verblaßt, er humpelte nicht mehr und hatte auch keine Schmerzen mehr.)
Robert erklärte stammelnd, warum er hier war, und nachdem er das getan hatte, sagte Taffler, er müsse mitkommen und Lady Barbara kennenlernen. Robert wollte nicht stören. Taffler bestand darauf. Er schob seine Hand unter Roberts Ellbogen und führte ihn zwischen den Betten hindurch.
Als sie sich zum erstenmal sahen, geschah nichts. Barbara war zerstreut. Robert bemerkte die Form ihrer Augen und die Art, wie sie ihn beobachtete. Sie starrte ihn an, nicht unhöflich, sondern freundlich. Es war, als dränge sie ihn auf höfliche Weise, wegzugehen. Robert hatte bald verstanden und ließ sie allein. Einen Augenblick lang stand Barbara regungslos da. Sie blickte im Krankensaal umher und sah dann Taffler an, als wolle sie sagen: Und was soll ich jetzt tun? Er wies auf eine Gestalt in einem Bett am äußersten Ende des Raumes.
Von seinem Stuhl an Harris' Bett aus konnte Robert nicht umhin, Zeuge dessen zu werden, was jetzt folgte. Taffler und Barbara gingen durch den Mittelgang, Taffler hatte seine Hand unter ihren Ellbogen gelegt, genau wie vorher, als er Robert geführt hatte – Barbara hatte die Blumen in ihrer Hand fester gefaßt. In dem Bett, an dem sie stehen blieben, lag ein Mann,

der vollständig mit Bandagen umwickelt war. Es war ihm unmöglich, sich zu bewegen. Robert hatte sich schon früher über sein Schweigen gewundert.
Barbara stand am Fuß des Bettes und sah den Mann an, ohne ein Wort zu sagen. Der Duft ihrer Blumen erfüllte den Saal. Auf ihrem Profil, das sie Robert zukehrte, lag kein Lächeln. Sie hielt die Blumen so, wie man einen Kranz trägt – als ein Zeichen, nicht als ein Geschenk. Taffler trat an den Kopf des Bettes, neigte sich über den Mann und sprach. Barbara atmete tief und schloß die Augen. Was immer Taffler sagte, niemand konnte es hören außer dem Mann in den Bandagen. Robert sah, daß er sich anstrengte, um zu antworten – aber kein Ton kam heraus: nicht einmal ein Flüstern. Schließlich berührte Taffler ihn an der Schulter, zum Zeichen, daß sie jetzt gingen; er nahm Barbara am Arm und ging ganz plötzlich hinaus, ohne sich umzudrehen oder Robert auch nur zuzunicken. Barbara hielt immer noch die Blumen in der Hand, und ihr Gesicht war so ausdruckslos, als sei sie betäubt. Als sie weg waren, konnte Robert spüren, wie der Mann in den Bandagen »schrie«, und das Gefühl dieser stummen Todesqual am anderen Ende des Raumes wurde schließlich so stark, daß Robert aufstehen und eine der Schwestern holen mußte. Nachdem sie gekommen war und dem Mann eine Morphiumspritze gegeben hatte, dankte sie Robert für sein schnelles Handeln. Sie erzählte ihm, der Mann sei in einen Brand geraten, und seine Stimmbänder seien zerstört worden, als er die Flammen einatmete. Robert fragte, wer er sei. Die Schwester sagte: »Hauptmann Villiers.« Dann sagte sie etwas Seltsames, das Robert das Blut ins Gesicht trieb – obwohl er nicht wußte warum. Vielleicht war es die Heftigkeit der Schwester – und die Art, wie sie die Stimme senkte. »Fragen Sie mich nur nicht nach dieser Frau. Ich verstehe nicht, wie sie es wagen kann, herzukommen.« *Diese Frau* war Barbara d'Orsey.

## *11*

Dieser Teil der Geschichte wird von Lady Juliet d'Orsey erzählt, deren Erinnerungen an Robert Ross – aus Gründen, die sich noch ergeben werden – die lebhaftesten und persönlichsten sind, die wir besitzen. Zur Zeit der Ereignisse, die sie beschreibt, war sie zwölf Jahre alt. Sie ist jetzt in ihren Siebzigern.

Juliet d'Orsey ist das vierte der fünf Kinder des Marquis und der Marquise von St. Aubyn. Sie ist die einzige Überlebende und ist nie verheiratet gewesen. Sie hat immer noch eine Wohnung im Haus Wilton Place 15 – der Londoner Adresse der St. Aubyns seit dem Jahre 1743. In den unteren Stockwerken des Hauses ist heute das Ministerium für Wissenschaftliche Forschung untergebracht. Um nach Wilton Place zu kommen, steigt man an der Hyde Park Corner aus, geht Knightsbridge hinunter, am St. George's Hospital vorbei, bis man an ein etwas düsteres Schild kommt, auf dem *Königliche Gesellschaft zur Verhütung von Unfällen* steht. Wilton Place liegt dann links im Sonnenschein.

Sobald man die Eingangshalle betritt, spürt man die bürokratische Atmosphäre des Ministeriums. Wie eine Drohung fühlt man, daß sich hier eine große Zahl von Menschen verborgen hält. Jeder ist eifrig bemüht, keine Kenntnis von dem zu nehmen, was man will. Rücken drehen sich einem zu, sobald die anderen merken, daß man hier fremd ist und Fragen stellen könnte. Sekretäre steigen die Treppe hinauf und hinunter, die Hand an der Stirn, und murmeln vor sich hin: »Wo – wo – wo hab' ich es nur hingelegt?« Telephone schrillen stundenlang, ohne daß jemand den Hörer abhebt. Jemand wendet sich dir zu und sagt: »War das das Telephon?« Wenn du nach Juliet d'Orsey fragst, sagen sie dir, sie hätten nie von ihr gehört. Ein aufgewecktes Mädchen teilt dir mit: »Sie ist vorige Woche rausgeflogen.« Andere Türen schließen sich auf geheimnisvolle Weise, sobald du dich näherst. Durch das Fenster am Ende der Halle beobachtest du, daß ein schwarzer Daimler am Bordstein vorgefahren ist. Ein kleiner Mann ohne Kopfbedeckung steigt aus und verharrt ratlos auf dem Bürgersteig. Alles steht still und hält den Atem an: *Der Minister ist eben angekommen. Du lieber Gott – kommt er etwa herein?* Schließlich landest du nach einigem Hin und Her auf dem Treppenabsatz der zweiten Etage vor einer Tür mit der Aufschrift LADY JULIET D'ORSEY – BITTE ZWEIMAL KLINGELN! Du kommst dir vor wie Aldren auf dem Mond.

Die Tür wird von Lady Juliets junger Gesellschafterin geöffnet, die sich als Charlotte Krauss vorstellt. Miß Krauss ist etwa achtundzwanzig und trägt ein elegantes, rehbraunes Kleid. Sie neigt dazu, die Hände in die Taschen zu stecken und auf den Absätzen zu balancieren. Sie ist intelligent und aufmerksam und diskret. Sie zieht sich fast augenblicklich zurück, um Tee zu machen. Du bist schon einen langen, cremefarbenen Flur hinuntergeleitet worden, an dessen Wänden Ahnenbilder hängen und der durch offene Türen Licht bekommt. Am hinteren Ende liegt ein geräumiges, freundliches Wohnzimmer. Viele hohe blaue Sessel stehen auf einem aprikosenfarbenen Teppich. Ein offener Kamin mit brennenden Scheiten beherrscht eine ganze Wand. Die Fenster, die auf Balkone führen, blicken direkt auf die Portale der St. Pauls-Kirche in Knightsbridge – ein gotisches Monstrum, in dem gerade eine Chorprobe stattfindet.

Lady Juliet hat dir den Rücken zugewandt. »Einen Augenblick«, sagt sie, ohne sich umzuwenden, und du wartest mit deiner Mappe und dem Tonbandgerät in den Händen mitten auf dem Teppich. Auf dem Kaminsims stehen Freesien in einer einfachen weißen Vase. Der lateinische Gesang, der von der anderen Straßenseite herüberdringt, nähert sich seinem Ende, und endlich wendet Lady Juliet sich dir zu und sagt: »Sie werden mir gewiß vergeben. Ich kann der Messe nicht widerstehen.« Sie lächelt und geht zum Kamin auf der anderen Seite des Zimmers, wo sie sich eine Zigarette anzündet, dann wirft sie den Kopf zurück, um dich durch den Sonnenschein hindurch anzusehen. »Das einzige, worum ich bitte«, sagt sie und steckt die Zigarette in eine Spitze, »ist, daß Sie mich nicht Juli – ett nennen. Ich kann Juli – ett nicht ausstehen. Es macht mich verrückt.«

»Ja, gnädiges Fräulein.«

»Hier sagen wir Juuljet. *Juuljet. Juuljet.* Bitte sagen Sie's mal.«

»Juuljet.«

»So ist's recht. Freut mich sehr.«

Sie hat kurzes ergrautes Haar, das immer lockig und dünn gewesen ist, und lange, feine, zittrige Hände, die durch Arthritis verkrüppelt sind. Sie ist groß und erschreckend mager. Sie ist eine jener Frauen, die aus freien Stücken von einer Hungerkost leben. Die ihre besteht aus Spinat und ganz dünnem Toast, Zigaretten und einer Menge Gin. Der Gin beeinflußt ihre Sprechweise oder ihre geistige Klarheit nicht im geringsten. Er ist für sie einfach ein Lebensmittel. Beim Sitzen lehnt sie die eine Hüfte gegen die Seitenlehne ihres Sessels und beugt sich zur anderen Seite hinüber, während sie eine Zigarette nach der anderen raucht. Sie kann sie offenbar nicht richtig ausdrücken. Im Aschenbecher qualmt es den ganzen Nachmittag.

Sie ist stolz auf Robert Ross. Ein einziges Mal flammt Zorn auf:

als sie auf seine Verleumder zu sprechen kommt. Beim Namen Stuart Ross zum Beispiel gerät sie ins Stottern. »Und doch«, räumt sie ein, als sie ihre Fassung wiedergewonnen hat, »ein Bruder ist ein Bruder. Ich hatte auch welche. Es gibt Feindseligkeiten innerhalb der Familie, die ertragen werden müssen. Aber wenn Haß daraus wird ... Er weigert sich vermutlich, mit Ihnen zu sprechen.«

»Das stimmt.«

»Ich verstehe es nicht. Als ob Robert etwas Schlechtes getan hätte.«

»Einige Leute behaupten das.«

»Einige Verrückte. O ja – ich habe auch davon gehört.«

Einen Augenblick lang schaut sie aus dem Fenster und horcht. Offenbar hilft ihr die Messe, die dort drüben abgehalten wird, ihre Selbstbeherrschung wiederzugewinnen.

*»Exaudi orationem meam,*
*ad te omnis caro veniet.«*

Erhöre mein Gebet – zu Dir wird alles Fleisch kommen ...

»Das ist tröstlich, nicht wahr«, sagt sie.

Aber du bist dir nicht sicher.

## 12

Abschrift: Lady Juliet d'Orsey 1:

»Meine Schwester und Robert Ross – sie lernten sich wegen dieses Harris kennen. Und wegen Jamie Villiers ...« *(Hauptmann Villiers war der bandagierte Mann, den Barbara und Taffler besuchen kamen.)* »Jamie war immer ein Freund unserer Familie gewesen. Er war sehr eng mit meinem Bruder Clive befreundet. Clives einziger Sport war Reiten. Jamie war einer der besten Geländereiter des Landes. Sein größter Wunsch war es, am Grand-National-Rennen teilzunehmen. Das war unerhört – natürlich. Nicht nur, weil er der Sohn eines Herzogs, sondern auch, weil er riesengroß war. Riesengroß! Lang wie eine Giraffe. Und ebenso sanft. Ach Gott, ja. Er war ein reizender Mensch. Barbara war vernarrt in ihn. Waren wir das nicht alle? Aber Barbara benahm sich unmöglich. Ich muß erklären, daß Barbara nur mit Männern befreundet war. Frauen – dazu gehörte leider auch ich – irritierten und reizten sie. *Sie machen mich kribbelig,* sagte sie. Sie bewunderte unsere Brüder, die ihr im Alter am nächsten waren. Ich war acht Jahre jünger. Temple war noch ein kleines Kind. So wuchs Barbara mit Michael und Clive auf, und deren Freunde waren auch ihre Freunde. Wenn jemand in unserer Familie von ›den Mädchen‹ sprach, so war es immer klar, daß ich und Temple gemeint waren – niemals Barbara. Solange ich mich erinnern kann, schwärmte sie für Helden und Sportler. Sie genoß das Schauspiel des Siegens – aber mehr noch: Sie machte eine Art Kult aus der Exklusivität; sie ließ Menschen in ihr Leben ein oder schloß sie aus. Sie war wie ein Klub. Aber sie war kein *Snob*. Ganz im Gegenteil. Es richtete sich einfach eine Mauer auf, wenn jemand sie nicht interessierte. Ich glaube, das war es. Man mußte sie interessieren, oder man existierte nicht. Da drüben, das ist sie. Es ist kein schlechtes Bild. Sie können den skeptischen Blick erkennen und das seltsame ständige Lächeln. Ich will Ihnen das Geheimnis dieses Lächelns verraten. Es war überhaupt kein Lächeln. Es war ein nervöses Grübchen auf der linken Wange. Das ist wahr. Ich schwöre es. Wovon sprach ich gerade ... Jamie Villiers. Ja. Das war vor dem Krieg. Ich war neun. Oder acht oder so. Barbara hängte sich immer an Clive und Jamie an, wenn sie ausritten. Clive und Jamie waren beide in Cambridge. Erst seit kurzem. Ich glaube, sie waren noch kein Jahr dort. Barbara hatte keine Spur von Raffiniertheit. Sie war darin fast wie ein Mann. Ich habe noch nie – oder Sie vielleicht? – einen wirklich raffinierten Mann kennengelernt. Vorsichtig und diskret – das natürlich. Aber nie raffiniert. Barbara war nicht einmal in der Lage, zu bemerken, daß sie störte. Sie konnte ein solcher *Trampel* sein, wissen Sie. Tag für Tag hängte sie sich an die beiden an, bis Clive es ihr *sagen* mußte. Nun – er mußte ihr vorsichtig *klarmachen,* daß sie eine Freundschaft zerstörte. Sie kam ins Haus gestürmt – das war in Stourbridge St. Aubyn – und tobte vor Wut. *Ich verstehe das nicht! Ich verstehe das nicht!* sagte sie immer wieder. Schließlich mußte ich es ihr sagen. *Sie sind verliebt,* sagte ich. Barbara sagte: *In wen denn?* Sie war wirklich ziemlich blöd. Ich sagte: »*Weißt du denn überhaupt nichts über Jungen? Sie sind ineinander verliebt.* (LACHEN) O mein Gott. Barbara haßte mich, weil ich das gesagt hatte. Und Clive. Sie hatten einen schrecklichen Krach. Mammi mußte sie trennen. Mammi war sehr verständnisvoll. Sie hatte auch Brüder gehabt und wußte, daß das vorübergehen würde. Aber Barbara sagte, Clive habe Jamies Moral untergraben, und sie nannte sie *Oscar* und *Bosie* und wandte schließlich ihre Zuneigung jemand anderem zu. Ich glaube, es war Ivan Cromwell-Jones – oder so jemand. Aber Sie verstehen – die Geschichte ist nicht nur amüsant. Da ist noch etwas. Barbaras Wut. Ihre Kälte beim Tod eines anderen Menschen. Niemand sonst durfte ihre Helden und Liebhaber lieben – oder besitzen – oder sie ihr wegnehmen. Wenn Sie in dieser Geschichte an die Stelle von Clive den Krieg setzen . . . nicht wahr, Sie verstehen, was ich meine.« *(In diesem Augenblick kam Charlotte Krauss mit einem Tablett. Man wurde aufgefordert, der Musik zu lauschen und unter den belegten Broten zu wählen, während der Tee eingeschenkt wurde. Miß Krauss goß – ohne den geringsten Versuch, es zu verbergen – einen Schuß Gin in Lady Juliets Tasse und stellte die Flasche auf den Tisch neben den qualmenden Aschenbecher. Dann ging sie hinaus, und das Tonbandgerät wurde wieder eingeschaltet.)* »Barbara hatte hintereinander einen ganzen Schwarm von Männern und verfiel erst im Sommer 1915 wieder auf Jamie Villiers. Damals hatte er seine ersten Orden bekommen und kehrte als Held nach Hause zurück, und Barbara schnappte ihn Diana Menzies weg. Da können Sie sehen, daß Barbara besitzergreifend war, um das mindeste zu sagen. Wenn sie sich erst einmal jemand geangelt hatte – dann war nichts mehr zu wollen. Es war ihr ganz gleich, wen sie dadurch kränkte. Sie versuchte sogar, Clive und Michael für sich zu beanspruchen. Ihre *Brüder!* Ich bin nur froh, daß ich kein Junge war! Oder daß ich nicht in einen Jungen aus unserer Familie verliebt war. Später, als Clive sich mit Honor Hampton verlobte, weigerte sich Barbara, dazu ihren Segen zu geben, und machte der armen Honor das Leben zur Hölle – natürlich hat Honor Clive nie geheiratet. Er fiel am ersten Juli.«

*(Wenn Männer und Frauen aus Juliet d'Orseys Jahrgang den »ersten Juli« erwähnen, meinen sie stets den ersten Juli 1916. An diesem Tag begann die Sommer-Offensive. Zwischen 7.30 Uhr morgens und 7.30 Uhr abends fielen 21 000 britische Soldaten – 35 000 wurden verwundet und 600 von den Deutschen gefangengenommen. Vielleicht kann man an dieser Stelle ebensogut wie an irgendeiner andern darauf hinweisen, daß Lord Clive Stourbridge, Juliets und Barbaras älterer Bruder, einer der Cambridge-Dichter war, dessen bekannteste Werke – wie die von Sassoon und Rupert Brocke – auf der Erfahrung des Krieges beruhten. Andere Dichter, die den ersten Juli miterlebten, waren, außer Stourbridge und Sassoon,*

*Robert Graves und Wilfried Owen. Sowohl Sassoon als auch Graves haben über die Schlacht geschrieben.)*
»Sie wollen wissen, wie Barbara Robert kennenlernte und wie es dazu kam, daß Harris der Anlaß zu ihrer späteren Beziehung wurde. Dies sind die Kreise – sie werden alle nach innen hin enger, führen hin zu dem, was Robert tat. Wissen Sie, ich kann es nur vermuten, aber ich glaube, daß Robert in Harris verliebt war. Etwa auf die gleiche Weise, wie Jamie in Clive verliebt gewesen war. Es mag prosaisch klingen, aber die Wahrheit ist manchmal prosaisch, und ich glaube, es ist eine Tatsache, daß außerordentlich körperbewußte Männer wie Robert und Jamie und Taffler oft auch außerordentlich feinfühlig sind. Ich denke da nicht an die Spieler eurer lokalen Fußballmannschaft, so meine ich das nicht. Die neigen eher dazu, wehleidig und sentimental zu sein. Aber die wahren Athleten – die, die Schönheit durch Vollkommenheit suchen. Ich glaube, daß sie sich Dichter und Künstler suchen, so wie Dichter und Künstler sie suchen. Vielleicht nicht immer als Liebhaber – obgleich ›Liebe‹ sich auf so viele verschiedene Arten ausdrücken kann, abgesehen von der physischen. Ich will hier gewiß nicht das Bild einer Schar von Dichtern und Athleten malen, die einer nach des andern Körper schmachten! Aber Liebe – ja. Robert liebte Harris, obgleich er es nie sagte. Es zeigte sich in seinem Verhalten bei Harris' Tod und in der Art, wie er später mit mir über ihn sprach. Auch der Krieg gehörte dazu. Sie können das nicht wissen. Sie leben in Ihrer Zeit. Niemand kann jemals Ihr Leben leben, und niemand kann jemals wissen, was Sie wissen. Damals war damals. Einmalig. Und wie soll man es erklären? *Sie* hatten einen Krieg. Jede Generation hat ihren Krieg. Außer dieser. Aber das hat nichts mit unserer Geschichte zu tun. Wichtig ist, daß man keine Ausflüchte sucht für die Art, wie man sich verhalten hat – sich nicht in die Tragödie flüchtet –, sondern daß man durch die Antwort, die man seiner eigenen Zeit gibt, klar macht, wer man ist. Wenn man das nicht kann, hat man seinen Beitrag für die Zukunft nicht geleistet. Denken Sie an irgendeinen großen Mann oder eine große Frau. Wie kann man sie von der Zeit trennen, in der sie gelebt haben? Man kann es nicht. Ihre Größe liegt in ihrer Antwort auf jenen Augenblick. Aber reden wir nicht mehr von Größe und kommen wir auf das zurück, wovon ich eben sprach. Der Krieg. Siegfried sagte etwas Wunderbares –« *(Sassoon)* – »Er führte seine Truppe zur Front, und sie marschierten eine Straße ent-

lang, die von der Artillerie beschossen worden war, und er sah neben der Straße einen toten Soldaten mit zerschmettertem Schädel liegen. Es war ein schrecklicher Schock. Ich glaube, es war der erste Tote, den er sah. Und er sagte, daß man nach einer Weile überall Tote sah und sich irgendwie damit abfand. Aber dieses Sich-Abfinden machte ihn rasend, und er sagte diesen wunderbaren Satz: *Ich halte immer noch daran fest, daß ein normales menschliches Wesen ein Recht darauf hat, über einen verstümmelten Leichnam entsetzt zu sein, auf den es während eines Nachmittagsspaziergangs stößt.* Was uns also verweigert wurde, war, normale Menschen zu sein. Alle unsere normalen Glaubenssätze und Erwartungen lösten sich in nichts auf. *Sie lösten sich in nichts auf.* Es gab so viel Tod. Niemand kann sich das vorstellen. Dies waren keine *Unfälle* oder die stillen Tode alter Menschen, auf deren Sterben man vorbereitet ist. Dies waren Morde. Tausende von Morden. Alle unsere Freunde wurden . . . ermordet. (PAUSE) Ich weiß, ›die Bombe‹ ist schrecklich. Aber wenn die Bombe fällt, sterben wir alle zusammen. Im Krieg mußte man es Tag für Tag aushalten, Woche für Woche – Monat für Monat – Jahr für Jahr. Jeden Tag ein anderer Freund. Was ich heutzutage so hasse, sind die Leute, die nicht dabeigewesen sind und zurückblickend sagen, wir seien abgestumpft gewesen. Das Herz fror einem ein – ja. Aber zu behaupten, wir hätten uns daran *gewöhnt*! O Gott, das macht mich so wütend! Nein. Alles war scharf. Unmittelbar. Männer und Frauen wie Robert und Barbara – Harris und Taffler . . . man lernte sich kennen und sah so klar und schnitt so scharf einer in des anderen Leben ein. Es gab nichts Überflüssiges. Man lebte ohne den Ballast der Intrige und der lang hingezogenen Ehrbarkeit einer romantischen Liebschaft, man berührte einfach den anderen Menschen mit seinem Leben. Manchmal bis ins Innerste seiner Seele. Robert saß Tag für Tag an Harris' Bett, und Tag für Tag kamen Barbara und Taffler Jamie besuchen. Was meine Schwester betrifft, so fällt es mir am schwersten, dies zuzugeben: ihr Schweigen in Jamies Gegenwart. War es grausam? Natürlich war es das. Ihn ihre Stimme nicht hören zu lassen. Sie müssen wissen, daß nichts von ihm übriggeblieben war. Nichts als Nerven und Schmerz und sein Bewußtsein. Keine Stimme – kein Fleisch. Nichts. Nichts als sein *Selbst*. Wie Sie sehen werden, bildet dies später eine Art Muster . . . nun, ein sehr bestimmtes Muster. Barbara steht am Fuß des Bettes. Alles Reden besorgt ein anderer.

Barbara mit ihren Blumen. Ihren Freesien. Emanationen. Da stehen sie auf dem Sims. Und sie war wie diese kalte weiße Vase und sagte kein einziges Wort. Sie stand da und beobachtete, wie sie starben – wie Steine. Ariadne und Dionysos. Das ist eigentlich kein schlechter Vergleich. Oder? Von dem einen Gott verlassen, wandte sie sich einem anderen zu. Jedes Jahr wurde Dionysos getötet, und jedes Jahr wurde er aus der Asche neu geboren. Barbara ging also jeden Tag hin und stand mit Taffler an Jamies Bett, und jeden Tag sah sie Robert Ross. Wahrscheinlich nur aus den Augenwinkeln. Aber sie bemerkte ihn. Meist kam sie hierher zurück – manchmal zusammen mit Taffler –, saß beim Feuer, ein Glas Sherry in der Hand, und beobachtete die Flammen, und Taffler erzählte von den anderen Männern im Krankenhaussaal – auch von Robert und Harris.

Mammi war diejenige, die sagte, wir sollten Robert nach St. Aubyn einladen. Aber das war erst später, und erst dann lernte ich selbst ihn kennen, und er erzählte mir alles über Harris. Nach ihrer Ankunft in England waren Robert und Harris zusammen ins Krankenhaus in Shorncliffe gekommen – Harris ging es immer schlechter, aber Roberts Beine heilten. In den Nächten, wenn beide Männer nicht schlafen konnten, sprach Harris viel. Er war noch nie im Ausland gewesen. Er war ein einziges Kind und besaß einen blendenden Kopf. Beinahe ein Dichter – vielleicht war er sogar einer. Ganz gewiß war er ein Erzähler. Während sie im Dunkeln dalagen, erzählte er Robert Geschichten von Waldbränden und von Männern, die in Winterstürmen auf See trieben. Er erzählte, wie er im Sommer ins Schiefergestein geklettert war und Vögel beobachtet hatte. Von heißen Hochtälern mit ihrem prasselnden Geröll und ihren unterirdischen Wasserläufen. Und von Walen. Er erzählte, daß er Herden von Walen schwimmend begleitet habe, und behauptete, man könne sie unter Wasser singen hören. Robert war skeptisch. Wale gaben überhaupt keinen Laut von sich. Heute wissen wir natürlich, daß Harris recht hatte. Ich selber besitze sogar eine Aufnahme von Walen. Aber Robert glaubte es nicht. Damals. Harris sagte, daß die Wale sich manchmal auf den Strand treiben ließen und daß dann die Fischer in Booten kämen und sie schlachteten. Harris sagte, daß er manchmal am Strand gelegen und sich von der Flut auf den Sand habe hinaufspülen lassen – der Sand war rot –, und er erzählte, wie er sich oft stundenlang so habe treiben lassen, nur um zu spüren, wie es ist, wenn man an Land kommt – so wie wir selber vor Millionen von Jahren als Fische oder Frösche, oder was sonst wir damals waren, an Land geschwemmt wurden – durch ein Gemetzel hindurch. Aber Robert sagte: *Wir waren immer Menschen.* Er konnte dies Gerede von Fischen und Fröschen nicht glauben. Er sagte, er glaube, daß alles war, was es war. *Nein* – sagte Harris –, *jeder, der geboren wird, kommt aus dem Meer. Der Schoß deiner Mutter ist nur ein Meer im kleinen. Und Vögel kommen aus dem Ei, wie aus einem Meer. Und Pferde liegen im Meer, bevor sie geboren werden. Die Plazenta ist das Meer. Und dein Blut ist das Meer, das sich in deinen Adern fortsetzt. Wir sind der Ozean, der auf dem Land wandelt.*« (HIER ENTSTEHT EINE PAUSE – DANN SAGT LADY JULIET:) »Ich wünschte, jemand würde ihnen das sagen, denen da unten im Ministerium für Wissenschaftliche Forschung.« (DU WECHSELST DAS BAND AUS.) »Robert fragte Harris einmal, ob er keine Angst gehabt habe, so mit den Walen zu schwimmen und mit der Flut zu treiben. Robert hatte sich immer besonders vor dem Ertrinken gefürchtet. *Nein,* sagte Harris: *Er hätte überhaupt keine Angst gehabt.* Seine Mutter war gestorben, als er drei Jahre alt war. Während er heranwuchs, hatte er allein mit seinem Vater an einem vier Meter langen Tisch gegessen, in dessen Mitte – zwischen ihnen beiden – eine Kerze brannte. Eine stille Flamme. Als Harris starb, nahm sich Robert seine Handschuhe mit den zerbissenen Fingern und den langen blauen Schal, den er immer um den Hals gewickelt hatte.« (*An dieser Stelle hört man die Töne der Messe wieder im Raum – »Kyrie eleison. Christe eleison. Kyrie eleison.« Dann beendet Lady Juliet ihren Bericht.*) »Diese letzte Szene verbindet sie alle miteinander: Robert – Harris – Barbara – Taffler – wahrscheinlich sogar Jamie. Sie dürfen nicht vergessen, daß sie einander über eine Woche lang jeden Tag gesehen hatten. Harris starb zwei Tage, bevor Robert den Gestellungsbefehl für Frankreich erhalten hatte. Er öffnete seine Augen – lächelte, so wie er immer lächelte, wenn er aufwachte – und winkte. *Danke,* sagte er. Und starb. Einfach so. Robert ging weg und wanderte im Schnee umher. Er wußte nicht, was er tun sollte. Sein Urlaub war fast zu Ende. Er wollte seinen Freund nicht Fremden überlassen. Die Armee hätte ihn begraben – aber das wäre grotesk gewesen; eine Leiche in einem Sarg unter einer Fahne, für die zu kämpfen er nie Gelegenheit gehabt hatte – und bis das alles vorbereitet gewesen wäre, wäre Robert nicht mehr dagewesen. Er hatte gegen Ende noch einmal versucht, den Vater von Harris zu erreichen – Telegramme und Briefe. Nichts. Er hatte sogar seinen eigenen Vater gebeten, von Toronto aus zu telegraphieren. Nichts. Dann löste sich das Problem – durch ein schreckliches Mißverständnis. Als Robert am Tag nach Harris' Tod ins Royal Free Hospital zurückkehrte, um sich Rat zu holen und sich um Harris' Sachen zu kümmern, entdeckte er zu seinem Entsetzen, daß Harris eingeäschert worden war. Die technischen Gründe dafür sind zu kompliziert, um von Interesse zu sein – sie hatten mit den üblichen Verfahren in der Leichenhalle zu tun, mit Personenverwechslung und einem ziemlich dummen Diensthabenden.

Es mag genügen zu sagen, daß man Robert bei seinem Eintreffen von dem Mißgeschick unterrichtete und ihm die Asche als ein *fait accompli* anbot. Sie befand sich in einer quadratischen Holzkiste von der Größe einer sehr großen Teebüchse und war in Sackleinen verpackt. Robert saß in der Eingangshalle des Hospitals, die Kiste auf dem Schoß. Er saß dort stundenlang. Er saß dort so lange, daß er noch dort war, als Barbara und Taffler kamen, um Jamie zu besuchen. Er erklärte ihnen, was geschehen war. Barbara hatte wie gewöhnlich Blumen in der Hand. Diesmal waren es Rosen. Die Frage war, was mit der Asche geschehen sollte: Robert konnte sie nicht mit nach Frankreich nehmen. Und es gab keine Kirche, die sie annehmen würde, weil niemand die Asche eines Mannes übernehmen wollte, der nicht zur Pfarre gehört hatte. Barbara sagte: *Warum verstreuen Sie sie nicht? Wo?* fragte Robert – und Taffler sagte: *Wo wäre er denn gern? Was meinen Sie?* Robert überlegte. *Im Meer,* sagte er. Aber das Meer war zu weit entfernt. Barbara schlug einen Kompromiß vor. Sie würden die Asche nach Greenwich bringen und sie im Fluß verstreuen. Der Fluß ist dort wunderschön und breit und fast so gut wie das Meer. Das taten sie denn auch. Sie mieteten eine Droschke und legten darin den weiten Weg nach Greenwich zurück – Robert saß auf dem Rücksitz, die Asche auf dem Schoß –, Barbara saß in einiger Entfernung von Taffler, die Rosen im Arm. Niemand sprach. Sie stiegen am King William's Walk aus. Es schneite. Sie beschlossen, die Asche vom Ende des Piers aus zu verstreuen. Robert ging als erster, Taffler folgte. Barbara blieb mitten auf dem Pier stehen und ließ die Hand mit den Rosen herabhängen. Wie sie sagte, konnte sie kaum durch den Schnee hindurch sehen. Es war schrecklich kalt, der Wind kam den

Fluß hinuntergefegt, klagende Pfiffe kamen von den Schiffen her. Die drei waren ganz allein auf dem Pier. Bevor er den Deckel von der Kiste löste, wandte Robert sich an Taffler und sagte: *Dies ist kein militärisches Begräbnis. Dies ist ein einfaches Begräbnis auf See. Dürfen wir die Mützen abnehmen?* Taffler, der der Ranghöhere war, sagte ja. Er zog die Mütze ab und Robert tat das gleiche. Die Flut war günstig, und die Sandbänke am anderen Ufer schmolzen im Ansturm von Schnee und Wasser. Robert löste den Deckel und hielt seine Hand einen Augenblick über die freigelegte Asche. Sie war grau. Eine Art von gelblichem Grau. Robert dachte: Ich habe noch nie gesehen, wie so etwas gemacht wird, und ich habe auch noch nie darüber gelesen – nicht einmal in *Kameraden* oder bei Joseph Conrad, und so weiß ich nicht, was man sagt. Er sagte, was ihm in den Sinn kam. *Geh in Frieden,* sagte er; *und sing mit den Walen.* Das war alles. Dann verstreute er einen Teil der Asche mit der Hand – er warf sie so weit hinaus, wie er konnte, aber der Wind trieb sie vom Wasser fort. Robert wandte sich an Taffler. Die Steine in der Prärie fielen ihm ein. Und Tafflers weite Einwürfe damals, als er in der Universitätsmannschaft war. *Sie können besser werfen als ich,* sagte er. *Bitte, würden Sie ihn mitten in den Fluß werfen?* Taffler nickte. Trotz des Schneewehens zog er die Jacke aus. Er reichte sie Barbara. Sie sagte, es sei wie eine Zeremonie gewesen. Er reichte ihr auch seine Mütze. Robert gab ihm die Kiste. Taffler wog sie in der Hand und starrte auf den Fluß, schätzte die Entfernung und prüfte die Windrichtung. Dann beugte er sich zurück und holte mit der Kiste weit aus – genau wie mit einem Fußball, und mit einem lauten, unwillkürlichen Aufschrei schleuderte er sie so weit, daß sie über die Flußmitte hinausflog und den Blicken entschwand. Barbara sagte, daß sie sehr lange dort standen und schauten, bis die Rosen zu welken begannen. Dann zog Taffler seine Jacke wieder an, und nachdem er und Robert sich wieder in ihre Mäntel gezwängt hatten, gingen die drei davon, auf die Königliche Marineschule zu. Barbara zog eine Spur von Rosenblättern hinter sich her und sagte zu Robert: *Vielleicht wissen Sie nicht, Herr Leutnant, daß General Wolfe in Greenwich geboren wurde.* Nein, Robert hatte es nicht gewußt. *Ja,* sagte Barbara, *dann wuchs er heran und eroberte Ihr Land für uns.* Robert sagte: *Nein,* gnädiges Fräulein. Ich glaube, wir haben es für ihn erobert. *Wir?* fragte Barbara. *Wir Soldaten,* sagte Robert. Dies war das erste Mal, daß er sich wirklich als Soldaten betrachtete – daß er an sich selbst als an einen Soldaten dachte. Vielleicht lag es an der Asche an seinen Fingern. An diesem Abend bestieg er am Victoria-Bahnhof den Truppentransportzug und fuhr durch die Dunkelheit nach Folkstone. Von dort aus setzte er bei Sturm nach Boulogne über. Er war in Frankreich.«

Hier endet die erste Abschrift von Juliet d'Orseys Bericht. Aber nur, weil der Chor auf der anderen Straßenseite sehr laut zu singen begonnen hatte – und weil sie »der Messe nicht widerstehen kann«.

»Bitte kommen Sie wieder«, sagte sie.

Und du wirst wiederkommen. Denn ihr gehört das Ende der Geschichte.

## 13

Am 27. Februar war Robert schließlich kurz vor Mitternacht eingeschlafen. Punkt vier Uhr am Morgen des 28. ließen die Deutschen eine Reihe von Minen hochgehen, die entlang der Anhöhe von St. Eloi gelegt worden waren. Eine davon sprengte die Schützengräben in die Luft, die fünfhundert Meter vor dem Unterstand mit dem Glasfenster lagen. Das Hochgehen der Minen war ein Zeichen für die Artillerie, das Feuer zu eröffnen, und die ganze Landschaft schien in Flammen aufzugehen. Dies war der Anfang der zweiten Phase einer Schlacht, von der die Kanadier geglaubt hatten, sie sei schon vorbei. Aber sie sollte noch fünf weitere Tage wüten. Dabei sollten 30000 Mann sterben, aber keine Handbreit Boden würde gewonnen werden. Es fing an, als Robert auf seiner Pritsche lag, zusammen mit einem Kaninchen, einem Igel und einem Vogel. Nachdem die Minen hochgegangen waren und die Kanonen die erste lange Salve abgefeuert hatten, trat ein ganz kurzer Moment der Stille ein.

In diese Stille hinein hörte man Rodwell zu Levitt sagen: »Ein schönes Menuett.«

# Drei

## *Montag, den 28. Februar, 4 Uhr morgens*

Als die Minen hochgingen, schwankte die Erde. Vor. Zurück. Vor. Ein Stück zurück. Dann brach die Bewegung mit einer Art Knacken ab – halbwegs im Nichts. Die Spalten, die sich geöffnet hatten, füllten sich mit Rauch, Gegenstände begannen zu fallen. Helme, Bücher, Dosen mit Lebensmitteln, Gasmasken und Kerzen fielen von den Borden. Dann fielen die Borde. Dann fiel die Erde in Klumpen von den Wänden.

Robert hielt sich an dem Maschendraht, bis das Schwanken aufhörte. In diesem Augenblick stürzte er. Er lag auf dem Bauch, die Tierkäfige mit den Armen schützend, ehe ihm klar wurde, wo er sich befand. Einen Augenblick lang war er taub. Alle Geräusche waren gedämpft und kamen von drinnen – von tief drinnen in seinem Kopf. Der Inhalt eines Mehlsacks und Talkumpuder aus einem Rasieretui schwebten in der Luft. Seine Augen ließen sich nicht schließen, weil die Lider mit einer Art Brei verklebt waren. Der Mund und die Nasenlöcher waren mit Erde verstopft. Blut lief ihm die Kehle hinunter, weil es nicht durch die Nase abfließen konnte.

Zuerst war es ganz dunkel, alle Kerzen waren durch die Druckwelle ausgelöscht worden. Dann begann Licht von den Bränden draußen durchzusickern, weil sich der Vorhang vor der Türöffnung an einer Seite gelöst hatte, und Robert konnte jetzt die Umrisse der Käfige erkennen, und daß seine Pritsche sich senkrecht vor ihm hochgestellt hatte. Das Licht war trüb und dunstig: Es schimmerte gelb durch die bewegte Luft.

Erst als Rodwell sprach, merkte Robert, daß er noch hören konnte. Das Donnern der Kanonen war jetzt nicht mehr so sehr ein Lärm, sondern man hatte vielmehr ein Gefühl, als würde man immer wieder brutal geschlagen. Die Schläge trafen ihn von unten her in den Magen und den Unterleib. Irgend jemand – vielleicht auch ein Sandsack – lag auf seinem Rücken. Er konnte seine Beine nicht fühlen. Seine Füße waren tot. Er fragte sich, wo sie sein mochten. Während das Stampfen der Kanonen sich verstärkte, kam etwas wie ein Heulen, ein Gähnen von der anderen Seite des Unterstands. Robert wandte den Kopf, um zu sehen, was dort geschah.

Das Dach senkte sich.
Das gähnende Geräusch verursachten die Nägel, die sich aus den Stützbalken lösten. Das Dach bestand aus einem einzigen Stück Wellblech, das mit Erde und Sandsäcken bedeckt war. Es »fiel« nicht. Es kippte – stellte sich langsam über Roberts Seite des Unterstands auf und senkte sich auf der anderen Seite bis zum Boden. Während dies geschah, rutschten Erde und Sandsäcke langsam über das Blech und machten dabei ein Geräusch wie eine lange, tiefe Welle, die über einen Kiesstrand zurückweicht. Es schien ewig zu dauern. Robert wartete – hielt den Atem an –, er dachte, sie würden lebendig begraben. Aber die Bewegung hörte schließlich auf, und es schien, daß alles, was zusammenstürzen konnte, schon gestürzt war. Wenigstens für den Augenblick.
Der Vogel schüttelte sein Gefieder.
Das Kaninchen drehte sich mit fest geschlossenen Augen und kauerte sich in der Ecke seines Käfigs, die Robert zugewandt war, zusammen. Der Igel lag zusammengekugelt auf der Seite.
Robert sagte: »Hauptmann Rodwell?«
»Ja?«
»Wo sind Sie?«
»Ich liege auf Ihnen.«
»Können Sie sich bewegen?«
»Nein. Die andere Pritsche ist auf mir, und ich glaube, sie ist voll Erde.«
Der Draht schnitt ihnen beiden ins Fleisch.
Levitts Stimme drang unter dem Tisch hervor.
»Meinen Sie, ich sollte rauskommen?« fragte er.
»Wir spielen ja nicht Verstecken«, sagte Rodwell. »Bitte kommen Sie unbedingt heraus – falls es Ihnen recht ist.«
Das Mehl und der Staub hatten sich so weit gesetzt, daß Robert den Tisch erkennen konnte, und darunter Levitt auf Händen und Knien. Er kam hervorgekrochen – den Clausewitz immer noch an sich gepreßt –, klopfte das Buch an den Schößen seines Mantels aus, stampfte mit den Stiefeln, schlug mit den Armen und schickte Wolken von Talkumpuder in die Luft. Lavendel.
»Wo ist Poole?« sagte Robert. Er war sich plötzlich bewußt, daß von dem Trompeter nichts zu hören war.
»Wer ist Poole?« sagte Levitt.
»Verdammt noch mal«, sagte Robert, »Poole, mein Bursche! Wo ist er?«

»Bitte, schreien Sie mich nicht an, Leutnant Ross«, sagte Levitt. »Das kann ich wirklich nicht vertragen.«
Robert sagte: »Bitte können Sie versuchen, mir Hauptmann Rodwell vom Rücken zu heben?«
»Ja«, sagte Levitt, »aber bitte, schreien Sie mich nicht an.«
Robert gab keine Antwort.
Levitt – der tatsächlich unter Schock stand – blieb einen Augenblick ganz still stehen und sah sich in dem halb zusammengestürzten Unterstand um.
Robert sagte: »Worauf warten Sie noch?«
Levitt sagte: »Ich weiß nicht, wo ich mein Buch hinlegen soll.«
»Geben Sie es mir«, sagte Rodwell verständnisvoll. »Dann können Sie das Zeug hier wegräumen.«
Robert beobachtete Levitts Füße neben sich, als dieser anfing, Gegenstände wegzuzerren und über seine Schulter nach hinten zu werfen. Rodwell sagte: »Nicht so hastig. Sie tun mir weh.«
Langsam wurde das Gewicht auf Roberts Rücken leichter, das Blut begann wieder zu kreisen, es kribbelte und brannte in seinen Zehen, und er merkte, daß seine Beine unverletzt waren. Dann gab es einen plötzlichen Aufschrei und einen Ruck, und Rodwells Füße erschienen neben denen von Levitt.
Ein Stück Draht steckte in Rodwells Knie. Er riß es heraus und warf es beiseite. »Au«, sagte er und lachte.
Sie zerrten Robert an den Armen heraus und stellten ihn auf die Beine. Sobald sie ihn losließen, sank Robert in die Knie.
»Ist etwas gebrochen?« fragte Rodwell.
Robert sagte, seine Beine seien nur eingeschlafen. Er blieb einen Augenblick auf dem Boden sitzen und rieb sich die Schienbeine. Rodwell holte einen Käfig nach dem andern heraus; er inspizierte den Inhalt mit den Fingern, betastete die Tiere und machte begütigende Laute, murmelte »na – na – na« und dann stellte er die Käfige in einer Reihe in die Nähe des Eingangs, die Kröte obendrauf. Alle Tiere hatten überlebt, obgleich der Igel zusammengerollt blieb.
Levitt hob Bücher auf – staubte sie an seinem Ärmel ab und stapelte sie auf dem Tisch. Das schrägstehende Dach gab den Blick frei auf einen orangefarbenen wogenden Himmel. Langgezogene dicke Rauchwolken wie von einer Feuersbrunst trieben über ihnen her.
Rodwell begann, Kerzen zu entzünden und auf die Bücher zu stellen – die einzige waagerechte Ebene im Unterstand.

»Bitte, stellen Sie sie nicht dorthin«, sagte Levitt. »Ich tue mein Bestes, um die Sachen zu säubern und hier Ordnung zu schaffen. Ihr Burschen schmeißt nur alles durcheinander und legt die Sachen dahin, wo sie nicht hingehören! Lassen Sie meine Bücher in Ruhe!« In seiner Stimme war etwas, das an Wahnsinn grenzte und gefährlich klang. Rodwell sagte: »Natürlich. Natürlich. Wie Sie wünschen«, nahm die Kerzen und steckte sie in die Erde, wo die meisten sofort zu zischen anfingen und erloschen.

Robert stand plötzlich auf.

Poole.

Die Stufe, die in die Erde hineingegraben gewesen war und auf der er gelegen hatte, war völlig verschwunden.

Robert fing an, Trümmer wegzuräumen. Rodwell half.

»Hört auf! Hört auf!« sagte Levitt. »Ihr fangt schon wieder an. Ihr bringt alles in Unordnung!«

Rodwell drehte sich um und schlug ihn ins Gesicht.

Levitt machte sofort kehrt und stürzte aus dem Unterstand.

Rodwell sagte: »Der kommt gleich zurück. Kümmern Sie sich nicht drum.« Sie gruben weiter.

Der Schutt bestand aus einer Mischung von Lehm, Ziegelsteinen und Holzstücken. Er war teilweise heiß und teilweise eiskalt. Er stank nach Schwefel und Chlor. Wo er naß war, gruben ihre Hände nur Furchen, und nichts konnte weggeräumt werden. Das einzige, was ihre fieberhaften Anstrengungen ihnen einbrachte, war Lehm unter den Fingernägeln. Robert begann zu schwitzen. Rodwell fand auf dem Boden einen Löffel und eine Gabel, und sie benutzten diese als Grabwerkzeuge. Es war nutzlos. Trotzdem hörten sie keinen Augenblick lang auf. Eine nach der anderen fingen die restlichen Kerzen an zu blaken und erloschen. Das einzige Licht war der Widerschein des Feuers auf den Rauchwolken über dem schrägstehenden Dach. Robert merkte, wie jemand kam und neben ihnen niederkniete. Levitt war zurückgekommen. Auch er begann, schweigend zu graben. Es war nichts zu hören als die Kanonen und der schwere Atem der drei Männer. Roberts Arme und Schultern fingen an, sich zu verkrampfen. Er war sicher, daß Poole inzwischen im Lehm erstickt sein mußte. Er hatte keine Ahnung, wieviel Zeit verstrichen war, seit die Minen hochgegangen waren, aber es mußten Stunden sein. (In Wirklichkeit waren es zwölf Minuten.) Robert wollte schon aufgeben, als der Mann zwischen ihm und Rodwell anfing zu sprechen. »Wen graben wir eigentlich aus?« fragte er.

Robert fiel nach hinten.

Es war Poole.

Er war austreten gegangen und war in der Mitte zwischen dem Schützengraben und dem Unterstand von der Explosion der Mine überrascht worden. Als dann das Sperrfeuer einsetzte, hatte er nicht gewagt, sich zu bewegen.

Robert hörte sich sagen: »Das nächste Mal bleibst du da, wo du hingehörst, damit wir wissen, wo du bist.« Er war wütend vor Erleichterung.

»Ja, Herr Leutnant«, sagte Poole. Aber er lächelte dabei.

## *4.25 Uhr morgens*

Am Abend zuvor hatte Robert Levitt mit nach vorn genommen und ihn den Leuten vorgestellt. Sie waren zu siebt im Schützengraben mit einem Obergefreiten, der zwei Granatwerfer kommandierte. Sieben weitere Männer und ein Feldwebel lagen in einem Seitengraben in Ruhestellung. Sie hatten sich dort einen sehr behaglichen Unterstand gegraben, der einen Kohleofen hatte. Robert hatte nichts weiter getan als Levitt vorgestellt – er hatte kurz mit dem Obergefreiten und dem Feldwebel gesprochen und war dann gegangen. Dies war der normale Vorgang, wenn es keine besonderen Feuerbefehle gab und die Front ruhig war. Jetzt stand Robert vor dem Buntglas-Unterstand (so hatten sie ihn zu Ehren von Devlins Sammlung genannt) und schaute dort hinüber, wo der Schützengraben gewesen war.

Er war verschwunden. An seiner Stelle war ein Loch.

All dies konnte man sehen und doch nicht sehen. Roberts Augen tränten in der kalten Luft. Der Rauch der berstenden Granaten fing das Licht auf und verteilte es über das Schlachtfeld. Überall dort, wo etwas trocken genug gewesen war, um zu brennen, waren Feuer entstanden. Der Trichter selbst war mit Feuern gesprenkelt – manche brannten an seinem Rand, andere an den Wänden und in der Tiefe. Menschen tauchten im Qualm auf wie in einem Staubwirbel. Alles bewegte sich wie in Zeitlupe – sogar Gegenstände, die fielen, schienen zu schweben. Die meisten Granaten zerbarsten in der Luft, es war, als fielen alle Sterne gleichzeitig. Der Lärm war gewaltig, aber er

schien nicht mit dem zusammenzuhängen, was man sah. Das drängende, rastlose Dröhnen der Kanonen (das inzwischen von beiden Seiten kam) hatte nichts mit dem Bersten der Granaten, und das Bersten der Granaten hatte nichts mit dem Bersten der Erde unter den Füßen zu tun. Nichts paßte mehr zusammen.
Robert glitt und stolperte auf den Trichter zu. Wenigstens einer seiner Männer mußte doch überlebt haben. Aber der Graben, in dem sie gewesen waren, existierte nicht mehr. Robert begann, in nordwestlicher Richtung zu gehen, das heißt auf St. Eloi zu, wo am Horizont die ganze Stadt in Flammen stand, aber nach etwa dreihundert Schritten gab er auf. Es war Wahnsinn. Der Schützengraben selbst und alle Verbindungsgräben waren mit Toten und Verwundeten verstopft, und Sanitäter mit ihren Bahren versuchten, in die andere Richtung zu gelangen, so daß Robert sich schließlich entschloß, zum Gefechtsstand des Bataillons zu gehen; vielleicht würden Überlebende der Einheit zunächst versuchen, sich dorthin durchzuschlagen. Dies bedeutete, daß er den Weg, den er gekommen war, zurückgehen mußte, um sich dann direkt westwärts zu wenden. Die Dunkelheit war voller Löcher, und er stürzte immer wieder. Einmal fiel er hin und faßte mit der Hand in ein Gesicht. Er entschuldigte sich – obgleich er wußte, daß der Mann tot war. In einem anderen Loch war eine Ratte, sie lebte, konnte aber nicht heraus, weil die mit Wasser vollgesogene Erde jedesmal absackte, wenn das Tier versuchte, an der Seite hochzuklettern. Robert riß ein Streichholz an und faßte die Ratte am Schwanz. Sie quiekte, als er sie über den Rand hob und freiließ. Robert fragte sich später, ob er der Ratte einen Gefallen getan hatte. Aber in dem Augenblick, als er sie rettete, dachte er: *Hier ist jemand noch am Leben.* Und das Wort *Leben* erfüllte ihn mit Erstaunen.
Die Entfernung, die Robert zurückzulegen hatte, betrug ungefähr einen halben Kilometer – eine Entfernung, die er unter normalen Umständen gehend in sieben Minuten, laufend in eineinhalb zurückgelegt hätte. Diesmal brauchte er länger als eine Stunde.

## *5.30 Uhr morgens*

Robert konnte nicht zu seinem Stab durchkommen, um sich Befehle zu holen. Die meisten Leitungen lagen am Boden, und die wenigen, die noch funktionierten, waren ständig von den

Batteriekommandeuren und anderen höheren Offizieren besetzt. In dem Bauernhaus, in dem der Gefechtsstand lag, ging es zu wie in einer Börse, wenn die Kurse fallen. Es dämmerte schon, und aus den hinteren Linien strömten die Mannschaften durch die Verbindungsgräben nach vorn. Es gab auch eine Pferdebahn, die zurück nach Wytsbrouk führte, und mit Verwundeten beladene offene Güterwagen wurden von riesigen schwarzen Pferden weggebracht oder von Verwundeten, die noch gehen konnten, die Schienen entlang geschoben. Ununterbrochen quietschten und ratterten die Räder.

Die Deutschen hatten inzwischen angefangen, 59mm-Geschosse herüberzuschicken, und während Robert darauf wartete, anrufen zu können, hatten sechzig oder siebzig Granaten eingeschlagen. Glücklicherweise verfehlten sie ihr Ziel und landeten links vom Wohnhaus des Gehöftes. Die eine oder andere schlug ziemlich nahe ein, alles warf sich zu Boden. Die Stahlhelme und Blechbecher klapperten. Man konnte die Granaten durch die Luft pfeifen hören, wenn sie noch etwa vier Sekunden entfernt waren.

Nachdem eine Granate ziemlich in der Nähe eingeschlagen hatte, wandte sich ein munterer junger Mann mit glänzenden Augen an Robert und sprudelte heraus: »Ist das nicht *herrlich*?« Robert nickte unbestimmt und ging davon. Nachher sah er, wie der junge Mann an mehrere andere herantrat – auch an einen Oberstleutnant – und dasselbe sagte: »Ist das nicht herrlich? Ist das nicht einfach herrlich?« Robert ging nach draußen, lehnte sich an die Wand und rauchte eine Zigarette.

## *6.10 Uhr morgens*

Robert hatte Glück. Sein Kompaniechef, Hauptmann Leather, kam auf einem der offenen Güterwagen aus Wytsbrouk und brachte eine Abteilung Soldaten mit, vier Grabenmörser und eine Transportabteilung mit einer Menge Munition.

»Da sind Sie ja, Ross! Sehr gut!« sagte Leather, als er von dem ausrollenden Wagen absprang und über den Hof kam. Es war, als sei dieses Treffen seit Wochen verabredet. Robert suchte mit den Augen die Wagen nach einem anderen Leutnant ab, aber Leather hatte keinen mitgebracht. Roberts Magen krampfte sich zusammen, als er sich klar darüber wurde, daß er

den Befehl über das Unternehmen übernehmen würde, das Hauptmann Leather hergeführt hatte. Leather winkte ihm, ins Fernmeldebüro zu kommen, wo er sich über eine Karte beugte. Robert sollte ihm die Lage erklären. »Ganz recht«, sagte er immer wieder, als Robert ihm zeigte, wo die Minen hochgegangen waren und ihm von seinen Vermutungen über den Zustand der Schützengräben berichtete, die er im Dunkeln aufgesucht hatte. Leather sagte sogar »ganz recht«, als Robert ihm erklärte, daß er seine Leute nicht gefunden habe und fürchte, daß sie alle gefallen seien. Dann studierte Leather einen Augenblick lang schweigend die Karte und sagte schließlich: »Also folgendes« und stellte einen Plan für die neuen Geschütze auf. Geschützstellungen mußten »hier und hier« angelegt werden und »dort und dort«. *Hier und hier* war in Ordnung – aber *dort und dort* war eine Todesfalle. Robert wies darauf hin, daß die letzteren Positionen höchstwahrscheinlich am hinteren Rand des Granattrichters ganz nah an den deutschen Linien lägen. Leather sagte »ganz recht« und schien sehr befriedigt. Robert brachte keinen Ton mehr heraus.
Er wollte Hauptmann Leather auf Levitts Zustand aufmerksam machen ... er wollte ihn bitten, einen anderen jungen Offizier zu schicken ... er wollte sagen, daß die vorgeschobenen Positionen ein Wahnsinn seien ... er wollte sagen, daß die Geschütze im Schlamm versinken würden. Aber er sagte nichts. Er trat einfach mit Hauptmann Leather in die Kälte hinaus und wurde einem Feldwebel Bates vorgestellt, der die Männer befehligte. Als das erledigt war, nahm Leather ihn beiseite, wandte Bates den Rücken zu und sagte in äußerst liebenswürdigem Ton: »Ich glaube, Sie sollten wissen, daß die meisten dieser Männer schwierig sind, Ross. Sie wissen, wie Geschützbedienungen sein können. Wir scheinen den letzten Dreck zu kriegen. Aber ich glaube, in Aktion sind sie ganz in Ordnung. Ich komme nach vorn, sobald ich kann – aber ich muß auch bei den beiden anderen Batterien nachsehen.« »Danke, Herr Hauptmann«, sagte Robert – und salutierte. Er fühlte sich wie ein zum Tode Verurteilter. »Sehr gut!« sagte Leather, winkte Bates kurz zu und ging nach drinnen, um eine Tasse Tee zu trinken. Robert hörte deutlich, wie er begrüßt wurde. »Ist das nicht *herrlich*?«

## *7 Uhr morgens*

Geschützbedienung und Trägermannschaft bestanden zusammen aus zweiundzwanzig Mann, dazu kamen Robert und Feldwebel Bates. Bates war in Ordnung. Er war untersetzt und rund und kam wie Regis aus Regina. »Du meine Güte«, sagte er immer wieder, »außer zu Hause habe ich noch nie eine Gegend mit so wenig Bäumen gesehen.« Und später: »Ehrlich, Herr Leutnant. Das hier ist schlimmer als der Zyklon von 1912.« Und: »Ehrlich! Das ist schlimmer, als wenn der Wascana über die Ufer tritt.« Robert mochte ihn, weil er vom Schlachtfeld aufrichtig überwältigt schien, während die meisten Männer nichts sagten oder weniger beeindruckt waren. Sie brauchten nur genau eine halbe Stunde, um die Strecke zurückzulegen. Es war jetzt ganz hell, obgleich der Himmel sich mit Schneewolken bezogen hatte, aber wenigstens konnte man die Granatlöcher umgehen – das heißt die, die schon existierten. Die Löcher, die durch den fortgesetzten Beschuß erst unterwegs aufgerissen wurden, forderten zwei Menschenleben, aber Bates brüllte nur: »Bleibt nur ja nicht stehen, sonst schieß' ich euch selber nieder!« Robert zweifelte nicht daran und eilte mit gezogenem Revolver vorwärts, für den Fall, daß er stürzte und sich vor seinem übereifrigen Feldwebel verteidigen mußte. Er führte sie zu dem Unterstand mit dem Buntglas, denn er dachte, wenn er erst an einen Ort käme, den er wiedererkennen würde, könnte er sich zusammenreißen, ehe die Schinderei mit dem Anlegen der Geschützstellungen begann.

## *7.30 Uhr morgens*

Levitt war ruhig, fast versteinert. Es war beinahe bestürzend. Er murrte nur, weil Robert sagte, er müsse seinen Mantel ausziehen. Er konnte damit nicht durch den Schlamm waten, da der Mantel ihn leicht herunterziehen, vielleicht sogar die Ursache sein konnte, daß er versank. Dann tat Robert das, was er, wie er wußte, zu tun hatte: Er übertrug Levitt die weniger wichtige Aufgabe. Rodwell trat in die Tür des Unterstandes, um sich zu verabschieden.

»Versuchen Sie doch, zusammen mit Poole den Ofen wieder in Gang zu kriegen«, sagte Robert. »Dann könnten wir uns, wenn wir zurückkommen, einen Tee machen.«

Rodwell nickte mit finsterem Gesicht. »Ich wünschte, es würde sich aufklären«, sagte er. »Dann friert es vielleicht – und wir

kommen aus diesem gräßlichen Schlamm heraus.« Robert bemerkte, daß Rodwell bis zum Gürtel mit frischem, nassem Lehm verschmiert war.
»Was gibt's Neues bei Ihnen?« fragte er.
»Das Gleiche wie bei Ihnen«, sagte Rodwell. Seine Leute waren bis auf den letzten Mann gefallen.

## *8.15 Uhr morgens*

Als sie die Überreste des vordersten Schützengrabens erreicht hatten, stellten sie fest, daß er so zerschossen und vom übrigen Grabensystem so abgeschnitten war, daß keiner der Verwundeten und Toten, auf die Robert dort im Dunkeln gestoßen war, weggebracht worden war. Sie saßen, hockten und lagen einem überall im Weg. Kein einziger Mann war auf den Beinen. Ein Mann lag lebend auf einer Bahre, während die Träger an beiden Enden wie Raupen zusammengekrümmt dalagen – tot. Alle Verwundeten, die gehen konnten, waren weg; die, die noch da waren, würden vielleicht bis zum Ende des Tages warten müssen, bevor jemand kommen und sie herausholen würde. Robert und die anderen mußten sehen, daß sie weiterkamen. Das entsprach dem Befehl. Niemand ging zurück – nicht einmal, um einen sterbenden Kameraden zu bergen. Nur ein Verwundeter konnte bei einem anderen Verwundeten bleiben. Hier lehnten zwei Männer aneinander und teilten eine Zigarette, dort versuchte einer, des anderen Wunden zu verbinden, aber die meisten saßen allein da und starrten ins Leere. Niemand sprach. Die Toten lagen alle mit dem Gesicht im Schlamm oder der Grabenwand zugekehrt. Dies war das einzige, wodurch man sie von den Verwundeten unterscheiden konnte. Sie alle waren von einem einförmigen Grau, sogar ihr Blut hatte seine Farbe verloren. Die Luft war grünlich von der entströmten Körperwärme. Und dunkel. Der Graben war wie ein Tunnel, dessen Dach aus einer schweren schwarzen Schicht aus Qualm bestand. Das Sperrfeuer schlug hinter ihnen ein und schien weit weg. Roberts Tritte und das Wasser, das aus der ausgewrungenen Erde quoll, fielen mit einem lauten Ticken in die Pfützen.
Ganz plötzlich erhob sich ein kalter Luftzug.
Robert blieb stehen.
Bates kam heran und hockte sich neben ihn.

Das Ende des Grabens war vollständig aufgerollt worden, und eine Erdfalte hatte sich gebildet, die gespickt war mit Fetzen von Holz und Wellblech. Es steckten Öfen darin, die noch zischten, Räder, Stahlhelme und geplatzte Sandsäcke – *Rükken*, die zu Menschen gehören mußten; Stiefel und Gewehre und eine menschliche Hand. Robert wagte nicht, die Erde anzusehen. Er wünschte, er wäre kurzsichtig. Er war froh, daß er Handschuhe anhatte.

Die »Falte« war ungefähr knapp zwei Meter hoch – auf der anderen Seite im freien Gelände lag der Trichter. Von dort aus, wo sie lagen, konnten sie nur die Strecke sehen, die sie zurücklegen mußten. Fünfzig Meter. Einhundertfünfzig Schritte. *Sekunden, wenn ich laufen könnte,* dachte Robert. Er und Bates krochen aus dem Schutz des Grabens heraus auf den oberen Rand der Falte. Robert inspizierte mit dem Feldstecher den Rand des Trichters, suchte ihn nach festen Stellen ab, wo man Halt finden könnte. Es lagen Leichen dort – aber nicht so viele, wie Robert erwartet hatte. Nur etwa ein Dutzend waren über die Trichterwände verstreut. Der Grund war mit Wasser gefüllt. Er konnte sehen, wie das Wasser stieg. Man konnte unmöglich schätzen, wie tief es war – oder noch werden würde. Das ganze Gebiet von St. Eloi lag unter dem Meeresspiegel. Bevor der Deich gebaut wurde, war hier vielleicht ein Binnenmeer gewesen.

Bates betrachtete nicht das Gelände. Er betrachtete Robert. Hier war eine unbekannte Größe – ein Kind in Reithosen mit einem blauen Schal um den Hals, dessen Aufgabe es war, sie da heraus- und lebend wieder zurückzubringen. Dies war – für Bates – der größte Schrecken des Krieges: das, was man nicht über die Männer wußte, die einem sagten, was man zu tun hatte – wohin und wann man gehen sollte. Wenn sie nun verrückt waren – oder dumm? Wenn nun ihre Angst größer war als die eigene? Oder was war, wenn sie tapfer und verrückt zugleich waren – und von dir Tapferkeit forderten? Er wandte den Blick ab. Er dachte daran, daß man geboren wurde – und seinen Eltern vertraute. Das war vielleicht das gleiche. Auch die Eltern konnten verrückt sein. Oder dumm. Und doch – er hätte jetzt lieber seinen Vater bei sich gehabt, der ihm sagte, was er tun solle. Dann lächelte er. Er wußte, daß sein Vater nur einen Blick auf den Trichter werfen und ihm sagen würde, er solle nicht gehen. Die Geschützstellungen mußten etwa drei Meter unterhalb des gegenüberliegenden Randes in den Abhang gegraben werden. *Wie*, das war eine andere Frage. Hier hatten sie den zur Genüge bekannten Fall eines Offiziers (Hauptmann Leather), der im rückwärtigen Stab an der Karte steht, einen theoretischen Granattrichter im Kopf, den er auf phantasievolle Weise in seine Strategie einbezieht, auf eine Weise, die mit den Tatsachen nichts zu tun hat. Ein Trichter ist nur ein Loch im Boden. Sein Durchmesser kann dreißig oder hundertdreißig Meter betragen. Er kann drei oder zwölf Meter tief sein. Was macht das schon? Ein Loch im Boden ist ein Loch im Boden. In einer Schlacht hat man nur eine Verwendung dafür. Man plaziert dort seine Granatwerfer und eröffnet das Feuer.

Robert dachte: In einer, in spätestens zwei Stunden habe ich es hinter mir. Alles, was geschehen wird, wird bis dahin geschehen sein. Ich werde wieder im Unterstand sein und mit Rodwell und der Kröte Tee trinken. Und ich werde einen Melder losschicken, um zu berichten, daß es erledigt ist. Es wird vorbei sein.

»Sind Sie bereit, Bates?«

»Ja, Herr Leutnant.«

»Sehen Sie das Ding, das wie ein Skistock aussieht?«

»Ja, Herr Leutnant.«

»Wir halten darauf zu.«

»Ja, Herr Leutnant.«

Robert sagte Bates, er solle warten, bis er über den Rand sei und eine Stelle gefunden habe, wo er stehen könne; dann sollte er ihm folgen. Die Männer sollten erst nachkommen, wenn der Weg gesichert war.

»Ja, Herr Leutnant.«

Robert legte sich flach hin und fing an, durch den Schlamm zu robben. Hier war der Schnee nicht liegengeblieben. Er war vollständig weggeweht worden. Robert verfluchte seine Gasmaske, die ihm in einem Segeltuchbeutel um den Hals hing. Sie rutschte ihm immer wieder unter die Brust und drückte gegen sein Brustbein. Der Feldstecher schlug ihm gegen die Rippen. Sein Nacken war steif wie ein Brett. Robert wartete auf den Schuß, der ihn töten würde. Alle sagten, daß man diesen Schuß nicht hörte. Es hieß, wenn man getroffen wurde, hörte man nichts. Aber woher konnte jemand, der noch lebte, das wissen?

Er mußte dem Trichter den Rücken zuwenden, um die Beine über den Rand zu heben. Er konnte sehen, wie Bates ihn

beobachtete – und dabei an seinem Daumennagel kaute. Er zog die Knie bis ans Kinn. Dann ließ er einfach los und begann, auf den Grund des Trichters zuzurutschen.
Die Gasmaske geriet ihm unters Kinn, und er fürchtete, sie würde ihm den Hals brechen oder sich in die Luftröhre bohren. Er krallte sich in die Erde, die ihm durch die Finger glitt, versuchte verzweifelt, seinen Fall zu bremsen, ihn aufzuhalten. Er hatte gewußt, daß die Erde naß sein würde – aber er hatte sie sich nicht wie Schmieröl vorgestellt. Nichts, was er zu fassen bekam, bot einen Halt. Er griff sogar, ohne es zu wollen, nach einer ausgestreckten Hand, und eine der Leichen rutschte an ihm vorbei, mit dem Kopf voraus ins Wasser hinein. Schließlich stießen seine Knie auf etwas Hartes. Es war ein Lewis-Gewehr, das in der Erde stak. Robert schrie vor Schmerz auf. Er hatte das Gefühl, seine Kniescheiben seien abgerissen worden. Aber sein Sturz war aufgehalten. Er befand sich ungefähr auf halber Höhe der Wand.
Robert wälzte sich auf den Rücken und setzte sich auf. Das Gewehr ragte zwischen seinen Beinen hervor. Er rieb sich die Knie. Der Schmerz war fast unerträglich. Er schaute sich um, konnte aber Bates nicht sehen; das bedeutete, daß Bates ihn auch nicht sehen konnte. Er konnte überhaupt niemanden sehen außer dem Toten unten, der mit ausgestreckten Armen dalag, den Kopf unter der Wasseroberfläche. Robert richtete sich ganz langsam auf. Das Lewis-Gewehr stak so tief in der Erde, daß er sich daran hochziehen konnte. Es entstand eine Art Vorsprung, auf dem er stehen konnte, solange er sein Gleichgewicht hielt.
Er mußte an eine Stelle gelangen, wo man ihn sah, damit er Bates ein Zeichen geben konnte, daß er mit den anderen nachkommen sollte. Er begann, sich wie ein Bergsteiger den Trichter entlang zu bewegen, indem er die Füße nach außen drehte und die Absätze in den glucksenden Lehm bohrte. Er ertrug den Schmerz in den Knien mit zusammengebissenen Zähnen. Seine größte Angst war, er könnte ausrutschen und ertrinken. Erschossen zu werden schien gar nicht so schlimm. Der Schlamm war so ölig, daß er nur mit der Hand dagegen zu pressen brauchte, damit sich eine stinkende Flüssigkeit wie ein fauliger Schweiß darauf sammelte. Beim Hochsteigen wandte er den Kopf hin und her und entdeckte schließlich Bates, der rechts von ihm, erschreckend weit oberhalb von ihm, über den Rand stieg. In etwa sieben Meter Entfernung. Robert sah, wie

er bis zu dem Lewis-Gewehr rutschte, sah, wie er auf die Füße kam und weiterging.
Einer nach dem andern kamen die Männer hinter Bates her, ohne daß es einen Zwischenfall gab. Sie landeten ebenfalls auf dem Lewis-Gewehr und fingen an, den Trichter entlangzugehen. Diejenigen, die die Granatwerfer trugen, ließen die einzelnen Teile an Stricken zu ihren Kameraden unten herab. Die Männer mit den Spaten rutschten im Freistil herunter, die Spaten klirrten über ihren Köpfen.
Immer noch gab der Feind kein Zeichen von sich. Nicht einmal Schrapnells fielen in ihrer Nähe. Dieses »Schweigen« machte Robert nervös – er glaubte, jeden Augenblick würde der Trichter von plötzlich auftauchenden Deutschen wimmeln. Wenn das geschah, so hatten sie keine Chance zu überleben. Sie würden dastehen wie auf dem Präsentierteller, und das wäre dann das Ende. Robert war als einziger bewaffnet – sie hatten natürlich die Granatwerfer, aber die waren nutzlos, solange sie nicht zusammengesetzt und aufgestellt waren.
Robert war jetzt genau unter dem »Skistock«. Glücklicherweise war die Wand hier nicht so steil wie an der Stelle, an der sie über den Rand gekommen waren. Robert konnte ganz leicht nach oben steigen, bis er auf Armeslänge an den Rand herangekommen war. Jenseits des Randes lagen die letzten vier Meter Niemandsland, dann kamen die deutschen Gräben. Die Geschützstellungen konnten dort gegraben werden, wo er stand. Von einem mathematischen Gesichtspunkt aus war das keine schlechte Position. Robert schaute nach unten und gab Bates einen Wink. Das bedeutete, daß die Pioniere heraufkommen und mit dem Graben beginnen konnten. Dann drehte er sich um und betrachtete den Gegenstand, den sie als »Skistock« bezeichnet hatten.
Es war ein Skistock.

## *8.50 Uhr morgens*

Vier Männer gruben. Sechs oder sieben Meter von der ersten Plattform entfernt, auf der Robert saß, hatte man angefangen, eine zweite zu graben. Niemand sprach. Robert schaute nach unten und sah, daß einer der Kanoniere Erdklumpen in die Wasserlache auf dem Grund warf – wie ein Kind an einem Sonntagnachmittag im High Park.

Er zog sein Notizbuch und einen Bleistiftstummel heraus und begann, indem er den Winkel, den der Abhang am Trichterrand bildete, abschätzte, mit seiner Berechnung. Er hatte sich so hineinvertieft, daß er kaum merkte, daß das Sperrfeuer aufgehört hatte. Er hatte seine Geometrieaufgabe halbwegs gelöst, als es in seinem Ohr knackte und die Stille hineindrang.

Der Kanonier unten hatte schon wieder einen Klumpen Erde hinuntergeworfen. Er landete wie eine Bombe im Wasser. Keiner rührte sich. Jeder lehnte sich automatisch gegen die Erde hinter seinen Schultern. Das Schweigen konnte nur eins bedeuten. Die Deutschen würden angreifen. Ganz plötzlich sang ein Vogel über ihren Köpfen. Jemand stieß einen Fluch aus, als ob der Vogel sie verraten hätte.

Robert starrte nach oben. Der Himmel über dem Trichterrand zeigte blaue Flecken. Die flachen, stahlgrauen Wolken brachen auf und trieben auseinander. Das war gefährlich. Der Qualm hatte begonnen, sich zu bewegen. Er trieb auf ihre eigenen Linien zu und löste sich dort auf. Sie hatten keine Deckung mehr. Robert steckte sein Notizbuch und den Bleistift sorgfältig weg und zog seine Automatik. Er tastete nach der Reservemunition in seinen Taschen. Es waren nur sieben Magazine. Jedes Magazin hatte sieben Patronen. *Sieben. Sieben. Sieben mal sieben. Ist neunundvierzig. Plus sieben. Ist sechsundfünfzig.* Wenn er noch keinen Schuß abgegeben hatte – aber er konnte sich nicht erinnern. Er hatte einmal auf eine Pfirsichdose geschossen. Aber wann?

»Herr Leutnant?« sagte einer der Männer, der bei ihm auf der Plattform stand.

»Still!« sagte Robert. Beide flüsterten.

»Aber Herr Leutnant ...«

Der Mann streckte die Hand aus.

Robert schaute.

Über den Trichterrand kam etwas gekrochen – ein blaßblauer Nebel. Wie ein Schleier, so wie seine Mutter sie trug.

Robert blinzelte.

Es rollte sich über den Rand und begann, sich über ihren Köpfen auszubreiten – schwebte auf einer Schicht kalter, feuchter Luft, die aus der Pfütze unten aufstieg.

Jesus.

Gas.

Bates kam auf den Vorsprung gekrochen.

»Masken aufsetzen«, flüsterte Robert. Die Luft war von leisem Zischen erfüllt. So nahe waren die Gaskanister.
Bates starrte nur nach oben.
»Setzen Sie die Gasmaske auf, Feldwebel Bates!«
»Ich kann nicht«, sagte Bates.
»Was zum Teufel soll das heißen?« Robert drehte sich um und schrie den Männern unten mit heiserer Stimme zu: »Masken aufsetzen.«
»Wir *können* nicht, Herr Leutnant«, sagte Bates. »Wir wurden so schnell losgeschickt, daß an niemand Masken ausgegeben wurden.«
»An *jeden* Mann wird eine Maske ausgegeben!« schrie Robert laut. (Es war, als hätte man ihm gesagt, keiner der Männer hätte Stiefel bekommen.)
»Nein, Herr Leutnant«, sagte Bates. »Das stimmt nicht.« Er bebte. Zitterte. Seine Stimme war kaum zu hören. Robert hätte ebensogut Gott anbrüllen können, es wäre genauso sinnlos gewesen. Er schaute zu den wogenden Gasschleiern hinauf. Sie breiteten sich weiter aus – lagen wie ein Spinnennetz über dem Trichter –, trieben auf die andere Seite hinüber. Einige Stränge wälzten sich auf sie zu.
Robert überlegte nicht einmal. Er schrie einfach: »Springt!« und sprang in die Luft.
Die anderen sahen sich nach dem Gas um, und da sie merkten, daß ihnen nichts anderes übrigblieb, sprang einer nach dem andern hinterher. Einige sprangen zu kurz und rutschten den Rest des Weges, aber die meisten landeten Hals über Kopf, einer auf dem andern, im Wasser.

Innerhalb von Sekunden war alles ein Alptraum. Nur zu schnell entdeckten sie, daß sie keinen Grund unter die Füße bekamen. Drei der Männer konnten nicht schwimmen. Einer hatte sich beim Fallen beide Beine gebrochen. Zwei oder drei Leichen, die an den Wänden des Trichters gelegen hatten, waren hinter ihnen hergerutscht und versanken wie Steine. Aber gleich darauf trieben sie an die Oberfläche, und als Robert und Bates mit den Männern, die nicht schwimmen konnten, sich zum Rand vorkämpften, stellte Robert fest, daß er einen Mann rettete, der schon tot war. Er stieß die Leiche ins Wasser zurück, aber sie versank diesmal nicht mehr, und er mußte die Hände des Toten von seinen Stiefeln wegtreten. Die Männer schrien – jegliche Vorsichtsmaßnahme wurde außer acht gelas-

sen. Einen Augenblick lang waren sie keine Soldaten mehr, sie waren acht Männer, besessen von panischer Angst, gefangen auf dem Grund eines Abflußloches, und sie würden entweder ertrinken oder vom Gas erstickt werden. Acht Männer und eine Gasmaske. Robert mußte um ihren Besitz kämpfen, und schließlich wehrte er sich mit Fußtritten gegen Lebende und Tote. Endlich gelang es ihm, auf dem Rücken liegend, die Pistole aus der Tasche zu ziehen; er nahm sie in beide Hände und zielte auf Bates.
»Rufen Sie die Männer zurück«, sagte er, »oder, bei Gott, ich schieße!«
»Zurück«, sagte Bates. Robert saß da, die Pistole auf ein Knie gestützt. Er zitterte so heftig, daß Wassertropfen von seinem Kopf spritzten. Er schluckte, den Blick auf das Gas gerichtet. »Also, ihr verdammten Kerle tut jetzt genau, was ich euch sage.« Einer der Männer begann zu laufen. Robert schoß. Der Mann fiel, war aber nicht getroffen. Robert hatte absichtlich daneben gezielt. »Also«, sagte er, »wenn ihr überleben wollt, habt ihr noch genau zwanzig Sekunden. Holt eure Taschentücher heraus.«
»Wir haben keine Taschentücher«, sagte Bates.
»DANN REISST EIN STÜCK VON EUREN VERDAMMTEN HEMDEN AB!«
Bis auf einen langten sie wie gescholtene Kinder nach hinten, zogen das Hemd heraus und rissen ein Stück ab. Der Mann mit den gebrochenen Beinen lag am Rand des Wassers. Er hatte schon die Farbe des Todes. Seine Hände waren voller Lehm. Er sagte kein Wort. Er hatte sich die Lippen blutig gebissen, die Zähne waren in das Fleisch gedrungen. Robert warf Bates die Gasmaske zu. »Ziehen Sie ihm die übers Gesicht. Und denken Sie daran, die Pistole ist auf Ihren Rücken gerichtet.« Bates gehorchte – er kroch auf Händen und Knien auf den Mann zu. Die anderen warteten benommen, den Fetzen Hemdenstoff in der Hand, und starrten Robert mit offenem Mund an. »Was sollen wir machen?« fragte einer. »Der Fetzen wird uns nicht retten. Nicht, wenn es Chlor ist.«
»Pißt darauf«, sagte Robert.
»Was?«
»PISST DRAUF!!!«
Die Männer sahen alle Bates an, der die Maske über das Gesicht des Verwundeten gezogen und sich wieder umgedreht hatte. Er sah Robert an und zuckte die Achseln. Er nickte den Männern zu. Dann kniete er nieder und fing an, an seinem Hosenschlitz

zu fummeln. Er war überzeugt, daß Robert den Verstand verloren hatte – aber einem Mann mit einer Pistole mußte man gehorchen, ob er nun verrückt oder bei Verstand war. Dies war die Hölle. Bates hatte solche Angst, daß er zurücksank, wie ein Kind im Sand saß und in seinem Unterzeug nach seinem Penis zu greifen versuchte, der vor Angst geschrumpft war. Das Gas strömte auf sie zu – zwei Meter – eineinhalb – eineinviertel. Bates war sicher, daß sein Darm sich entleeren würde. Seine Eingeweide waren zu Wasser geworden. Er fiel auf die Seite. Schließlich hatten seine Finger den Penis gefaßt. Er schloß die Augen. Er betete: *Lieber Gott, laß mich pissen.* Aber er konnte nicht. Auch einer der anderen Männer konnte nicht, und dieser begann zu weinen, bis Robert ihn anschrie: »Verdammt! *Verdammt!* Gib her!« Und er riß dem Mann den Fetzen weg und urinierte selber darauf. Dann warf er den triefenden Lappen dem Mann zu und sagte: »Leg ihn dir aufs Gesicht.« Aber der arme Kerl war so entsetzt und verwirrt, daß er sich den Lappen auf den Kopf legte. Robert mußte ihn noch einmal packen und ihn dem Mann ins Gesicht klatschen, so daß es von den Augen bis zum Kinn bedeckt war. Dann sagte Robert: »Alle andern tun das gleiche und legen sich flach hin, das Gesicht in den Händen.« Sie gehorchten wortlos. Das Gas stand jetzt sechzig Zentimeter über ihren Köpfen. Schließlich konnte Bates nicht mehr an sich halten. Seine Muskeln gaben nach wie zerfetztes Garn, und er beschmutzte sich, während er urinierte. Was machte es schon. Sie würden alle sterben. Er legte sich den nassen Hemdfetzen übers Gesicht, wälzte sich auf den Bauch und drückte sein Gesicht in den Schlamm. Das Bild seines Vaters ließ ihn im Stich. Sein Gehirn war lerr.
Inzwischen hatte Robert alles, was noch in seiner Blase war, in sein Taschentuch getröpfelt und sich auch hingelegt – wie ein Pilger in den Schmutz.

## *9.30 Uhr morgens*

Sie warteten.
Was sie retten würde – wenn es sie rettete –, war ein Bild, das ungebeten in Roberts Vorstellung aufgetaucht war – das Bild eines langweiligen Klassenzimmers in einem längstvergangenen Winter. Das Bild war so klar und bestimmt wie die Worte: *zwei winzige Flaschen, die nebeneinander stehen.* Kristalle

bilden sich in der Luft. *Ammoniumchlorid* – jemand bläst ein harmloses Pulver, das aussieht wie Staub, von seinem Handrücken.
Chlorid in einer winzigen Flasche – aber was war in der anderen? Glockenklar – so klar, daß er glaubte, es laut zu hören – kam es von Clifford Purchas Lippen, der, ganze zwölf Jahre alt, Robert kichernd in die Rippen puffte. »*Pisse*«, hatte er gesagt – und war aus der Klasse gewiesen worden, weil er es sagte. Jetzt könnte dieses eine Wort sie vielleicht retten. Der Ammoniak in ihrem Urin würde das Chlor in harmlose Kristalle verwandeln, die man nicht einatmen konnte.

### *10.30 Uhr morgens*

Sie warteten immer noch.
Das Gas hatte begonnen, sich aufzulösen. Der Wind war stärker geworden. Immer mehr Wolken wurden vom Himmel gefegt. Es wurde sehr kalt. Aber Robert und seine Männer wagten nicht, sich zu rühren. Jeden Augenblick konnten die Deutschen auftauchen, denn gewiß war das Gas eine Vorbereitung auf ihren Angriff gewesen. Und wenn die Deutschen kamen, konnten sie sich nur noch totstellen und beten.

### *12.15 Uhr mittags*

Die Sonne starb, als sie im Zenit stand.

Die Krähen begannen einander zu rufen.

Es fing auch an zu schneien.

### *1 Uhr mittags*

Robert drehte langsam den Kopf auf eine Seite. Er hatte seit drei Stunden vollkommen bewegungslos gelegen. Sein Nacken war gefühllos. Er schob seine Hand unter die Wange. Da er Handschuhe trug, fühlte sich die Hand an wie die eines Fremden. Sein Haar war zu Zapfen gefroren, die ihm in die Augen hingen.
»Bates?«

Es kam keine Antwort.
»Bates?« Ein wenig lauter.
»Ja, Herr Leutnant«, irgendwo zur Linken.
»Ich drehe mich jetzt auf den Rücken. Aber außer mir bewegt sich niemand.«
»Ja, Herr Leutnant.«
Robert drehte sich auf die Seite. So weit – so gut. Kein Laut war zu hören. Dann rollte er herum, die Arme weit über den Kopf gestreckt. Er sah aus wie ein Kind, das den »Engel« im Schnee macht. Das Taschentuch war an seinem linken Handschuh festgefroren. Als er nach hinten blickte, sah er es weit weg am Ende seines Arms wie in einem anderen Land. Ein Vogel sang, eine Art Ammerfink: ein langer, fallender Ton, drei schwebende Töne. Dies war der Vogel, der schon einmal gesungen hatte. Robert wartete darauf, daß er noch einmal sänge. Er tat es nicht. Robert versuchte, jeden Punkt des Trichterrandes in seinem Gesichtsfeld scharf ins Auge zu fassen. Der Vogel hatte ihn sehr nervös gemacht. *Rob der Ranger* pfiff immer wie ein Ammerfink, wenn er einen Indianer im Wald entdeckte. Und die Indianer schrien wie Eulen und heulten und bellten und winselten wie Wölfe. Räuber konnten wie Katzen *miauen*. Jeder, der sich versteckte, imitierte ein Tier.
Nachdem er sich auf den Rücken gerollt hatte, war Robert die einzige braune Gestalt in der Landschaft. Das konnte nur eins bedeuten: Er lebte. Alle anderen, die sich totstellten, waren mit Schnee bedeckt. Robert dachte: Nun gut – bis jetzt hat mich niemand erschossen. Wenn jemand uns beobachtete, hätte er mich inzwischen bestimmt erschossen.
Immer noch fiel Schnee. Er setzte sich an seinen Wimpern fest und färbte sie weiß. Robert konnte ihn auf den Lippen schmecken. Er konnte eine einzelne Flocke auf seiner Nasenspitze spüren. Er richtete sich auf, stützte sich auf die Ellbogen, zog die Arme an sich, faßte mit der rechten Hand an die Webley.

Er hob den Blick zum Trichterrand.

Nichts.

Er drehte den Kopf nach links.

Der Vogel sang.

Robert erstarrte.

Ein deutscher Soldat schaute durch seinen Feldstecher genau zu ihm hin.

Robert starrte zurück. Ohne sich zu rühren.

Der Deutsche, der genau am Rand des Trichters lag, senkte das Fernglas. Robert konnte seine Augen sehen. Er war sehr jung. Vielleicht achtzehn. Er war kein Offizier und trug keine Mütze. Er hatte nicht einmal einen Helm auf. Auch seine Haare waren gefroren, aber sie waren blond. Er trug Wollhandschuhe ohne Fingerlinge.
Robert konnte ihn so deutlich sehen, daß er bemerkte, wie er schluckte, so als wäre er nervös.
Bates sagte: »Herr Leutnant?«
Robert versuchte zu sprechen, ohne die Lippen zu bewegen. »Rühren Sie sich nicht«, sagte er. »Da ist jemand.«
Bates gab keine Antwort, aber Robert hörte einen anderen Mann in den Schlamm hineinfluchen. »Still«, sagte er, und während er es sagte, sah er vor einem jeden die schreckliche Erscheinung, die sie alle verraten konnte. Ihren Atem. Er flüsterte: »Keiner hebt den Kopf. Atmet weiter zum Boden hin.«
Während dieser ganzen Zeit hatte Robert sich nicht gerührt. Während dieser ganzen Zeit hatte der Deutsche sie beobachtet. Robert dachte: Es muß einen Grund geben.

Er setzte sich auf.

Nichts geschah.

Der Deutsche fuhr fort, Robert anzustarren – er benutzte nicht einmal sein Fernglas. Er schien darauf zu warten, daß Robert die Initiative ergriff.
Robert dachte: Er ist nicht bewaffnet. Das ist es. Er ist nicht bewaffnet. Er hat nicht uns gefangen – wir haben ihn gefangen. Er hat Angst, sich zu bewegen.
Ganz langsam zog Robert seine Webley und hielt sie so, daß der Deutsche sie sehen mußte. Er wollte sie noch nicht auf ihn richten. Er wartete darauf, was für eine Reaktion die Pistole allein auslösen würde. Der Deutsche hob sein Fernglas. Dann senkte er es wieder – das war alles.
Robert sagte: »Bates? Haben Sie keine Angst, es ist nur einer, und ich glaube nicht, daß er eine Waffe hat. Versuchen Sie, sich

auf den Rücken zu drehen. Wir wollen sehen, was geschieht. Ich habe ihn im Schußfeld.«
Bates drehte sich auf den Rücken.
Der Deutsche wandte den Blick von Robert ab – sah, daß Bates sich bewegt hatte. Dann sah er wieder Robert an. Er nickte. Es war verblüffend. Er nickte!
Robert verstand zuerst nicht recht, aber dann hob der Deutsche den Kopf, als wollte er sagen: *Steht auf.*
»Stehen Sie auf«, sagte Robert zu Bates. »Stellen Sie sich aufrecht hin. Er wird nicht schießen.«
Auch Bates hatte den Deutschen beobachtet. Er stand auf.
»Was jetzt?« sagte er.
»Gehen Sie nach oben«, sagte Robert. »Gehen Sie den Weg, den wir gekommen sind. Gehen Sie einfach. Aber gehen Sie langsam. Erschrecken Sie ihn nicht.«
Bates trat hinter Robert, aus seinem Gesichtsfeld heraus, aber Robert hörte ihn durch den Schlamm stapfen und platschen, und dann hörte er das Geräusch fallender Brocken, als Bates den Steilhang hinaufkletterte. Robert wandte seinen Blick keinen Augenblick von dem Deutschen, und der Deutsche wandte seinen Blick keinen Augenblick von Bates. Die Neigung seines Kopfes war wie ein Spiegel. Sie zeigte Bates' Weg bis zum Rand hinauf. Und als Bates sicher oben angekommen war, blickte der Deutsche wieder zu Robert hinunter und lächelte.
Robert stand auf. Er winkte dankbar. Was auch immer der Grund war – der Deutsche beabsichtigte offenbar, sie alle laufen zu lassen.
»Gehen Sie jetzt alle zu Bates hinauf«, sagte Robert. »Bleiben Sie nicht stehen und schauen Sie sich nicht um. Gehen Sie, soweit es möglich ist, mit erhobenen Händen, damit er sieht, daß Sie nicht bewaffnet sind. Vielleicht ist er verrückt – aber er wird uns nicht umbringen.«
Einer nach dem andern begannen vier der Männer, auf das Lewis-Gewehr zuzustolpern. »Stehen Sie auf«, sagte Robert zu dem fünften. Er glaubte, der Mann sei eingeschlafen. Als dieser keine Antwort gab, ging Robert zu ihm und drehte ihn mit der Stiefelspitze um. Es war der Mann, der geweint hatte und dem die Nerven durchgegangen waren. Tot. Seine Augen starrten weit offen ins Leere. Er war an seinem Hemdfetzen erstickt.
Robert drehte ihn wieder um, so daß das Gesicht im Schlamm lag. Dann ging er zu dem Mann mit den gebrochenen Beinen.

Der Deutsche beobachtete ihn die ganze Zeit, aber Robert fühlte sich vollkommen sicher. Er hockte sich an den Rand des Wassers und stellte erstaunt fest, daß es hart gefroren war. So kalt war es während der drei Stunden geworden, die sie dort gelegen hatten. Auch dieser Mann war gestorben. Wahrscheinlich durch Schock. Robert konnte seine Augen nicht sehen. Der Atem war in der Gasmaske gefroren. Der letzte Atemzug des Mannes war zu einer Eisscheibe geworden.

Jetzt war Robert an der Reihe, hinaufzuklettern.

Er würde dem Deutschen den Rücken zukehren müssen.

Nun, es gab keine andere Möglichkeit.

Er machte sich auf den Weg.

Er stieg wie in einem Traum. Für jeden Schritt vorwärts glitt er zwei zurück. Fast hätte er seine Pistole fallen lassen. Seine Knie schmerzten fürchterlich. Harris' Schal verfing sich an dem Lewis-Gewehr, und Robert mußte ihn losreißen. Er fiel immer wieder nach vorn, glitt im Schnee aus. Einmal blickte er auf und sah, wie Bates wartete – den Deutschen beobachtete. Die andern konnte er nicht sehen. Sie waren über den Rand hinüber und in der Sicherheit des Grabens. Robert hatte noch zwei Meter zu steigen.

Ganz plötzlich schrie Bates: »Herr Leutnant!«

Was dann geschah, war so verworren und geschah so schnell, daß Robert es sich nie ganz erklären konnte. Er fiel hin. Er drehte sich um. Er sah, wie der Deutsche über den Trichterrand hinweggriff. Etwas explodierte. Der Deutsche schrie auf und war plötzlich tot, seine Arme hingen herunter.

Der Schuß, der ihn getötet hatte, hallte im Trichter wider, rollte herum wie eine Murmel in einer Schüssel. Robert dachte, es würde nie aufhören. Er kletterte zum Rand hinauf, nur um diesem Dröhnen zu entkommen, und Bates mußte ihn über den Rand ziehen. Er fiel nach hinten, und Robert fiel auf ihn drauf. Die Wärme von Bates' Körper war wie ein Schock, und die beiden Männer lagen einander fast eine Minute lang in den Armen, bevor Robert sich rührte. Er konnte nicht atmen. Er konnte nicht sprechen. Er konnte kaum sehen. Er saß da, den Kopf zwischen den Knien. Er wußte nicht einmal, daß er die Pistole noch hatte, bis er die Hand hob, um sich den Schlamm aus dem Gesicht zu wischen. Die Pistole roch nach Hitze und Öl. Er drehte sich um und kroch auf die Erdfalte zu, von wo aus sie, er und Bates, vor vielen Stunden Ausschau gehalten und den Trichter gesehen hatten. Er wollte wissen, was geschehen

war, und warum der Deutsche sich so plötzlich auf ihn zubewegt hatte, nachdem er alle anderen hatte entkommen lassen. Er hob sein Fernglas, und das erste, was er sah, war dessen Gegenstück, nur einen halben Meter von der Hand des jungen Mannes entfernt. Ein Feldstecher. Er hatte nur nach seinem Feldstecher gegriffen.
Robert sackte zu Boden. Es war noch schlimmer. Neben dem Deutschen lag ein umgebautes Mauser-Gewehr, so wie es die Scharfschützen benutzen. Er hätte sie alle töten können. Das war sicher zuerst seine Absicht gewesen. Aber er hatte es nicht getan. Warum?

Der Vogel sang.

Ein langer, fallender Ton; drei Töne, die am Rande der Traurigkeit schwebten.

Das war es gewesen.

Der Vogel sang und sang und sang, bis Robert aufstand und wegging. Der Ton würde ihn verfolgen bis an seinen Sterbetag.

Als sie durch den Graben zurückgingen, war dort niemand mehr am Leben. Sie waren alle vergast worden oder erfroren. Diejenigen, die im Wasser gelegen hatten, waren eingefroren. Alles war grün: die Gesichter – die Finger – und die Knöpfe. Und der Schnee.

## *Dienstag, den 29. Februar – Donnerstag, den 2. März*

Ein Tag verblutete in den andern. Sie verschmolzen. Tag und Nacht waren nicht mehr zu unterscheiden – die Nächte erhellt von den Flammen einer schrecklichen neuen Waffe, und die Tage vom Rauch verdunkelt. Die Erde brannte. Truppen wurden vernichtet und andere nach vorn geworfen. Kompanien wurden bis auf die Größe von Gruppen dezimiert. Seit Beginn der Schlacht hätte Robert sich mit Levitt in den Befehl über zwanzig Mann teilen sollen, aber er wußte nicht mehr, wie viele gekommen und gegangen waren. Vielleicht achtzig – vielleicht hundert. Mehr. Er würde es erst erfahren, wenn er am Ende sein Buch mit den Mannschaftslisten beim Bataillonsstab vorlegte. Wenn es ein Ende gab.

Die Waffe, mit der die Deutschen jetzt angriffen, war bei Verdun eingeführt worden. Das Ding wurde »Flammenwerfer« genannt, und Gerüchte über diese neue Waffe waren überall an der Front aufgetaucht – aber niemand hatte sie geglaubt. Männer, so hieß es, die mit Feuer gefüllte Tanks auf dem Rücken trugen, gingen der Truppe voraus und verteilten das Feuer mit Schläuchen. Wasser brannte, und Schnee ging in Rauch auf. Nichts blieb übrig. Es war tatsächlich die totale Vernichtung. Die schrecklichste aller Waffen war erfunden worden. Nur Staub und Asche blieben von Schützengräben übrig, die dicht besetzt mit Menschen gewesen waren. So lauteten die Gerüchte. Einige der Kommandeure lachten. Feuer konnte nicht aus Schläuchen kommen. Das ist doch lächerlich. Wenn Feuer aus Schläuchen kam, so würden die Männer, die sie bedienten, als erste verbrennen. (Dynamit und Tanks, Gas und Flugzeuge waren mit den gleichen Argumenten abgetan worden. 1.: Menschen würden so etwas nicht tun. 2.: Sie konnten es auch nicht. Aber dann taten sie es doch.) Die Flammenwerfer tauchten vor St. Eloi zum erstenmal am Abend des 29. auf – einem Dienstag. (1916 war ein Schaltjahr.) Gegen Sonnenuntergang waren im Niemandsland vierzehn »Träger« aufgetaucht. Sie trugen metallene Brustplatten, auf denen vorn große rote Kreuze aufgemalt waren. Dies waren nicht die Kreuze der Barmherzigkeit. Dies war das Zeichen der Einheiten, die speziell in »chemischer Kriegführung« ausgebildet waren und die erst vor einem Monat dem begeisterten Kaiser vorgeführt worden waren. Das deutsche Oberkommando hatte soviel Vertrauen in diese neue Waffe, daß sie der Offensive bei Verdun, wo sie zuerst eingesetzt werden sollte, den Beinamen »Operation Gericht« gaben. Der Ort des Gerichts.

Feuerstürme wüteten entlang der Front. Menschen gingen in die Luft, dort, wo sie gerade standen – in Stücke gerissen von der Wucht der Explosion. Stürme mit der Geschwindigkeit von Zyklonen rissen die Kanonen aus ihrer Bettung und schleuderten sie umher wie Spielzeug. Pferde stürzten mit brennenden Knochen, Menschen erblindeten in der Hitze. Blut floß aus Nasen, Ohren und Mündern. Brunnen und Quellen waren von den Leichen von Menschen, Maultieren und Hunden verstopft, die sich dorthin geflüchtet hatten. Die Stürme konnten stundenlang dauern – bis der Lehm gebrannt und die Erde versengt und vom Feuer versiegelt war.

Es war Rodwell und Poole gelungen, das Dach des Unterstandes

wieder an seine Stelle zu rücken. Levitt war völlig verrückt geworden und hockte da mit seinem Bücherstapel auf den Knien, der ihm bis zum Kinn reichte. Devlin, Bonnycastle und Roots machten Beutezüge von Wytsbrouk aus, und eines Tages gerieten Robert und Bonnycastle in Streit darüber, wer den Befehl über die Kanonen haben sollte. Aber es gab keine Kanonen. Sie waren im Niemandsland zurückgelassen worden. *Aber Roots hatte ihnen neue gebracht. Nein. Doch. Nein.* Wie viele Kanoniere waren noch am Leben? Da war ein Mann namens Bates. Rodwell verschwand für vierundzwanzig Stunden. Niemand konnte sich daran erinnern, wohin er gegangen war – oder ob seine Abteilung überlebt hatte oder aufgerieben worden war. Das Kaninchen, der Igel und der Vogel waren tot – während des Gasangriffs erstickt. Rodwell hatte die Kröte gerettet, indem er sie in den Eimer mit Trinkwasser setzte und Devlins Glasscheiben darüberdeckte. Die Kröte trank durch die Poren. Das Wasser war rein. Es war die Frage, hatte Rodwell gesagt, welchem Element man angehörte. Die Kröte hatte eine Wahl. Außerdem atmete sie während ihrer Winterstarre nur dreimal in der Minute. »Manche von uns haben Glück.«
Dann – am Freitag – trat Stille ein. Es war vorbei. Robert ging nach oben und stellte sich auf das Dach.
Es regnete.
Der Boden erlosch. Er fühlte sich noch einen Tag lang heiß an.

## *Freitag, den 3. März*

Rodwell tauchte wieder auf.
Er sollte versetzt werden.
Er verabschiedete sich von allen und sagte, er müsse einen Brief schreiben. Er aß eine Dose Pfirsiche. Bonnycastle sah ihm zu, wollte aber nur etwas von dem Saft haben. Rodwell ließ ihn aus der Dose trinken. Dann machten sie den Tisch frei. Papier wurde geholt (das herausgerissene Frontispiz des dritten Bandes von Clausewitz). Sie ließen ihn allein.
Schließlich machte Hauptmann Leather seine Aufwartung. »Hm. Also ...«, sagte er, während er das Schlachtfeld betrachtete. »Ist das nicht erstaunlich?« Dann legte er die Hände auf den Rücken und wandte den Blick ab. Robert, Levitt, Poole und Devlin sollten nach Wytsbrouk zurückkehren. Bonnycastle

und Roots sollten bei den Mannschaften bleiben. Wie schade, daß Ross die Kanonen in diesem Trichter verloren hatte, sagte er zu Robert – und sah ihm dabei gerade in die Augen. »Ich bin Ross«, sagte Robert. »Ach ja. Nun. Schade.« Dann hustete er. Sie schauten alle nach oben und beobachteten ein Flugzeug. »Frei wie ein Vogel«, sagte Hauptmann Leather. Und ließ sie stehen.

»Sie gehen zurück«, sagte Rodwell. Er reichte Robert seinen Brotbeutel. »Hier sind meine Skizzenbücher, und hier ist die Kröte. Bitte setzen Sie ihn so weit wie möglich hinter den Linien in den Schlamm. Am besten irgendwo, wo es ein wenig grün ist. Wenn es so etwas wie Grün überhaupt noch gibt!« Er lachte.
»Dieser Brief« – er reichte ihm ein gefaltetes Stück Papier – »könnten Sie dafür sorgen, daß er ankommt? Ich habe keinen Umschlag. Die Adresse finden Sie innen. Wenn Sie ihn bitte auf die Post geben könnten. Vielen Dank.«
»Wohin gehen Sie?« sagte Robert.
»Ich weiß nicht«, sagte Rodwell. »Die Front entlang.« Er zuckte die Schultern. »Passen Sie gut auf die Kröte auf. Auf Wiedersehen.«
Er streckte Robert die Hand hin.
Robert nahm sie.
»Ich werde Sie vermissen«, sagte Rodwell.
»Ja. Auf Wiedersehen.«
Der Brief war adressiert: »An meine Tochter Laurine.«

Robert, Poole, Levitt und Devlin, der seine Glasmalereien trug, stolperten zum Gefechtsstand der Batterie zurück. Dort setzten sie Levitt auf einen der offenen Güterwagen, die Verwundete transportierten. Levitt war der einzige, der aufrecht sitzen konnte. Seine Bücher – fast bis zur Unkenntlichkeit versengt – lagen neben ihm aufgestapelt. Man würde sie nie mehr lesen können.
Es war ein klarer, blauer Tag, und die Luft war eisig. Man konnte kilometerweit sehen. Robert ging neben dem Pferd. Poole ging vor ihm her, die Trompete schlug ihm bei jedem Schritt in den Rücken. Sie war beinahe schwarz angelaufen.
Levitt sagte: »Was soll jetzt mit uns geschehen, das frage ich mich?« und Devlin, der neben ihm ging, antwortete: »Wir sollen uns für eine Weile ausruhen.«

## *Sonntag, den 5. März*

Am Samstag erreichte Robert die Nachricht, daß Rodwell sich erschossen hatte. Offenbar war er »die Front entlanggegangen« und einer Kompanie zugeteilt worden, die während der ganzen Feuerstürme in vorderster Linie gewesen war, ohne abgelöst zu werden. Einige der Männer waren verrückt geworden. Das war vielleicht verständlich. Als Rodwell ankam, stellte er fest, daß sie Mäuse und Ratten umbrachten – sie lebendig auf ihren Kochfeuern verbrannten. Rodwell, da er Rodwell war, hatte versucht, sie daran zu hindern. Sie ließen sich nicht hindern – und da sie merkten, daß es ihm naheging, hatten sie ihn gezwungen, zuzusehen, wie eine Katze getötet wurde. Eine halbe Stunde später war Rodwell ins Niemandsland hinausgewandert und hatte sich ins Ohr geschossen.
Am Sonntag saß Robert auf seinem Bett in dem alten Hotel in Bailleul und las, was Rodwell geschrieben hatte.

*An meine Tochter Laurine*
*Liebe deine Mutter.*
*Bete gegen die Verzweiflung.*
*Ich lebe in allem, was ich berühre. Berühre diese Seiten, und du hast mich in deinen Fingerspitzen. Wir überleben einer im andern. Alles lebt auf ewig. Glaube es. Nichts stirbt.*
*Ich bin immer dein Vater.*

Dann sein Name und dann eine unleserliche Adresse in Listowel. Robert wußte nicht einmal, wo Listowel lag. Aber er würde es herausfinden.

## *Januar – Februar – März 1916*

Mrs. Ross fing an, Stürme zu suchen. Das heißt, immer wenn es regnete oder windig war oder schneite, ging Mrs. Ross nach oben zu Davenport und sagte zu ihr: *Setzen Sie Ihren Hut auf. Wir gehen aus.*
Manchmal gingen sie im Tal spazieren – durch die langgestreckte Schlucht mit den hohen, baumbestandenen Abhängen und dem Reitweg, und manchmal gingen sie durch die Straßen von Rosedale. Mrs. Ross hüllte sich dann in Schleier und Schals und steckte ihren Hut mit langen, gefährlichen Nadeln fest, die manchmal die Kopfhaut verletzten. Beim Gehen schlug sie ein

verzweifeltes Tempo an und ließ Davenport oft einen halben Block oder mehr hinter sich.
Mrs. Ross hatte Gefallen an Regen und Schnee. Sie schlug den Schleier zurück und ließ zu, daß ihr die Tropfen ins Gesicht schlugen. Sie sprach mit niemandem, der ihr begegnete. Wenn jemand, den sie kannte, die Straße entlangkam, machte sie die Augen zu und ließ ihn ungesehen vorbeigehen. Sie trug einen Stock (sie weigerte sich, einen Schirm mitzunehmen) und oft schlug sie damit gegen die Laternenpfähle, an denen sie vorbeikam. Als sie einmal in einem Schneesturm über die Brücke an der Sherbourne Street kamen, blieb sie stehen und schleuderte ihren Stock weit über die Baumwipfel hinweg und sah ihm nach, wie er durch den Schnee wirbelte, bis er verschwunden war. »Da«, sagte sie, »er ist weg.« Dann blieb sie stehen, bis ihre Pelze und ihre Schleier weiß beschichtet waren und Mr. Aylesworth sein Auto anhielt, um nachzusehen, was da passiert war. Davenport wollte sein Angebot, sie mitzunehmen, annehmen, aber Mrs. Ross sagte nein, sie wollten zur Ecke Yonge und Bloor Street gehen und bei Ely einen neuen Stock kaufen.
Anfang Februar, als das Parlamentsgebäude in Ottawa bis auf den Grund niederbrannte, las Mrs. Ross alle Zeitungsberichte über das Unglück, schnitt sie aus und verwahrte sie in ihrer Schreibtischschublade. Sie studierte sie wie Lehrbücher und machte sich Notizen an den Rand. Sie glaubte, ihr Land würde durch Feuer verwüstet werden und sagte das auch zu Davenport. Es machte auch großen Eindruck auf sie, daß die Glocken im Mittelturm in dem Augenblick stürzten, als es zwölf Uhr schlug – aber sie hatten erst elfmal geschlagen, als sie zu Boden krachten. Sie schrieb an den Rand neben diese Nachricht – »*Nie mehr Mitternacht.*« Es war wie ein Gebet.
Im März, als die Stürme durch die Schlucht fegten, zog Mrs. Ross die Gummistiefel des Gärtners an und stapfte durch den Schlamm. Wenn der Wind besonders heftig wehte, drehte sie sich um und ging rückwärts gegen den Wind an, bis zum Fluß. Davenport ging hinter ihr her (in Galoschen mit Schnallen), sie ging oberhalb des schlammigen Weges, glitt und rutschte auf dem Laub des vergangenen Jahres dahin, hielt sich an den Ahornbäumen fest und riß Zweige ab, wenn sie hinfiel. Manchmal gab sie es einfach auf und wartete in großer Angst vor Landstreichern in einem Eichenwäldchen, wo das Laub nicht hatte fallen wollen – und beobachtete, wie der Wind ihre Freundin vor sich herblies. Wenn Mrs. Ross dann von einer

ihrer Rückwärtswanderungen zu den Eichen zurückkam, rief sie vom Reitweg herauf: »Kommen Sie herunter!« und Davenport tauchte aus ihrem Versteck auf und wurde gescholten, weil sie es versäumt hatte, den überfluteten Flußufern zu trotzen.

An den Tagen, an denen Mrs. Ross betrunken war, setzte sie sich in Rowenas Stuhl, und Davenport schob sie den ganzen Weg bis zum Chestnut Park und zurück, denn dabei mußte man viele Straßen überqueren, und das Rütteln hielt sie wach. Sie hatte Angst, einzuschlafen.

Roberts Briefe wurden gelesen und immer wieder gelesen, numeriert und katalogisiert und auswendig gelernt. Mrs. Ross schrieb ihm jeden Tag, lange, weitschweifige Episteln, deren Schriftzeilen auf ihrem blauen Briefpapier schräg nach unten liefen – oft (eigentlich meistens) waren sie nicht zu entziffern. Manchmal konnte man nur einen einzelnen Satz oder ein Wort lesen: »Dein Vater« – »immer« – »ich bin am Cluny Drive gewesen und zurück« und »wenn die Rotkehlchen«.

Beim Abendessen schaute Mr. Ross seine Frau über den Tisch hinweg an, fragte aber nie, was sie den Tag über getan habe. Obgleich er sie sehr vermißte, beklagte er sich nie. Viele Abende aßen sie schweigend. Mr. Ross ließ in seiner Erinnerung die Vergangenheit wiedererstehen und sah sie dann, so wie sie gewesen war, als sie sich kennenlernten. Er sah sie wie am allerersten Tag. Sie war in einer leichten, glänzendschwarzen Kutsche mit einem Apfelschimmel davor im Park immer im Kreis gefahren. Sie hatte einen braunen Samthut mit vielen Metern Tüll getragen, und Mr. Ross hatte sich neben die Tränke gestellt, weil er dachte, sie müsse unbedingt da Halt machen, bevor der Nachmittag zu Ende ging. Er war gerade achtzehn, und wie zweiundzwanzig. Alle ihre Schwestern waren schon verheiratet, aber sie schlug jeden Antrag aus, den ihr Vater arrangierte. Sie wollte einen Mann mit ganz besonderen Eigenschaften, und was sie betraf, existierte dieser Mann gar nicht. Bei jedem neuen Bewerber wurde sie unnachgiebiger. Niemand sollte sie drängen – und niemand tat es. Dann starb ihr Bruder (verunglückte), und ihr Vater starb an gebrochenem Herzen. Ihr Wunsch nach Unabhängigkeit war plötzlich nicht mehr so leicht zu verwirklichen. Thomas Ross tauchte auf. Er war Wagenbauer – scheu, dunkel und hübsch. Sie zögerte. Sie überlegte. Wenn sie allein blieb, würde die Fabrik eine schwere Bürde sein. Aber die Ehe war gefährlich. Die Seite der Ehe, der sie am meisten mißtraute, war, daß man geliebt wurde. Die Tatsache, daß man geliebt wurde, war lästig: beinahe unerträglich. Geliebt zu werden bedeutete, daß man andere von seinen Gaben zehren ließ – alles, was man an Leben hatte, war gefährdet. Vielleicht mußte man sogar sich selbst aufgeben. Aber der junge Thomas Ross hatte eine Art, sie zu überzeugen, der sie nicht widerstehen konnte. Er verlangte nicht nach ihr. Er bot sich selbst an. Mit der Zeit wurde er zu einem Geschenk, an das sie sich klammerte. Er wollte, daß sie frei war.

Bei diesem ersten Zusammentreffen im Park hatte sie sich geweigert, anzuhalten. Die Sonne war höher gestiegen, und es war immer heißer geworden. Tom wartete weiter – er verzichtete sogar auf den Schatten der Bäume. Jedesmal, wenn sie vorbeikam, lüftete er den Hut. Sie fand, daß er die schönsten Arme und Beine hatte, die sie je gesehen hatte, aber immer noch fuhr sie ihre Runden durch den Park, tat so, als sähe sie ihn gar nicht. Er dachte, wie herrlich grausam sie doch war – grausam gegen ihn und ihr Pferd –, da sie nicht anhielt, um es trinken zu lassen, und ihm nicht erlaubte, ihren Namen auszusprechen. In seiner Vorstellung fuhr sie immer noch in der Runde, kam in Sicht und verschwand wieder, ließ ihn immer noch nicht ihren Namen aussprechen. Aber er liebte sie noch immer so wie früher. Sie war noch immer das eigensinnige Mädchen, das er erobert hatte. Aber jetzt hatte er Angst um sie.

Auf der anderen Seite des Tisches verbarg sie sich vor ihm, verbarg sich hinter Rauch und Blumen und heruntergezogenen Lampen. Er lächelte, und sie starrte ihn an, als wäre er gar nicht da. Er wurde ein Teil ihres Schweigens. Er war nur ein weiterer Raum, durch den sie hindurchging auf das Dunkel zu.

## *Mittwoch, den 8. März*

Robert wurde auf Heimaturlaub nach England geschickt. Dieser Fronteinsatz war für ihn zu Ende. Er saß im Zug. Eins von Rodwells Skizzenbüchern lag offen auf seinem Schoß. Da war die Kröte. Genauso, wie Rodwell es versprochen hatte, realistisch – jede sentimentale Nuance fehlte. Einfach eine häßliche, übellaunige, reizbare Kröte. Robert lächelte. Er blätterte das Buch durch. Da waren Vögel und Mäuse. Das Kaninchen und der Igel. Noch mehr Kröten. Ein Frosch und einige Insekten. Dann, am Ende des Buches, fand er sich selbst. »*Robert.*« Er lag

schlafend bei Kerzenlicht im Unterstand. Sein Mund stand ein wenig offen. Die eine Hand ruhte auf der Brust. Er trug die zerbissenen Handschuhe von Harris. Die andere Hand hing auf den Boden herunter. Die Ähnlichkeit war groß. Beunruhigend. Aber die Schattierung war nicht ganz menschlich. Sie hatte etwas Besonderes – gefleckt und dünner werdend bis zu Glanzlichtern, da, wo seine Kleider den Hals und die Wange berührten. Robert konnte nicht feststellen, was dieses Besondere war – bis er das Buch bis zu Ende betrachtet und auch die andern durchgeblättert hatte (es waren im ganzen fünf). In allen Büchern, auf jeder Seite, waren Zeichnungen von Tieren. Von etwa hundert Skizzen war die von Robert die einzige, die einen Menschen darstellte. Abgewandelt und verändert – war er eins mit den anderen.
Was hatte Rodwell damit gemeint? Oder war dies nur seine Art zu zeichnen?

In der Frühe dieses Morgens hatte Robert die Kröte unter einer Hecke ausgesetzt. Hier war wenigstens die Hoffnung auf Grün. Die Kröte hatte sofort begonnen, sich in den willkommenen Schlamm einzugraben. Sie schleuderte den Dreck in alle Richtungen – machte sich ein Nest, bis nur noch die Augen zu sehen waren. Und der Buckel des gefleckten Rückens. Robert streckte die Hand aus. Er berührte den Rücken mit den Fingerspitzen. »Laß es dir gut gehen«, sagte er. Und ließ sie zurück.

# Vier

Der Zugang zu den Einzelheiten der Beziehung zwischen Robert Ross und Barbara d'Orsey war das Ergebnis eines zweiten Besuches bei Lady Juliet d'Orsey in London, im Haus Nr. 15 am Wilton Place. Das Interview wurde an einem Wochenende gewährt, das nach englischem Regen duftete, nach eingetopften Hyazinthen und den immer gegenwärtigen Freesien auf dem Kaminsims. Auf diesen Tonbändern ist manchmal Donner zu hören, und auf einem von ihnen ist als Hintergrundgeräusch eine Hochzeitsfeier festgehalten, die am Samstagmorgen auf der anderen Straßenseite stattfand. Am Sonntag waren die Fenster fest geschlossen, und die Vorhänge waren zugezogen, damit der Lärm des Gewitters gedämpft wurde, und von der St. Pauls-Kirche war nichts zu hören bis zur Abendandacht, als die Vorhänge wieder geöffnet wurden und das Sonnenlicht und der Gesang über die Straße fluteten. Unten im Ministerium für Wissenschaftliche Forschung war glücklicherweise alles zu den Vororten und nach South Kensington aufgebrochen – das Haus war leer zurückgeblieben. Von Zeit zu Zeit klingelten die Telefone, und man kann die Schritte des Wachmanns hören, aber das ist auch alles.

Dieses Interview hat einen Aspekt, der leider nicht auf Papier übertragen werden kann – das ist der Ton von Lady Juliets Stimme. Es wurde früher schon erwähnt, daß sie jetzt in den Siebzigern ist und ihre Nahrung aus Gin und Zigaretten besteht. Die Stimme geht manchmal über in etwas, das man nur als *Lied* bezeichnen kann, und ihr Widerhall bringt die Kristalle des Kronleuchters zum Vibrieren. Dann schwankt die Stimme – bricht, und es bleibt nur noch ein hilfloses Flüstern. Die Wirkung dieses Singens an den Stellen, an denen Lady Juliet aus den Tagebüchern liest, die sie als Zwölfjährige schrieb, ist zugleich zauberisch und niederschmetternd – denn man weiß was man hört, ist die Stimme eines Menschen, der dem Tode nahe ist – und die Weisheit bleibt die eines Kindes. Lady Juliet ist sich dieses offensichtlichen Widerspruchs nicht bewußt. Man merkt es an der Intensität, mit der sie liest. Für sie ist die Stimme die Stimme ihres Geistes und im Einklang mit ihren

Gedanken. Während sie die Seiten umblättert, ist auf ihrem Gesicht kein Erstaunen über etwas neu Entdecktes zu sehen. Nur das Entzücken, etwas bestätigt zu finden. Vielleicht kann die Feststellung von Interesse sein, daß sie sehr schnell las und daß sie, wenn sie eine Pause machte, um eine Bemerkung hinzuzufügen (ihre Bemerkungen werden in Kursivschrift erscheinen), diese Pausen immer benutzte, um einen Schluck Gin zu trinken. An einer Stelle hob sie ihre Tasse, und mit dem Akzent einer Schauspielerin, die für die Rolle der Eliza Doolittle geboren ist, sagte sie: »*Gin war für sie wie Muttermilch*«, und grinste.

Stourbridge St. Aubyn, wo die Ereignisse, die Lady Juliets Tagebuch beschreibt, stattfanden, ist ein Dorf, das etwa fünfundzwanzig Kilometer von Cambridge entfernt an dem Flüßchen Stour liegt. Dieser Fluß entspringt in Cambridgeshire und mündet bei Harwich in die Nordsee. Der größte Teil seines Laufes bildet die Grenze zwischen Essex und Suffolk. Die Landschaft gehört zu den schönsten der Welt – sie ist flach und besteht aus jenen saftigen grünen Weiden und gewundenen Bächen, Hecken, Kirchtürmen und sonnengesprenkelten Buchen- und Eichenwäldchen, die den Inhalt des Wortes »englisch« ausmachen. Der Frühling in dieser Landschaft hat nicht seinesgleichen auf der Welt. Die Wiesen sind voll schwarzweißer Kühe, die Bachufer gesäumt von gelben Blüten, Lerchen steigen auf und singen ihr nie endendes Lied – und wenn Regen fällt, ist er sanft und warm. Hier gibt es Städte mit Namen wie Camden Lights und Grantchester, Straßen, die sich an Kanälen entlang und über Brücken winden, die dich über hundert Dorfanger tragen, wo du die Gänse scheuchst und den Kindern winkst, sie wirbeln dich vorbei an den nackten Schwimmern in den Teichen und setzen dich in Höfen von Gasthäusern ab, wo der Geruch nach Bier und Äpfel dich berauscht, bevor du noch das Tor durchschritten hast. Es ist eine alte Welt – tröstlich und sicher; bestimmt von Jahrhunderten langsamer Bewegung.

St. Aubyn selbst ist eine Abtei und ist seit dem Jahre 1070 der Familienbesitz der d'Orsey. Damals erhielt es der Gründer ihrer Linie von Wilhelm dem Eroberer als Lehen. Die Abtei ist schon lange verfallen, aber das Haus, dessen Bau zur Zeit Jakobs I. begonnen wurde, ist von jeder Generation vergrößert und ausgebaut worden. Es steht inmitten eines Parks, von Rasenflächen umgeben, und in den frühen Morgenstunden kam (jedenfalls noch in Lady Juliets Kindheit) das Wild aus dem nahen Wald, zog durch die Blumenbeete und fraß die Lilien, die dort zu Ehren des Ursprungs der d'Orsey gepflanzt wurden, die einmal Bürger von Rouen gewesen waren.

Zur Zeit, als Robert Ross die Familie d'Orsey kennenlernte, lebten alle fünf Mitglieder seiner eigenen Generation noch. Der Vater, der Marquis von St. Aubyn, wohnte in London am Wilton Place. Er haßte das Land. Er haßte seine Kinder. Wahrscheinlich haßte er auch seine Frau. Juliet konnte sich kaum an ihn erinnern. Das Bemerkenswerte an seiner Existenz war für sie sein Begräbnis. An dieses erinnerte sie sich lebhaft, denn als er starb, war sie die einzige überlebende Erbin, und sie hatte die Aufgabe, ihn unter die Erde zu bringen. Mit ihren eigenen Worten: »Ich fürchte, ich habe mir das zunutze gemacht und zu meiner Erbauung die schönste Messe lesen lassen, die Sie sich vorstellen können. Der arme Mann, der so gefürchtet gewesen war, hätte mir das natürlich nie verziehen – aber Sie müssen verstehen, was es bedeutet, wenn man eine Messe *bestellen* kann, und ich wußte, daß sich mir diese Gelegenheit nie mehr bieten würde – denn meine eigene werde ich bestimmt nicht hören. Er bekam also von mir ›das ganze Drum und Dran‹, wie man so sagt, und ich habe davon all die Jahre gezehrt. Oh, es wurden Passagen von Monteverdi – Mozart – Bach gespielt, alles durcheinander. Es war herrlich. Ein Musikragout für einen Gourmet. Und wissen Sie – es entschädigte mich für die ganze Hölle, durch die er mich gehen ließ. Ich meine die Hölle seiner Abwesenheit.« Er starb 1952, als Juliet achtundvierzig Jahre alt war. Sie hatte ihn schon so lange nicht mehr gesehen, daß sie seinen Leichnam nicht erkannte.

Ihre Mutter, Lady Emmeline, erklärte oft, sie wäre gern ein Milchmädchen gewesen – doch hatte das, was sie sich unter einem Milchmädchen vorstellte, wenig mit der Realität zu tun. Ohne Zweifel wollte sie damit sagen, daß sie sich nach einem Leben sehnte, das einfacher war als das ihre. Sie war beides, eine gute Ehefrau und eine gute Mutter – letzteres war sie mit Hingabe. Ihre Kinder, ihre Gärten und ihr Glaube an Gott waren das einzig Wichtige für sie. Aber sie gab sich auch Mühe, ihrem Mann und ihren Kindern das Leben in der Stadt angenehm zu machen, obgleich ihr dieses Leben im Grunde genommen zuwider war. Doch sie hielt es für ihre Pflicht, ihrer Familie jede Art sozialer Kontakte offenzuhalten. Für Töchter gab es kein gesellschaftliches Leben, wenn die Mütter es nicht ermöglichten. Und Söhne konnten keine Ehefrau finden, wenn die Mutter sich auffällig fern hielt. Was den Marquis betraf, so wußte sie, daß er mit seiner Mätresse nicht glücklich sein konnte, wenn seine Frau nicht da war, um ihn in deren Arme zu treiben. Somit war für den Ruf Sorge getragen, den er bei seinen Standesgenossen brauchte, und es hielt ihn ihrem Schlafzimmer fern. Das letzte Mal, als sie ihm getrotzt und mitten in der Saison nach St. Aubyn zurückgekehrt war, war er seiner Mätresse so überdrüssig geworden, daß er hinter Lady Emmeline her nach Hause reiste und mit ihr schlief, so daß sie mit Temple schwanger wurde. Temple war jetzt fünf – ein Nachkömmling. Ihre Geburt hatte Lady Emmeline beinahe das Leben gekostet, und sowohl ihr Arzt wie auch ihre eigene Liebe zum Leben hatten ihr gesagt, daß sich dies nicht wiederholen durfte.

Nun, da der Krieg ausgebrochen war und ihrer aller Leben bestimmte, hatte Lady Emmeline immer mehr Grund, ohne schlechtes Gewissen auf dem Land zu bleiben. Besonders seit die Zeppelinangriffe begonnen hatten. Juliet und Temple mußten ganz von London ferngehalten werden. Clive, der schon in Frankreich gewesen war, und Michael, der bald sein Offizierspatent bekommen sollte, brauchten einen Hafen, in den sie sich vor den Schrecken der Kitchener-Armee zurückziehen konnten (das war Lady Emmelines Ausdrucksweise), und Barbara brauchte die feste Ordnung des Landlebens als Gegengewicht zu der immer freieren Lebensführung, die sie sich in der Stadt erlaubte. Aber bald wurde St. Aubyn mehr als ein Hafen für ihre Söhne und ein Anker für ihre Tochter. Als Tatsachen über den Krieg in Flandern bekannt wurden und es klar war, daß die Schrecken der Kitchener-Armee real und allgegenwärtig waren, begannen Barbaras und Clives erholungsbedürftige Freunde ins Haus zu strömen und es zu einer Art Herberge zu machen. Obwohl dies einen schrecklichen Einbruch in ihre kostbare Privatsphäre bedeutete, war es schließlich die Marquise selbst, die entschied, daß ihr Heim nicht länger ein privates Heiligtum sein konnte. Als sie erst einmal gesehen hatte, wie gut dieser Aufenthalt dort »diesen armen jungen Männern« tat, fuhr sie nach London und hatte den Marquis bald dazu überredet, die notwendigen Verbindungen spielen zu lassen, damit St. Aubyn offiziell zu einem Lazarett für Rekonvaleszenten erklärt wurde. Vier Ärzte, zehn Schwestern und mehrere Sanitäter reisten an. Freunde wurden gebeten, für Krankenwagen und medizinisches Gerät zu stiften. Ein Fonds wurde gegründet. Schon jenseits der Lebensmitte, hatte Lady Emmeline ihre Berufung entdeckt. Nicht »Mutter« und »Ehefrau« zu sein, war ihre Bestimmung, sondern Leiterin eines Heims für schwer erziehbare Jugendliche. Im März 1916 hatte sich St. Aubyn einen so guten Ruf erworben, daß es unter die Schirmherrschaft der Königin Alexandra gestellt wurde. Sogar der Marquis war von dieser Tatsache beeindruckt. Er war so alt, daß er noch dem Zauber der Schönheit erlegen war, den sie einst als Prinzessin von Wales besessen hatte. Jetzt war sie eine alte, aufgetakelte Frau, aber er war durch die Tatsache, daß sie seinen Namen ehrte, immer noch genügend beeindruckt, um nach Hause zu kommen und mit seiner Frau am Arm die Runde durch die Krankenzimmer zu machen. Zu diesem Zeitpunkt kehrte Robert Ross aus der Schlacht um St. Eloi zurück und folgte einer Einladung nach St. Aubyn. Die Einladung wurde in Tafflers Namen ausgesprochen – aber sie trug eine gefälschte Unterschrift.

Abschrift: Lady d'Orsey 2:
*Ich muß zugeben, daß ich ein Leben lang in die Neugier verliebt gewesen bin. Es gab keine Frage, die ich nicht stellte – und selten eine Antwort, die ich nicht bekam. Ich weiß nicht, warum das so war. Wenn ich zurückdenke und mich selbst höre ... einige der Fragen müssen verblüffend unhöflich gewesen sein – aber vielleicht bekam ich die Antworten, weil ich arglos war. Ich war nicht schlau, müssen Sie wissen. Oder kokett. Ich war altklug – ja; aber ich war mir dessen nicht bewußt. Ich kann mich nicht daran erinnern, daß man mir auch nur ein einziges Mal die Haare getätschelt hätte. Ich war wohl eher eine Art Zwerg. Ich spielte nie mit anderen Kindern. Das einzige Kind, mit dem ich je etwas zu tun hatte, war meine Schwester Temple. Sie war fünf. Mein Herz hing an ihr – aber ich erkannte auch, daß sie seltsam war. Ich respektierte sie – aber aus Furcht. Sie sprach ihr erstes Wort erst, als sie dreieinhalb Jahre alt war. Bis dahin kein einziges Wort – und dann sagte sie eines Nachmittags beim Tee in der Kinderstube: »Ich will noch ein Ei.« Wilson, unsere Kinderfrau, war sehr klug. Ich sah, wie sie blaß wurde, und dann wandte sie sich an Temple, nachdem sie einen winzigen Augenblick gezögert hatte, und sagte: »Du hast nicht bitte gesagt.« »Bitte«, sagte Temple, und damit hatte sich's. Sie bekam das Ei. Wir waren*

*alle außergewöhnlich. Jeder auf seine Weise. Ich glaube, es lag daran, daß wir unseren genetischen Höhepunkt erreicht hatten. Clive war ein Genie. Auch Temple. Michael und Barbara waren unvergleichlich schön. Und – es hat keinen Sinn, bescheiden zu sein – ich war diese vermessene Zwergin mit dem Notizbuch. Am Ende jeden Tages schrieb ich auf, was geschehen war – Intrigen – Unterhaltungen – alle meine Fragen – alle Antworten und das, was ich gesehen hatte. Die Affären meiner Brüder und meiner Schwester – alle ihre Freunde und alle Freunde meiner Eltern bereiteten mir ein endloses Vergnügen. Die Torheit und die Qual des Erwachsenenlebens waren Speise und Trank für mich, und ich kam keinen Augenblick auf den Gedanken, das könnte mich nichts angehen. Ich nahm nie teil, müssen Sie wissen. Nicht ein einziges Mal. Ich war der geborene Beobachter. Boswell mit Haarschleifen. Ich glaube, diese Tagebücher werden Ihnen sagen, was Sie wissen wollen. Aber ich warne Sie – ich war ganz Auge und Ohr, das war alles. Die Schlüsse müssen Sie ziehen. Diese –* (DIE TAGEBÜCHER) *– beginnen im März. Sie enden im Mai. Roberts Urlaub wurde wegen seiner Knie zweimal verlängert. Während seines Aufenthalts bei uns fuhr er nach London, um dort einen Arzt zu konsultieren. Beim zweiten Mal wurde eine kleine Operation vorgenommen. Eine Korrektur – ein Eingriff von der Art, wie sie in der Praxis des Arztes durchgeführt werden. Er war sowohl als Freund als auch als Patient bei uns. Als Freund des Hauses hatte er ein eigenes Zimmer. Ich denke, das ist alles, was Sie als Vorwissen brauchen. So, ich fange also jetzt an zu lesen. Ich werde nicht alles lesen. Die Daten sind unwichtig. Sie wissen, wann all dies sich ereignete.*

Wir haben jetzt vierzehn Mann hier. Sieben müssen rund um die Uhr versorgt werden. Von den andern können fünf aufstehen und sie gehen im Garten spazieren. Es regnet häufig, aber die Narzissen haben eben angefangen zu blühen, und bis zum See hinunter ist der Rasen gefleckt mit gelben Blüten, die sich im Wind wiegen. Ich habe hundert gelbe Köpfchen gezählt, bevor sie mir vor den Augen verschwammen, und ich fürchtete, daß ich zweimal angefangen hätte zu zählen. Es gibt eine Pflegerin hier, die ich nicht leiden kann; sie heißt Babbington. Sie lächelt nie und nennt mich Lady *Julie.* Wie wäre es, wenn ich sie »Babbins« nennen würde? Ich wette, sie würde dann aufhören – aber ich werde mich nicht so weit erniedrigen.

Wenn sie mich noch einmal Lady Julie nennt, werde ich in die andere Richtung schauen. Robert Ross, noch ein Kanadier, kam heute aus der Stadt. Barbara sollte hier sein, um ihn zu empfangen, aber sie war nicht da. Sie war irgendwo in der Gegend. Mutter war in ihrem Büro, als er eintraf, und sie kam in ihrer Strickjacke heraus. Sie kann einen wirklich zur Verzweiflung bringen. Dann konnte sie sich nicht erinnern, warum Robert Ross da war, und sagte zu ihm: »Soll ich eine Pflegerin rufen, die Sie in Ihr Zimmer bringt?« Als ob er ein Patient wäre, und ich bin sicher, daß er sie seltsam fand. Ich saß auf der Treppe und sagte, ich würde mich um ihn kümmern. Das war in Ordnung. Mutter sagte, sie würde später zu ihm kommen, wenn er im Bett läge!!! Manchmal hat es einfach keinen Sinn! Er war aber sehr anständig. Er lächelte nicht einmal, bevor sie gegangen war. Ich sagte: »Sie ist einfach mit ihren Gedanken woanders. Beim Tee wird sie ganz bestürzt sein und sich tausendmal entschuldigen. Achten Sie nicht darauf. Sie werden sich an sie gewöhnen. Ich hab' es auch getan.« Ich hatte ihn sofort gern. Sein Unterkiefer ist richtig viereckig, und er hat schönes Haar, das nicht liegenbleiben will. Er hinkt, und er sagte mir, es wäre etwas mit seinen Knien. Als wir durch die Galerie gingen, sagte er, Barbara sei wohl bei Hauptmann Taffler, und ich sagte, nein, das glaubte ich nicht, aber vielleicht doch. In Wirklichkeit war ich nicht sicher, wo sie war, aber ich fand es sehr peinlich, denn aus seiner Art zu reden schloß ich, daß er gar nicht wußte, was mit dem Hauptmann los ist, und ich entschloß mich, es einfach drauf ankommen zu lassen. Sein Zimmer ist das, in dem Lady Sorrel spukt. Ich sagte ihm, er solle sie jede Nacht um zwei erwarten, aber er solle nicht deshalb wachbleiben, denn so aufregend ist sie auch wieder nicht. Ich sagte ihm, was er tun soll, wenn sie die Kerzen anzündet – einfach warten, bis sie weg ist, und dann die Kerzen ausblasen. Wenn sie kommt und wieder geht und er währenddessen fest schläft, werden die Kerzen natürlich verschwendet, aber das kann man nicht ändern. Ich sagte ihm, falls ihm Zugluft nichts ausmache, solle er die Fenster offen lassen, dann bläst der Wind die Kerzen aus. Ich sagte ihm, daß sich niemand zum Essen umzieht. Man kann von Offizieren im Krieg nicht erwarten, daß sie ihren Abendanzug in den komischen kleinen Taschen herumschleppen. Ich saß auf seinem Bett und sah ihm beim Auspacken zu. Er hatte einen Brotbeutel voller Hefte, und ich fragte ihn danach, und er zeigte sie mir: Skizzenbücher mit

Kröten und solchen Sachen. Ich sagte, sie seien wirklich gut, und er sagte danke, aber es seien nicht seine eigenen Skizzen. Ein Freund in Frankreich hatte sie gezeichnet. Dann stellte er die Hefte aufgeschlagen auf den Kaminsims, und neben den Kröten war da ein Kaninchen und eine Maus. Sein Freund ist tot. Ich habe ihn nicht gefragt. Dann wollte er wissen, wo mein eigenes Zimmer ist, und ich sagte ihm, am Ende des Flurs. Ich sagte: »Ich bewege mich sozusagen noch am Rande der Kinderzimmer, so daß Wilson mich im Auge behalten kann. Aber die meiste Zeit entwische ich ihr. Sie macht sich nichts draus. Sie hat mit Temple alle Hände voll zu tun.« Ich erzählte ihm, wer Temple ist, und er sagte, es sei nett, ein Kind in der Nähe zu haben. Er sagte, er habe einen Bruder, der jünger ist als er, und eine Schwester, die älter ist, und eine Schwester, die tot ist. Er sagte, sein Bruder sei in meinem Alter, und ich sagte *oh*. In Wahrheit tat er mir ziemlich leid, weil er einen Bruder in meinem Alter hat, denn ich habe noch keinen einzigen Jungen von zwölf getroffen, den ich gemocht hätte. Zwölf ist für einen Jungen ein schreckliches Alter. Sie tun nichts anderes als furzen und kichern. Sie finden sich schrecklich komisch und haben keine Spur von Geschmack oder Geist. Ich weiß nicht, wie sie zu Männern heranwachsen. Bei dem Gedanken, daß Michael oder Clive jemals in dem Alter waren, dreht sich mir der Kopf. Uff! Ich bin froh, daß ich sie damals nicht gekannt habe. Jedenfalls war Robert Ross hauptsächlich an Barbara und Hauptmann Taffler interessiert, deshalb packte ich schließlich den Stier bei den Hörnern und sagte, Hauptmann Taffler sei doch unten, und warum sollten wir ihn nicht jetzt sofort besuchen? Ich hatte offenbar das Richtige gesagt, denn ich sah, wie ein komischer Ausdruck in seine Augen trat, als ich das Wort *besuchen* sagte. Der Groschen war zwar noch nicht gefallen, aber er rollte doch schon herum, und wenn Ross es auch noch nicht wußte, so bereitete er sich doch darauf vor, daß etwas nicht stimmte. Er zog seine Uniformjacke aus und zeigte mir eine alte Strickjacke und fragte mich, ob er die anziehen könnte, und ich sagte, ja natürlich. Ein Blick auf Mutter hätte ihm das bereits sagen können. Dann gingen wir und schauten bei Temple herein, die auf dem Fensterbrett saß. Wilson versuchte, das Feuer am Qualmen zu hindern, aber seit die Kohle knapp ist, müssen wir alles mögliche Zeug verbrennen, und was immer da brennen mochte, es hatte einen beißenden Geruch, und im Kinderzimmer schwebte eine Dunstschicht. Das

Licht, das von draußen kam, war sehr hell, und wir konnten Temples Gesicht zuerst nicht erkennen. Sie saß da wie ein Engel, umgeben von einem Heiligenschein. Die beiden starrten uns nur an. Mir wurde ganz komisch zumute. Dann gingen wir wieder. Als wir durch die Galerie auf den anderen Flügel zugingen, wo ich Robert Ross die »Pfarrertreppe« hinunterführen wollte, um ihn zu Hauptmann Taffler zu bringen, hörten wir in der unteren Halle Gelächter, und als wir über das Geländer schauten, sahen wir Barbara. Und Major Terry. Sie waren in Cambridge gewesen und hatten die Arme voller Pakete. Es ist seltsam, meine Schwester und meine Mutter zu sehen, wenn sie etwas *halten*. Ich werde mich nie daran gewöhnen. Es kommt mir so vor, als sei noch gestern an jeder Tür jemand gestanden, und man brauchte nur den Rücken zu drehen, und jemand nahm einem den Mantel ab. Mir ist es natürlich gleich. Aber Barbara sieht mit Paketen nicht gut aus. Jedenfalls, da standen sie und lachten und hatten uns nicht gesehen, und ich wartete darauf, daß Robert Ross eine Bewegung auf sie zu machen würde, aber er tat es nicht. Diesmal rollte der Groschen auf den Schlitz zu. Mir war ganz übel. Ich merkte, daß er schrecklich beunruhigt war und sich fragte, wie Major Terry in das Schema hineinpaßte, und was er vorfinden würde, wenn er Hauptmann Tafflers Tür öffnete. Dann gingen wir die Hintertreppe hinunter und kamen an das Zimmer. Der arme Robert Ross. Es war nicht fair. Ich hatte alles verpatzt, ich hätte aufrichtiger sein müssen, als er Hauptmann Taffler zum ersten Mal erwähnte. Der Schock war entsetzlich. Ich stellte mir vor, daß zum Beispiel Michael beide Arme verlöre und niemand es mir sagte, und daß ich einfach hereinplatzte und ihn so fände. Aber Hauptmann Taffler erleichterte mir die Sache, indem er mir zuzwinkerte und sagte, ich solle mich vor die Tür stellen und den Gorilla in Schach halten. Ich wußte nicht genau, was er meinte, bis ich Schwester Babbington sah. Da merkte ich, daß Hauptmann Taffler sie auch nicht leiden kann und daß sie der »Gorilla« war. Ich beschloß, sie auch so zu nennen. Es ist viel witziger als »*Babbins*«.

Das Abendessen war *gräßlich*. Mutter plapperte. Wir waren zu sechst. Man hatte mir erlaubt, unten zu bleiben, um die Zahl der Damen zu vervollständigen. Das bedeutete, daß ich mein *Kleid* anziehen mußte, das ich hasse. Die Smokstickerei kneift mich an den Brüsten. Mutter will nicht zugeben, daß ich schon Busen bekomme. Neulich rieb Wilson ihn mir mit dem scheuß-

lichen Öl ein, von dem sie behauptet, daß es das Wachstum fördert. Mutter kam dazu und kreischte förmlich: »Was machen Sie da, Wilson?«, und als Wilson es erklärte, bekam Mutter wieder einen Kreischanfall, starrte auf meine Brüste und sagte: »Begreifen Sie denn nicht, daß sie gar keine Brüste haben kann? Sie ist doch erst zwölf!« Dann hörte ich sie den Flur hinuntergehen, und ich konnte hören, wie sie es Barbara sagte, und dann sagte sie es Doktor Withrow. Jetzt komme ich mir vor wie eine Mißgeburt. Ich soll viel Spinat essen – wozu immer das gut sein soll. Jedenfalls waren heute abend beim Essen Mutter da und ich und Barbara und Major Terry und Michael und Robert Ross. Mutter hat eine Regel aufgestellt, daß Männern, die aus dem Feld kommen, keine Fragen gestellt werden dürfen und daß Michael nicht gegen den Krieg »wüten« darf, wie er es sonst bei jeder Gelegenheit tut. Es war lächerlich. Da saßen wir – Robert Ross war immer noch fassungslos, glaube ich –, und alle redeten über den Apfelmost aus Marrydown. Mutter erlaubte mir ein Glas Wein. Ich glaube, sie hofft, daß es mich schläfrig macht. Aber hier bin ich – und die Uhr hat eben zwölf geschlagen. Das sieht mir ähnlich. Barbara beobachtete Robert Ross die ganze Zeit, und wie ich vermute, ist das das Ende für Major Terry. Morgen kommt Clive und bringt Freunde mit.
Sehr spät gestern abend hörte ich Schritte, und ich dachte, es könnte Lady Sorrel sein und stand auf, um nachzusehen. Ich dachte, ich könnte ihr in Robert Ross' Zimmer nachgehen und die Kerzen ausblasen und ihm sagen, wie sehr ich das, was ich getan hatte, bedauerte. Ich werde mich immer schuldig fühlen, weil ich ihn nicht auf den Anblick von Hauptmann Taffler vorbereitet habe. Ich frage mich, ob es in mir etwas Gemeines gibt, das mich dazu bringt, solche Dinge zu tun. Dreimal hatte ich die Möglichkeit zu sagen: Er hat keine Arme mehr, und dreimal habe ich es nicht gesagt. Vielleicht sollte ich Clive fragen. Clive hat eine so reizende Art, einem zu vergeben. Wenn wir katholisch wären, könnte ich hingehen und es einem Priester sagen. Vielleicht könnte der Priester mir vergeben. Das wäre soviel leichter, als zu Leutnant Ross zu gehen und mich zu entschuldigen. Jedenfalls kann es noch nicht zwei Uhr gewesen sein, denn es war nicht Lady Sorrel, die in der Halle umherging. Es war Barbara. Sie kam aus Major Terrys Schlafzimmer, und ich hörte deutlich, wie sie sagte: »Sei kein solcher Esel, Ralph. Gute Nacht.« Dann kam sie an mir vorbei, aber sie

sah mich nicht, denn ich hatte die Tür nur einen Spalt geöffnet, und ich sah, wie sie an Robert Ross' Tür zögerte, und das Haar stand mir einfach zu Berge! Er ist erst seit ein paar Stunden hier, und sie haben beim Abendessen kaum miteinander gesprochen. Was kann das bedeuten? Sie blieb mindestens ein paar Sekunden zaudernd stehen, und ich sah, wie sie die Hand fast bis zu seiner Tür ausstreckte, aber dann zog sie sie wieder zurück und hielt sie hinter den Rücken. Dann sah sie direkt in meine Richtung, aber wieder sah sie mich nicht, und dann drehte sie sich um und ging den Flur hinunter auf die Pfarrertreppe zu, und das machte mich so neugierig, daß ich nach draußen schlüpfte und ihr folgte. Aber ich kam einen Augenblick zu spät. Ich hörte nur noch, wie eine Tür leise geschlossen wurde – aber es muß die von Hauptmann Taffler gewesen sein. Unter seiner Tür sah ich einen Lichtstrahl. Aber ich hörte keinen Laut. Ich wartete eine ganze Weile, aber dann kam Babbington um die Ecke, und ich mußte mich in einen Türeingang drücken. Dann bekam ich Angst, noch länger zu bleiben und rannte hierher zurück. Heute morgen tat ich noch etwas Gemeines, aber ich konnte einfach nicht anders. Ich kramte in der Spielzeugkiste nach Dominosteinen und fand ein altes Spiel: »Steck dem Esel den Schwanz an«, und ehrlich, ich konnte einfach nicht anders, es paßte einfach zu gut – ich schlich um die Ecke und schob es Major Terry unter die Tür.
*Wahrhaftig!* sagte Lady Juliet an dieser Stelle. *War ich nicht ein schreckliches Kind? Der arme Mann. Er kam buchstäblich aschfahl zum Frühstück herunter und sagte den ganzen Tag über kaum ein Wort. Aber was ich getan hatte, machte es – so glaube ich – auf lange Sicht gesehen leichter für Robert und Barbara. Major Terry fand sich mit der Tatsache ab – viel zu schnell, wie ich finde –, daß Barbara ihm den Esel unter die Tür geschoben hatte, und zog sich von ihr zurück, als ob er gestochen worden wäre. Ich glaube, er hat diesen Streich Barbara gegenüber nie erwähnt, denn ich bin sicher, sie wäre zu mir gekommen, um Rechenschaft zu verlangen. Denn wer sonst hatte Zugang zu der Spielzeugkiste außer Temple und Wilson, und es war kaum wahrscheinlich, daß die es getan hatten. Jedenfalls verstand Major Terry den Wink, und am Wochenende war er verschwunden.*
Clive traf mit einer Menge von Leuten ein, mit all seinen pazifistischen Freunden. Ich glaube, sie wollen ihn überreden, nicht zurückzugehen – aber er wird gehen. Wenigstens sagt er

das. Michael haßt und verachtet sie. Er sagt, sie ruinieren den Krieg. Man hält ihre Anwesenheit für sehr schädlich für die allgemeine Moral. Heute nachmittag hatte Michael mit Clive einen Streit im Kinderzimmer. Sie stritten sich dort, weil dies der einzige Ort war, wo die Pazifisten sie nicht hören konnten. Der Streit ging um Mrs. Lawrence. Mrs. Lawrence ist eine deutsche Dame (dick!!!), und Michael sagt, daß man sie ins Gefängnis stecken will. Er sagt, daß sie und Mr. Lawrence mitten in der Nacht von ihrem Garten aus Signale an die Zeppeline senden. Und Clive sagte, daß sei nur eine schreckliche Verleumdung, die noch niemand bewiesen habe. Und Michael sagte, selbst wenn es nur ein Gerücht wäre, so habe doch ihr Bruder, der Baron von Richthofen, eine Menge tapferer britischer Flieger getötet, und es gehöre sich nicht, eine solche Frau in unserem Haus zu beherbergen, wo Männer wie Taffler unten ohne Arme lägen. Und Clive sagte, wenn Michael so denkt, was soll dann der Krieg überhaupt? Und so ging es *stundenlang*, bis Wilson sagte, wenn sie nicht aufhörten, müßte sie sie aus dem Kinderzimmer weisen, und das ganze sei sehr schlimm und würde »Mylady« ganz durcheinanderbringen – damit meinte sie Temple, aber ich fand, das war nicht die Spur so, denn Temple saß da und strahlte die beiden an. Sie fand es herrlich. Später beim Tee machte Michael eine Menge Krach, stampfte mit seinen Reitstiefeln im Wohnzimmer herum, und jedesmal wenn einer der Pazifisten etwas sagen wollte, schrie Michael quer durchs Zimmer jemand etwas zu, fragte ihn, ob er noch ein Sandwich oder Kuchen wünsche. Mutter saß mitten in dem ganzen Trubel und versuchte Major Terry davon zu überzeugen, daß es »ihrer Meinung nach überhaupt keinen Grund gäbe, warum er so plötzlich abreisen wolle, und ob er es sich nicht doch noch überlegen wolle ...« Ich mußte die ganze Zeit lachen, und ich fand auch noch etwas anderes irgendwie komisch. Ich meine, daß ich nicht verstehe, warum Clive seine Uniform trägt, wenn die Pazifisten kommen. Sollte er nicht lieber einen Anzug anziehen? Später gingen die Pazifisten und setzten sich am Ende des Gartens an der Hecke hin. Wenn man über den Rasen blickte, konnte man sie dort im Schatten sehen, wie sie die Köpfe zusammensteckten, Zigaretten rauchten und sehr ernsthaft miteinander redeten. Von Zeit zu Zeit warf Mrs. Woolf den Kopf zurück und lachte. Mrs. Woolf ist mein Idol. Sie trägt so herrliche Kleider und Hüte. Ich liebe die Art, wie sie sitzt, die Knie hochgezogen, bis sie fast das Kinn berühren, und sie raucht mindestens ein Dutzend Zigaretten, während sie da auf dem Rasen sitzt. Wir standen auf der Terrasse, und sie saßen alle am Ende des Gartens – etwa acht oder neun mit Clive – und Michael sagte zu Mutter: »Warum stecken sie so zusammen?« Und Mutter sagte: »Ich glaube, weil es Literaten sind, Lieber.«

Robert Ross kam erst spät zurück und verpaßte das alles. Er kam von der Terrasse nach drinnen, und Mutter sagte: »Aber Mr. Ross, wo sind Sie gewesen? Sie sehen ganz erschöpft aus.« Robert Ross sagte, er habe einen Spaziergang gemacht und auf dem Feld drei Füchse gesehen. Er schien ganz aufgeregt, aber Mutter sagte zu ihm: »Bitte, sagen Sie Michael nichts davon, sonst weckt er das ganze Haus um fünf Uhr morgens, und wir haben dieses ganze Hörnergeblase und die Hunde, die im Hof bellen.« Ich überlegte eine Weile, ob ich nicht ein Zettelchen schreiben und es beim Abendessen unter Michaels Teller legen sollte, aber dann dachte ich an all die bettlägerigen Soldaten, und ich kam zu der Überzeugung, daß dies eine Gemeinheit wäre, die ich besser unterlassen sollte.

Heute nachmittag pflückte ich einen Strauß Narzissen, die ich Hauptmann Taffler bringen wollte. Es war nach dem Tee und etwa eine Stunde, bevor ich nach oben gehen und mich zum Essen umziehen mußte. Das Licht, das auf die Pfarrertreppe fiel, war golden – teils weil die Sonne unterging und teils wegen der Morris-Glasmalerei auf den Fenstern. Die Steine des Fußbodens waren zum ersten Mal in diesem Jahr warm. Ich hatte Segeltuchschuhe an und machte keinen Laut. Ich kam mir wie die Lady Sorrel vor, aber nicht nur, weil ich über die Fliesen schwebte. Ich hatte mein hellblaues Kleid an und meinen marineblauen Pullover, und alles war blau und golden und gelb. So ist es auch nachts – nur daß sie ihre Kerze trägt, und ich trug meine Narzissen ...

*(Lassen Sie mich einen Augenblick unterbrechen, um zu sagen, daß Lady Sorrel d'Orsey die Tochter des Marquis' zur Zeit König Karls war. Ihr Liebhaber, der Earl of Bath, wurde im Bürgerkrieg schwer verwundet und in dem Zimmer versteckt, das ich Ihnen beschrieben habe, in dem Robert in St. Aubyn schlief. Ihr Porträt zeigt sie als eine unbeschreiblich schöne Frau. Das Kleid, das sie anhat, wenn sie spukt, ist indigoblau. Das goldene Licht kommt von ihrem Haar, und das Gelb von den Kerzen, die in einer späteren Zeit dazugemalt wurden, um die Legende zu illustrieren. Sie wurde im Zweiten*

*Weltkrieg beschädigt, als eine Luftmine auf den Pfarrersflügel fiel. Aber sie ist immer noch da. Beschädigt – aber gerettet, so daß alle sie sehen können. Der Earl of Bath starb schließlich an seinen Wunden. Soviel man weiß, war es ein langsamer Tod. Wir waren natürlich Royalisten, aber das Land um St. Aubyn herum wurde von den Rundköpfen besetzt, und das bedeutete, daß er während seines Sterbens versteckt werden mußte: gehetzt von Richard Cromwell, den er sich zum persönlichen Feind gemacht hatte. Die Legende von den Kerzen hat etwas mit den langen und verzweifelten Nächten zu tun, die Lady Sorrel am Bett ihres Liebhabers verbrachte, um ihn zu pflegen; und, so erzählt die Geschichte, sogar nach seinem Tod noch entzündete sie weiter die Kerzen und hielt ihre Nachtwache. Sie starb mit fünfundsechzig Jahren, man fand sie im Sessel neben seinem Bett, und im ganzen Zimmer brannten Kerzen. Ich brauche nicht zu sagen, daß die Kerzen immer noch dort brennen.)*

... Ich konnte die Blausäure riechen und das andere Zeug, das man zum Verbinden der Wunden braucht. Irgendein Kraut, aber ich weiß nicht, welches. Aus einem der Räume drang die Stimme einer Pflegerin durch die geschlossene Tür. Babbington oder Colt oder eine der anderen Schwestern sprach mit einem Mann. Ich stand auf der dritten Stufe von unten, und ich glaube, ich muß stehengeblieben sein, denn was dann geschah, sehe ich in meiner Erinnerung wie auf einer Photographie, und ich sehe mich selbst im Bild. Robert Ross kam aus Hauptmann Tafflers Zimmer, und als die Tür sich öffnete, klickte sie fast wie der Verschluß einer Kamera. Ich vermute, ich muß erschrocken sein, denn ich tat einen schnellen Atemzug und spürte den Duft der Blumen in meiner Hand wie einen Schlag. Dann kam Barbara um die Ecke. Auch aus Hauptmann Tafflers Zimmer. Weder Robert Ross noch Barbara sahen mich. Sie standen nebeneinander in der Halle, und Hauptmann Tafflers Tür stand immer noch einen Spalt breit offen. Keiner sprach. Man merkte deutlich die Spannung zwischen ihnen. Dann wandte Barbara sich um und nahm Roberts Hand. Sie lehnte sich an ihn. Zuerst schien er nicht zu wissen, was er tun sollte, aber schließlich legte er beide Arme um ihre Schultern und drückte sie sehr lange an sich, während sein Kinn auf ihrem Kopf ruhte. Schließlich trennten sie sich, und Barbara berührte sein Gesicht mit den Fingern, und dann ging er davon. Ihre Hand blieb in der Luft, und als er gegangen war, legte sie sie an ihre Lippen und schloß die Augen. Ihr Kopf senkte sich für einen Augenblick, und das Grübchen spannte ihr Lächeln, und ich war sicher, daß sie mich jeden Augenblick ansehen würde. Aber sie tat es nicht. Sie starrte nur Hauptmann Tafflers offene Tür an. Dann schloß sie die Tür und ging nach draußen. Alles, was sie getan hatten, war wie ein Tanz zwischen zwei Vögeln. Barbara weinte nie.

Ich saß auf den Stufen, erschöpft, weil ich so lange den Atem angehalten hatte. Ich wußte nicht, was ich tun sollte. Ich hatte immer noch die Blumen und wollte sie Hauptmann Taffler geben. Aber ich wagte es noch nicht, hinunterzugehen. Ich wartete fast eine halbe Stunde. Als die Uhr schlug, stand ich auf und stieg die beiden letzten Stufen hinunter und klopfte an seiner Tür. Es kam keine Antwort, darum klopfte ich noch einmal und ging dann einfach hinein. Ich wünschte, ich hätte es nicht getan, und bin doch froh, daß ich es tat. Vermutlich habe ich ihm das Leben gerettet, aber ich glaube, es wird mir nie verziehen werden. Hauptmann Taffler wollte nicht leben – und auf meine ungeschickte Weise zwang ich ihn dazu. Warum stellt sich am Ende alles, was ich tue, als eine Gemeinheit heraus, ich kann machen, was ich will ...? Er kniete auf dem Boden in einem Haufen gelöster Bandagen; seine Stirn berührte die Steine. Das Ende des Verbandes hielt er in den Zähnen. Eine Wand war in Schulterhöhe mit breiten roten Streifen bedeckt, er muß dort seine Wunden gerieben haben, um sie zum Bluten zu bringen. Seine Armstümpfe waren aufgerissen, und aus dem einen spritzte das Blut in Stößen auf den Boden. Ich ließ die Blumen fallen. Ich glaube, ich habe um Hilfe geschrien, denn ich stand noch da, als Babbington angerannt kam. Danach weiß ich nicht mehr recht, was geschah. Mutter war plötzlich da, und zwei Ärzte und Clive. Ich wurde weggebracht und bekam etwas, was man ein *Sedativum* nennt und mußte bei Wilson im Kinderzimmer bleiben. Dann weiß ich noch, wie ich wach wurde und Temple mich anstarrte. Mutter sagte: »Wenn du willst, wird dich Michael in dein Zimmer tragen.« Aber ich sagte nein. Ich fragte, wo Barbara sei und Robert Ross – ich weiß nicht warum –, und Michael sagte, sie gingen im Park spazieren, und ich sagte: »Wie können sie denn im Dunkeln spazierengehen?« und Clive sagte: »Nicht im Dunkeln. Im *Park*. Es ist Morgen.« Und sie zogen die Vorhänge auseinander, und eine Flut von Licht kam herein. Hauptmann Taffler ist operiert worden und wird am Leben bleiben – aber ich darf nicht mehr in die Krankenzimmer gehen, deshalb schickte ich ihm durch Robert Ross Blumen. Heute abend habe ich gebetet und gebetet. Ich will eine Nonne werden.

*Danach entwickelte sich die Affäre zwischen meiner Schwester und Robert Ross sehr schnell. Ich war natürlich entsetzt. Empört. Es kam mir unmenschlich vor. Barbara ging nie wieder zu Taffler. Aber Robert tat es. Gott sei Dank. Damals, während dieser Zeit hörte ich die Geschichte, wie Robert Taffler in der Prärie kennengelernt hatte, und wie dieser mit Steinen nach Flaschen geworfen hatte. Auch die Geschichte von Harris – Harris' Tod, und was sich in Greenwich zugetragen hatte. Da verliebte ich mich selbst in Robert Ross – wenn ich es so ausdrücken darf. Schließlich darf man nicht vergessen, daß ich erst zwölf Jahre alt war. Und doch war es Liebe, und es tat mir sehr weh, ihn so viel mit Barbara zusammen zu sehen. Barbara nahm Robert ganz in Beschlag, so wie sie es mit allen machte, auf die sie einen Anspruch zu haben glaubte. Ohne Zweifel fand er das schwierig. Ich entdeckte, daß Robert sehr gern allein war. Wissen Sie, er konnte in schrecklichen Zorn geraten. Einmal, als er glaubte, allein und unbeobachtet zu sein, sah ich, wie er im Wald mit seiner Pistole auf einen jungen Baum schoß. Es war ein Anblick, den ich lieber nicht gesehen hätte. Er zerstörte den Baum vollständig. Manchmal schleuderte er Gegenstände zu Boden, daß sie zerbrachen. Auf diese Weise zertrümmerte er seine Uhr. Ich weiß nicht, warum. Aber er hatte viel Gewalttätigkeit in sich, und manchmal zeigte es sich durch eine solche Geste, und dann wieder kam es in seinem Ausdruck zum Vorschein, wenn man ihn allein auf der Terrasse sitzen oder aus einem Fenster starren sah. Aber nicht immer, wenn er allein war, war er wütend, und hier steht:* Robert ist heute gelaufen. Ich sah zu und auch Barbara. Er lief auf der Koppel. Wir waren mit Clive und Honor hinuntergegangen, um das neugeborene Fohlen in der Scheune zu besichtigen. Als wir herauskamen, sahen wir, wie Robert zusammen mit den Pferden lief. Er hatte sich von Michael eine kurze Rugbyhose geliehen, und das war alles, was er anhatte. Er war sogar barfuß. Den Pferden schien das Rennen zu gefallen. Sie gewannen, aber das schien Robert nichts auszumachen. Er wollte nur laufen. Man konnte das an der Art sehen, wie er lächelte. *Dies war zwischen seinen Fahrten nach London, wo er den Spezialisten aufsuchte, und ich glaube, er versuchte in*

*Wirklichkeit festzustellen, ob seine Beine wieder in Ordnung waren. Anscheinend nicht, wie aus dem folgenden ersichtlich wird:* Robert fuhr heute nach London, um Doktor Giles aufzusuchen. Wenn er zurückkommt, wird er noch zwei Wochen Genesungsurlaub haben. *Das war nach der Operation. In der Zwischenzeit fuhr Michael in sein Ausbildungslager in der Nähe von Liverpool. Mutter ging es nicht gut und sie schrieb an Vater und bat ihn zu kommen. Dies war um die Zeit, als alle weggingen. Clive würde bald weg sein, und auch Lady Holmans Sohn – ein Nachbar – ging und wurde am ersten Tag in Frankreich getötet. Vater weigerte sich, uns zu besuchen, und hier steht:* Seine Entschuldigung ist ein Essen, das Mrs. Dolby – *seine Mätresse* – für Kitchener geben will. Vater ist auf Kitcheners Seite. Er sagt, er schulde es dem alten Mann, daß er sich um Einladungen für ihn kümmert zu einer Zeit, da Kitchener von allen anderen geschnitten wird. Mutter weinte den ganzen Nachmittag. Sie sagte zu Lady Holman, ihrer Ansicht nach müsse Mrs. Dolby verrückt sein, wenn sie Vater darin bestärke, daß er nicht kommen wolle, um seinen Söhnen Lebewohl zu sagen und statt dessen in der Stadt bleibe, um ihren Mörder zu bewirten. *Wissen Sie, Mutter war blind genug, um die Schuld auf Mrs. Dolby zu schieben. Sie konnte sich nie – auch nicht, als sie im Sterben lag und Vater sich weigerte, sie zu besuchen – mit dem Charakter des Mannes abfinden, den sie geheiratet hatte. Sie wollte nicht glauben, daß die Menschen sich nicht im Innersten doch liebten. Als mein Vater nicht an ihrem Sterbebett erschien, sagte sie zu mir: »Er würde kommen, wenn sie es zuließe.« Clive ließ es sich nicht nehmen, zum Wilton Place zu gehen – mit anderen Worten, hierherzukommen, um Vater auf Wiedersehen zu sagen, aber Michael konnte sich nicht vorstellen, daß er sterben könnte, darum ging er fröhlich weg, ohne Abschied zu nehmen, und er und Vater haben einander nie mehr gesehen. Ich vermute, es liegt eine Art poetischer Gerechtigkeit in der Tatsache, daß kurz nach dem Essen, das Mrs. Dolby ihm zu Ehren gab, Lord Kitchener seine Schiffsreise nach Archangelsk antrat und in der ersten Juniwoche unterging. Mein Vater mußte schließlich doch jemandem Lebewohl sagen.*

*Sie wollen bestimmt wissen, ob Roberts Affäre mit meiner Schwester einen physischen Aspekt hatte. Ja, das ist der Fall gewesen – es gibt ein Beispiel dafür, von dem ich aus erster*

*Hand weiß. Aber ich erzähle Ihnen dies nur, weil mir scheint, daß es einen Einfluß auf die Stimmung hatte, in der Robert uns verließ und nach Frankreich zurückkehrte. Wenn es nicht so wäre, würde ich es mir nie verzeihen, Ihnen davon erzählt zu haben. Viele Male habe ich diese Stelle meiner Tagebücher vernichten wollen, aber ich habe mich immer daran erinnert, daß sie Teil eines Menschenlebens ist: eines Menschen, den ich geliebt und verehrt habe. Ich werde Ihnen diese Begebenheit erzählen, und dann noch eine, und das ist alles. Den Rest werden Sie aus anderen Quellen erfahren.*

(LADY JULIET MACHTE EINE SEHR LANGE PAUSE, BEVOR SIE DIE BEIDEN LETZTEN EINTRAGUNGEN LAS. SIE LAS SIE HINTEREINANDER – NAHM SICH DAZWISCHEN NUR ZEIT, UM DIE GESUCHTE STELLE ZU FINDEN. DIE ERSTE EINTRAGUNG FÄNGT NACH ROBERTS RÜCKKEHR ZU SEINEM GENESUNGSURLAUB NACH SEINER KNIEOPERATION AN, UND DIE ZWEITE EINTRAGUNG – VERMUTLICH IRGENDWANN IM JUNI 1916 – MUSS AN DEM TAG GESCHRIEBEN WORDEN SEIN, ALS CLIVE NACH FRANKREICH ABREISTE.)

Ich bezweifle, daß Wilson klug ist – aber sie ist auf eine bäuerliche Weise ehrlich. Sie zieht es vor, »deine Gefühle zu verletzen, statt dich in den Brunnen fallen zu lassen«. Sie hat nie ein Blatt vor den Mund genommen. Einmal sagte sie mir, daß Kinder unserer Klasse »so wenig Anstand haben, daß es geradezu unanständig ist«. Ist das nicht ein reizendes Wortspiel? Aber Wilson ist sich dessen nicht bewußt. Sie sagt, es komme daher, daß wir all diese Rechte haben, die wir für selbstverständlich halten, während *andere* Kinder (»andere«, das heißt für Wilson »anständige« Kinder) wissen, daß ihre Rechte begrenzt sind, und »wissen, wo ihr Platz ist«. Sie sagt, daß ich ein Tolpatsch bin. Sie hat recht. Alles, was ich weiß, habe ich dadurch gelernt, daß ich darüber gestolpert bin. Ich bin in Zimmer hineingestolpert und ich bin in Gefahren hineingestolpert und ich bin in anderer Leute Leben hineingestolpert. Ich bin in all meine Lieblingsbücher hineingestolpert – zum Beispiel in *Die Drehung der Schraube* und in *Das Bildnis des Dorian Gray*. Keine einzige auch nur halbwegs anständige Information hätte ich, wenn ich nicht hineingestolpert wäre. Mrs. Dolbys Kinder sind möglicherweise meine Stiefbrüder – aber ich hätte es nie erfahren, wenn ich mich nicht in der Anrichte versteckt hätte. Dadurch, daß ich in Michaels Zimmer hineinplatzte, erfuhr ich alles, was ich über Jungen zu wissen brauche – und kein Mensch hätte mir *das* gesagt. Tolpatschigkeit rettete Mrs. Grimshanks. Sie hätte sonst wegen ihrer Schulden sterben können. Tolpatschigkeit verhinderte Hauptmann Tafflers Selbstmord, obwohl ich weiß, daß er nicht dabei gestört werden wollte. Und jetzt ist es mir wieder passiert. Diesmal zweifle ich, ob es mir je verziehen werden wird. Von mir selbst.

Gestern abend saß ich auf der Treppe wie im tiefen Kerker von Kalkutta. Alles ist schief gegangen. Michael ist weg, und Clive wird gehen. Ich bin in Robert Ross verliebt, aber er will sich kaum noch zu mir setzen und mit mir sprechen, wie er es tat, bevor er wegging, um sich operieren zu lassen. Jetzt will er nur noch hinten auf der Terrasse vor sich hinbrüten und seine Knie reiben. Vater ist gegen Mutter ausfallend geworden. Jamie Villiers ist an seinen Verbrennungen gestorben. Clive hat eine Mordsangst. Die Pazifisten sind gekommen und haben ein schreckliches Theater veranstaltet. Lady Holman und Caroline Tedworth haben den ganzen Morgen heulend und jammernd in Mutters Büro verbracht. Major Larrabee-Hunt, der wenigstens Sinn für Humor hat, sagt, es hätte geklungen wie der Chor aus den *Frauen von Troja*. Temple hat eine rote Pustel (eine einzige), aber Wilson hat angefangen, Kräuter aufzubrühen und über dem Feuer zu jammern: »Vater, Sohn und Heiliger Geist, bitte tut uns nicht die Schande an, daß es die deutschen Masern sind, jetzt, wo der Kaiser den Krieg gewinnt!« Und ich habe ein komisches Gefühl in den Brüsten. Manchmal jucken sie irgendwie innerlich und manchmal tun sie weh. Jetzt muß ich zweimal am Tag Spinat essen und ein Stärkungsmittel mit Rost darin trinken, das ich hasse. Bald werde ich eine Frau sein, aber sie verkleiden mich immer noch als Kind. Also – ich saß nach dem Dunkelwerden auf der Treppe mit all diesen Sorgen im Kopf, als Barbara durch den Flur kam und in Roberts Zimmer ging. Sie klopfte nicht einmal an. Langsam dämmerte es mir, daß hier meine Chance war, um die Rache zu üben, von der ich träumte. Barbara hat nie an Lady Sorrel geglaubt. Robert ist mürrisch gewesen, und keiner von beiden will mit mir sprechen oder sich richtig mit mir beschäftigen, und da dachte ich, ich könnte eine Menge Fliegen mit einer Klappe schlagen. Ich ging nach unten und holte alle Kerzen aus dem Eßzimmer. Dann ging ich in Barbaras Zimmer und stahl ihr silbernes Kleid. Ich zog es an, dazu Abendsanda-

len mit hohen Absätzen, und ich holte meinen breiten Strohhut und zog ihn an und band den blauen Schal darum, den Wilson mir zu Weihnachten geschenkt hat, zündete meine Kerzen an und schaute in den Spiegel. Ich sah nicht ganz genauso aus wie Lady Sorrel – *weit davon entfernt!* –, aber was machte das schon, besonders da Barbara sagt, sie hätte sie nie gesehen. Vielleicht hat Robert sie gesehen – aber er kannte sie nicht gut genug, um zu wissen, daß sie immer dasselbe anzieht. So schwebte ich also den Flur entlang – oder schwebte beinahe – und gelangte an Roberts Tür. Einen Augenblick lang hatte ich Angst. Ich weiß nicht, was ich erwartete – aber ich dachte, sie würden glauben, daß ich Lady Sorrel war und nicht ich. Ich wollte nichts anderes als die Tür öffnen, zum Kamin gehen und Lady Sorrels Kerzen mit den Kerzen in meiner Hand anzünden und wieder gehen. Darüber hinaus, fürchte ich, hatte ich keinen Plan. Vielleicht verwirrt einen das Erwachsenwerden, und man tut die meisten Dinge ohne nachzudenken.
Was ich tat, war schlimmer, als in etwas hineinzustolpern. Ich werde es nie verstehen. Dies war nicht wie bei Hauptmann Taffler, wo ich wenigstens sehen konnte, was er getan hatte. Es war nicht wie bei Michael, dessen Nacktheit sich selbst erklärte. Dies war ein Bild, das keinen Sinn ergab. Zwei Menschen, die einander *wehtaten.* So kam es mir vor. Ich wußte auf eine kühle, klare Weise ganz hinten in meinem Kopf, daß sie sich »liebten« – aber die Art dieser Liebe verwirrte mich. Die Art und die Gewalttätigkeit. Barbara lag so auf dem Bett, daß ihr Kopf nach unten hing, und ich dachte, Robert versuche, sie zu töten. Sie waren beide völlig nackt. Er lag auf ihr und schüttelte sie mit seinem ganzen Körper. Das war wirklich alles, was ich sah. Nur sah ich es mit solcher Eindringlichkeit, daß ich es immer noch sah – auch nachdem ich davongerannt war. Roberts Hals war voller Blut, und die Adern standen vor. Er haßte sie. Und Barbaras Hand war in ihrem Mund. Die ganze vorige Nacht habe ich nicht geschlafen. Ich versteckte die Kerzen unter meiner Matratze. Barbaras Schuhe und ihr Kleid versteckte ich in der Spielzeugkiste, und ich muß beten, daß Temple heute nicht spielen will. Vielleicht kriegt sie noch mehr Pusteln und muß im Bett bleiben. Weder Robert noch Barbara sahen heute morgen so aus, als ob sie wüßten, daß ich es war, und Robert sagte sogar zu Honor, die zu Besuch gekommen ist, daß Lady Sorrel in der vergangenen Nacht gespukt haben muß, da seine Tür sich öffnete und der Luftzug den Geruch ausgebla-

sener Kerzen hereintrug. Barbara war blaß, als hätte sie, genau wie ich, nicht geschlafen – aber sie sagte nichts. Ich habe das Gefühl eines schrecklichen Verlustes. Ich weiß jetzt Dinge, die ich nicht wissen wollte. *Später:* Gegen Mittag fing ich an zu weinen, ich weiß nicht warum. Es gab keinen richtigen Grund. Ich saß ganz allein im Ballsaal; die Türen zum Garten standen offen, und Barbara hat für morgen unendlich viele Töpfe mit Freesien aus dem Treibhaus kommen lassen (*sie muß wohl eine Party gegeben haben*), und sie standen auf dem Boden in der Sonne. Ich saß mit Amanda (*meiner Puppe*) auf einem der kleinen vergoldeten Stühle, und die Tränen fingen an zu fließen und wollten nicht aufhören. In meinem Kopf drin war die Form von Roberts Schultern und die Weiße von Barbaras Haut... Amandas Gesicht und die Naht, die sich löste, wo ihre Hände sich gelockert hatten – ich, wie ich im Spiegel meine Brüste betrachte... und Temple, die mich anstarrt. Ich weiß nicht warum. Ich weiß nicht warum. Und die goldenen Haare auf Michaels Beinen. Ich weiß nicht warum. Und Barbaras zurückgeworfener Kopf. Und das Dunkel, das alles umgibt. Ich weiß nicht warum. Und ich saß da, saß da und weinte. Weinte einfach. Ich gab keinen Laut von mir. Amanda schien die einzige Freundin, die ich hatte, und ich drückte sie fest an mich. Ich war so gemein gewesen. Ich hatte sie wochenlang auf der Fensterbank sitzen lassen. Ihre Sehnsucht war unerträglich. Nach mir. Sie sehnte sich nach mir, und ich hatte sie im Stich gelassen. Ich weiß nicht warum. Ihre Hände lösten sich, weil ich zu nachlässig gewesen war, um sie anzunähen. Aber nun war sie warm und in Sicherheit und war alles, was ich hatte. Nur ich und sie, und das war alles. Ich weiß nicht warum. Ich weiß nicht warum.
Honor kam und stand in der Tür. Dann kam Clive, und Honor ging weg. Dann sagte Clive: Willst du nach draußen kommen, oder sollen wir hier sitzen. Und ich sagte: Hier. Hier ist es sicher.

Danach blieben wir lange, lange sitzen – Clive auf dem Boden und ich auf dem Stuhl und Amanda auf meinem Schoß. Dann sagte ich: Warum haben Robert und Barbara solche Angst? Und Clive sagte: Alle, die sie geliebt haben, sind gestorben. Und ich sagte: Jeder stirbt. Und Clive sagte: Ja – aber nicht jeder wird getötet. Dann sagte ich: Darum zündet Lady Sorrel ihre Kerzen an, nicht wahr? Damit der Earl of Bath nicht umkommt. Und Clive sagte: Ja. Er sagte, wenn man geliebt werde, so sei das irgendwie, als ob man gesagt bekäme, daß man nie zu sterben braucht. Und ich sagte: Ja – aber es rettet einen nicht, nicht wahr? Und er sagte: Nein – aber es bewahrt einen vor dem Wahnsinn. Dann sagte ich: Hast du Angst? Und er sagte: Ja. Und dann weinte ich nicht mehr. Denn er lächelte.

Robert ist gestern weggegangen. Clive geht heute. Robert ging zu Fuß. Ich fand es so seltsam, daß Barbara nicht kam. Statt dessen stand sie oben auf der Treppe und beobachtete ihn durch das Fenster. Ich durfte bis zum Ende der Auffahrt mitgehen. Ich nahm seine Hand. Er hatte Handschuhe an. Ich liebte ihn mehr, als ich ertragen konnte. Er sagte kein Wort. Ich habe die ganze Woche überlegt, was ich ihm zum Abschied schenken könnte. Er hat mir schon die Skizzenbücher geschenkt mit den Kröten und Mäusen und ihm selbst, wie er schläft. Vorgestern abend fiel mir dann etwas ein, und ich verpackte es für ihn. Heute habe ich es ihm unten am Tor übergeben und ihm gesagt, er dürfe es noch nicht auspacken. Ich sagte, er müsse warten, bis er im Zug säße. Vielleicht versteht er nicht – aber ich glaube doch. Es ist eine von Lady Sorrels Kerzen, in Seidenpapier eingepackt, und eine Schachtel Wachszündhölzer, die ich Wilson gestohlen habe. Vielleicht kann er sie in seinem Schützengraben gebrauchen. Auf der Schachtel steht gedruckt: »WACHSZÜNDHÖLZER – FÜR JEDES WETTER!« Und die Kerze ist erst einmal angesteckt worden. Von mir.

*Jemand sagte einmal zu Clive: Glaubst du, daß man uns das, was wir getan haben, jemals vergeben wird? Sie meinten ihre Generation und den Krieg und was der Krieg der ganzen Zivilisation angetan hat. Clive sagte etwas, das ich nie vergessen habe. Er sagte: Ich bezweifle, daß man uns je vergeben wird. Ich hoffe nur, daß sie sich daran erinnern, daß wir Menschen waren.*

Bis hierher haben Sie vom Tod von 557017 Menschen gelesen – von denen einer von einer Straßenbahn getötet wurde, einer an Bronchitis starb und eine in einer Scheune bei ihren Kaninchen.

# Fünf

1

Robert fuhr an einem Samstagmorgen um 11.55 Uhr vom Waterloo-Bahnhof ab. Er kam am Nachmittag um 2.30 Uhr in Southampton an und brachte sein Gepäck an Bord eines schmutzigen, überfüllten kleinen Dampfers, der erst um 6 Uhr ablegte. In der Zwischenzeit schickte er eine Postkarte an seine Mutter, auf der er ihr mitteilte, daß sein Urlaub vorüber sei. (Als Mrs. Ross diese Nachricht bekam, kehrte sie mit ihm nach Frankreich zurück.)

Die Überfahrt war stürmisch, bis die Sonne unterging, dann legte sich der Wind. Robert lehnte an der Reling und fragte sich, wie er wohl seinen Weg zum Hauptquartier der Brigade finden sollte, da er auf einem solchen Umweg kam. Normalerweise wäre er von Folkstone nach Boulogne übergesetzt. Aber kurz vor der Hafeneinfahrt waren vor der englischen Küste mehrere Schiffe versenkt worden, und die beiden Häfen waren für einige Zeit gesperrt. Der Dampfer kam um 1.30 Uhr in der Nacht in Le Havre an. Robert und ein paar andere Männer mußten im Dunkeln zwei Stunden auf dem Hafengelände warten, aber schließlich nahm sie ein Wagen mit zur Kanadischen Nachschubbasis, wo sie um 4.30 Uhr ankamen, als zum Wecken geblasen wurde.

Am Sonntag schlief Robert bis Mittag. Er streunte bis zum Abendessen auf dem Gelände der Basis herum, und da immer noch keine Nachricht eingetroffen war, daß er an diesem Abend weiterreisen könnte, ging er wieder in die Stadt und aß im »Metropol« zu Abend. Den ganzen nächsten Tag saß er in der Sonne, an die Wand einer Lastwagengarage gelehnt. Am Nachmittag um 4 Uhr kam sein Marschbefehl durch, und er kehrte nach Le Havre zurück. Durch die Schlamperei eines der Feldwebel bei der Basis wurde Robert zu dem einen Bahnhof geschickt und sein Kleidersack zu einem anderen. Der Sack enthielt seine Socken und sein Unterzeug, seine Hemden, den Feldstecher und die Webley. Er benachrichtigte sofort den zuständigen Bahnoffizier und bat, ihm den Sack nachzuschikken, sobald er auftauchte. Er fühlte sich ohne die Sachen seltsam hilflos. So als hätte er sein Gesicht im Spiegel zurückgelassen und die Webley in der Hand eines Fremden.

Am folgenden Morgen (Dienstag) war Robert in Rouen. Er setzte sich in die Kathedrale, aß am Fluß zu Mittag und kehrte um 3 Uhr zum Bahnhof zurück. Der Zug wand sich durch den Abend und die Dunkelheit, bis er um 6 Uhr morgens in einer Stadt ankam, die scheinbar keinen Namen hatte. Hier sagte man ihnen, sie könnten nicht aussteigen und müßten bis elf im Zug warten. Als der Zug schließlich wieder abfuhr, tauchte er fast sofort in einen dichten grünen Wald. Es war jetzt Mittwoch. Am Mittag sangen in dem Wald die Nachtigallen.

Als sie aus dem Wald herauskamen, regnete es. Der Himmel, der sich schon verdunkelte, hing tief über einer chartreusefarbenen Landschaft. Robert drückte das holzgerahmte Fenster herunter, rollte die Ärmel hoch und hielt das Gesicht und die Arme dem Regen hin. Die Luft war von einer scharfen elektrischen Spannung erfüllt, und Robert fühlte sich einen Augenblick sanft auf die verglaste Veranda in Jackson's Point versetzt, wo vielleicht in diesem selben Augenblick seine Familie saß, über den See hinweg in ein solches Frühlingsgewitter starrte, während Meg stoisch drüben bei den Zedern stand, die Ohren angelegt und die Augen halb geschlossen. Bimbo lag bestimmt auf dem Liegestuhl, und Roberts Vater und Peggy kraulten ihn hinterm Ohr – jeder auf einer Seite. Stuart war bestimmt im Schuppen hinter dem Haus, wie in jedem Frühling – hämmerte Nägel in seinen Wagen, änderte die Seitenteile und die Windschutzscheibe. In einem Jahr war die Karre ein römischer Rennwagen gewesen. In einem andern irgendeine verrückte Maschine aus Jules Verne. In diesem Jahr würde es bestimmt ein Tank. Seine Mutter . . .

Es wurde dunkel.

Am Donnerstag morgen verließ Robert den Zug in einer Stadt, die Bois de Madeleine hieß. Von hier waren es immer noch achtzehn Kilometer bis zu seinem Bestimmungsort Bailleul. Es war jetzt etwa 4 Uhr und noch eine Stunde bis Sonnenaufgang. Robert beschloß, das Tageslicht abzuwarten, bevor er sich auf den Weg machte. Er setzte sich mit hochgeschlagenem Kragen auf eine Bank und schlief ein. Als er aufwachte, saß ein alter weißer Hund zu seinen Füßen; mit diesem teilte er seine Ration. Dann stand er auf, ging zum Büro des Bahnhofsvorstehers und klopfte an das Fenster, hinter dem er den Bahnoffizier sah, der Teewasser aufgesetzt hatte. Robert bekam eine Tasse

Tee, und der Offizier sagte ihm, er müsse die nächsten zehn Kilometer zu Fuß zurücklegen, wenn er vor Einbruch der Nacht in Bailleul sein wolle. Später würde ein Extrawaggon durchkommen, der sein Gepäck mitbringen würde – aber wenn er darauf wartete, würde er erst gegen Mitternacht ankommen, und das bedeutete, daß er dann keine Chance mehr hatte, in dem kleinen Hotel ein Zimmer zu bekommen. Robert dankte dem Mann, tätschelte den Hund zum Abschied und machte sich auf den Weg, während die Sonne zu seiner Rechten aufging.

Die Gegend, durch die er kam, war schön und völlig friedlich. Das Grollen der Kanonen hatte noch nicht begonnen, aber selbst als es anfing, war es so weit weg, daß es aus einer andern Welt zu kommen schien. Die Bäume fingen eben an, ihre Blüten abzuwerfen, und die Straßenränder waren mit weißen und rosa Blütenblättchen übersät. Die Luft war erfüllt vom süßen, traurigen Duft des Blütenstaubs, und die Bienen summten. Robert sah einen kleinen weißen Bauernhof; im Hof stand eine Kuh, und er dachte: Es kann keinen Krieg geben. Die Scheune war niedrig und breit und mit Stroh gedeckt, und drinnen blökten Schafe. Ein Mann stand auf der Schwelle des Hauses und bereitete die Eimer zum Melken vor. Robert winkte. Der Mann winkte zurück. Die einzigen Spuren des Krieges waren die Wagenrinnen auf der Straße. Robert schulterte seinen Brotbeutel und schritt durch das Gras. Er wußte nicht genau, wo er sich befand. Er kam an einer Reihe verlassener Gebäude vorbei. Plötzlich war die Landschaft leer. Wohin waren all die Menschen verschwunden? Robert fühlte sich verlassen. Er hatte seine Pistole verloren. Er hatte seine saubere weiße Wäsche verloren. Es war heiß – und wurde noch heißer. Seit er St. Aubyn verlassen hatte, hatte er nicht mehr richtig geschlafen. Er ging wie benommen durch das blendende Licht, schweißüberströmt. Er wollte nur noch ankommen. Er würde essen, schlafen und baden; in dieser Reihenfolge. Dann würde er seine Pistole wiederbekommen. Aber bis dahin schien es noch ein unendlich weiter Weg. In La Chodrelle goß er sich einen Eimer Wasser über Kopf und Hals – traf auf zwei Reiter und ritt die letzten sieben Kilometer bis Bailleul. Als er ankam, hatte er stechende Kopfschmerzen. Er war von Le Havre aus dreihundert Kilometer im Kreis gegangen und gefahren, um hierher zu gelangen. Eigentlich war die Entfernung nur ein Viertel so lang. Als er völlig angekleidet auf sein Bett fiel, fiel er durch eine bewölkte Landschaft mit kleinen weißen Scheunen und Kühen und schlief beim Rauschen des Wassers, das die Füße seiner Mutter netzte, und beim Gesang von Nachtigallen in einem namenlosen Wald.

2

Er wurde im Dunkeln wach. Neben seinem Bett stand eine Kerze. Er zündete sie an. Er schaute auf die Uhr. 1.30 Uhr. Welches Datum? Er ging zum Fenster hinüber, schnallte sich dabei die Uhr ums Handgelenk. Er hatte sie – nachdem er die andere zerbrochen hatte – in Cambridge gekauft. Nein. Er hatte sie nicht gekauft. Barbara hatte sie gekauft. Robert war es peinlich gewesen. Barbara hatte gesagt: »Mach dich nicht lächerlich. Ich werde dir alles kaufen, was ich will.« Er zog den Vorhang zurück. Es war draußen pechschwarz, und der Hof war voller Geräusche. Es waren Pferde dort und ein großer Ford. Robert spähte ins Dunkel, bis seine Augen sich an das Licht – oder an den Mangel an Licht gewöhnt hatten. Er hörte Frauenstimmen. Das Gelächter der Frauen. Krankenschwestern. Die Tür des Hotels ging auf, und goldenes Licht strömte über das Steinpflaster. Eine – zwei – drei Schwestern. Und zwei Männer. Es waren auch ein paar Soldaten da, die versuchten, die Pferde zu beruhigen. Robert hatte ein Gefühl, als wäre er betrunken gewesen und weit weg. Er fragte sich sogar, ob er nicht einen Tag verloren hätte. Sein Magen war leer, und sein Bart fühlte sich an, als wäre er sechs Wochen alt. Wo war er gewesen? In Träumen bei seinem Vater. Er öffnete das Fenster, um Luft hereinzulassen. Die Frauen waren jetzt drinnen – unten im Haus. Er konnte sie mit dem Portier sprechen hören – sie wollten etwas zu essen haben. Robert dachte: Das trifft sich gut. Ich werde hinuntergehen und mich ihnen anschließen. Dann sah er sich im Spiegel, und es fiel ihm ein, daß er seit Tagen nicht gebadet hatte. Sein Vater hatte ihm gesagt, daß Frauen zwei Dinge von einem Mann verlangten, bevor sie sich zu ihm setzten, mit ihm aßen oder mit ihm schliefen: einen reinen Körper und einen reinen Atem. Robert drehte der Tür den Rücken und setzte sich wieder aufs Bett. Er würde nicht nach unten gehen. Er konnte sich so nicht zeigen. Er lehnte sich zurück und griff nach seiner Flasche. Er nahm einen langen tiefen Schluck Cognac. Es schüttelte ihn. Dann steckte er sich

eine Zigarette an. Er fragte sich, wo sein Kleidersack inzwischen gelandet sein mochte. Er hatte seit Tagen im selben Hemd und im selben Unterzeug geschlafen.
Während er dalag und auf die Geräusche horchte, die die Pferde unten im Hof und die Frauen im Speisesaal machten, glitt seine Hand über seinen Bauch und dann nach unten zwischen seine Beine. Bum – bum – bum, dröhnten die Kanonen an der Front. Robert achtete nicht darauf. Fast zögernd öffnete er die Hosenknöpfe – einen nach dem andern. Er schaute durch halbgeschlossene Lider zur Decke hinauf. Die Frauen plauderten weiter, und jemand rief nach Wein. Von einem Grammophon ertönte brüchig ein Lied: *»Lil – Lil – Picadilly Lil – sitzt auf einem Platz – schmust mit ihrem Schatz – im Sonnenschein am hellen Nachmittag ...«* Weit vorn an der Front dröhnten die Kanonen weiter in ihrem monotonen Rhythmus, und der Geruch von Benzin und Schweiß schwebte im Raum. Robert knöpfte sein Hemd ganz auf und zog es aus. So war es besser. Er stand auf und ließ seine Hose und sein Unterzeug auf den Boden gleiten. Er konnte sich jetzt – blaß in der Aureole des Kerzenlichts – im Spiegel sehen. Es war ein Schock. Er kam sich wie ein Flüchtling vor. Sein Bart und die Schatten unter seinen Augen gaben ihm das Aussehen eines uralten Mannes. Er lächelte. Er hatte geglaubt, er würde dastehen und sich selbst wie einen Gott im Spiegel sehen – und da war er nun: eine Vogelscheuche. Unten fingen sie an zu tanzen. *»Lil – Lil – o Picadilly Lil – Hast du denn ganz vergessen – wie wir beide da gesessen – an unserm Picadilly-Hochzeitstag? – O Lil – sitzt da auf ihrem Platz – schmust mit ihrem Billy-Schatz – an einem sonnenhellen Nachmittag!«*
Robert ließ sich auf das Bett fallen. Er war außer Atem und ihm war schwindlig, obgleich er ganz still gestanden hatte. Ein kühler Lufthauch strich ihm über Brust und Schenkel. Sein Unterleib war naß von Schweiß. Seine Fußsohlen waren kalt. Er trank wieder aus der Flasche. Seine Augen wollten sich nicht schließen. Sie schauten seitlich zur Decke hinauf. Er schloß die Faust um seinen Penis. Er dachte: Wie klein er ist. Er zog die Knie an. Er fühlte sich – ganz plötzlich – schrecklich allein. Das Bett schien nur ein Felsvorsprung über einem endlosen, brodelnden Abgrund. Eine plötzliche Vision von Vernichtung traf ihn wie eine Bombe. Die Frauen lachten. Die Musik spielte. Die Pferde wieherten leise im Dunkeln. Die Kerze flackerte und erlosch. Robert hörte einen langgezogenen weißen Ton. Ver-

gessen. Er schlief, und die Faust blieb dort liegen, wo sie gewesen war, kaltes, nasses, hunderttausendfach mögliches Leben an seinen Fingerspitzen.

## 3

Robert wachte auf und sah, daß es geregnet hatte. Es war irgendwann nach Mittag. Eine gebeugte alte Frau brachte ihm eine Kanne laues Wasser und eine gelbe Tasse Tee. Er rasierte sich. Es war nur symbolisch. Er würde sich gründlichst rasieren, sobald er ins Badehaus kam. Sein Haar war voller Flöhe, aber Flöhe waren nicht so schlimm wie Läuse. Man konnte die Flöhe ertränken, wenn man das Haar wusch, die Finger als Sieb gebrauchen und die Leichen in das Schmutzwasser fegen. Sobald man an die Tore von Désolé kam, bekam man eine Flasche starker grüner flüssiger Seife, die brannte, wenn sie direkt auf die Haut kam.

Robert freute sich auf sein Bad. Er würde es wie ein Fest genießen, im Wasser und im Dampf schwelgen, und hinterher würde er sich ein kostspieliges Essen mit Huhn leisten und unten bei Grammophonmusik und einer Flasche einheimischem Wein sitzen. Er zog seine Reithose und die Reitstiefel an und den khakifarbenen Sweater, den Eloise Brown für ihn gestrickt hatte. Sie hatte ihn in einem Päckchen zusammen mit ihrer Photographie geschickt. Eloise Brown war immer im Hintergrund geblieben, solange Heather Lawson die Szene beherrschte, aber seit Heather mit Tom Bryant verlobt war, hatte Eloise einen Riesenschritt nach vorn getan. Sie war scheu und auf eine blasse, blonde Weise hübsch, und Robert hatte nichts gegen ihre Aufmerksamkeiten. Der Sweater war schön gestrickt.

Beim Hinausgehen blieb er beim Portier stehen, um zum Abendessen ein Hühnchen zu bestellen. Der Portier konnte ein paar Worte in jeder Sprache: Französisch und Holländisch und Deutsch – Flämisch, Wallonisch, Englisch, und sogar ein wenig Spanisch. Seit vierhundert Jahren, seit der Zeit, als Philipp von Spanien Anspruch auf die Niederlande erhoben hatte, sprach man in der Gegend noch einige Brocken Spanisch. Das Hühnchen werde Robert einiges kosten, rief der Portier. Aber Robert sagte, er werde jeden Preis dafür bezahlen.

Er nahm sich Zeit, während er durch die Stadt schlenderte. Eine lange Reihe aller möglichen Fahrzeuge füllte die Straßen – einige bewegten sich vorwärts, einige standen. Munitionswagen, Kanonen und Protzen, Lastwagen und Autos, Motorräder und Krankenwagen versuchten, sich in den Verkehr einzureihen. Wagenkolonnen transportierten Lebensmittel, andere Stroh und Heu für die Pferde. Es gab Wasser- und Medikamenttransporte und lange Züge von Pferden und Mauleseln, die als Nachschub an die Front getrieben wurden. Truppen schoben sich vorwärts, jeder Mann schwer bepackt mit sechzig Pfund Ausrüstung – mit Spaten und Stahlhelmen, die auf dem Rücken schepperten. Offiziere fuhren in Daimler-Limousinen vorbei, und Robert sah sogar ein paar RAYMOND/ROSS-Dampftraktoren, die eine Zwölf-Zoll-Haubitze beförderten. Der Lärm auf den Straßen war ohrenbetäubend – und die Luft war erfüllt vom Gesang, der immer wieder das Wiehern der Pferde, das Klirren des Geschirrs und das hohe Heulen der Motoren übertönte. *»Zieh den Kopf ein, kleiner Fritz! Zieh den Kopf ein, kleiner Fritz! Denn die ganze Nacht im Mondenschein, ich saaaaaaaaa – ah dich! Ich saaaaaaaaa – ah dich!«* Robert begann leise mitzusingen. *»Du flicktest deinen Drahtverhau – und wir schießen ganz genau – willst du also wiedersehn – Mutter, Bruder, Schwesterchen – zieh den Kopf ein, kleiner Fritz!!!!!!* Robert dachte an die samstägliche Menge beim Fußballspiel, als an den kalten Herbstnachmittagen alle sich an den Händen faßten und die langen Ketten der Sänger auf den Tribünen vor- und zurückschwankten, bis das ganze Stadion hin- und herwogte. *Und wie er dem Ball nachrannte! Er schoß . . . und der weite hohe Bogen, in dem der Ball unter dem Brüllen der Menge zwischen die Pfosten geschossen wurde! Rah! Rah! Rah! Hoch, St. Andrew! Rah! Rah! Rah!* Seit er zehn oder zwölf war, hatte Robert nicht mehr von Ruhm geträumt. Nun ermunterte ihn der Gedanke.

Er verließ die Straße und schlug eine Abkürzung durch die Wiesen ein, die nach Désolé führte. Die Gräben waren voll von goldgelben Sumpfdotterblumen und schwimmenden Enten. Er wunderte sich, daß die Enten überlebt hatten, wo doch soviel hungrige Soldaten auf der Suche nach zusätzlichen Rationen waren – dann sah er ein etwa achtjähriges Kind mit einer riesigen Donnerbüchse auf einem Zaun sitzen. Robert nahm die Mütze ab, um zu zeigen, daß er es nicht auf die Enten abgesehen hatte – aber das Kind winkte nicht zurück. Es saß mit gerunzelter Stirn da, bis Robert vorüber war, dann spuckte es auf seine Schuhspitze.

4

Der Hof von Désolé war voll von Insassen in ihren typischen hellblauen Kitteln und von Scharen von betreuenden Nonnen. Robert hatte entdeckt, daß die Nonnen von einer trügerischen Sanftmut waren. Sie lächelten ständig und nickten freundlich, wenn man vorbeikam, aber wenn unter den Insassen Unruhe entstand, krempelten sie die Ärmel hoch und wateten in das Getümmel hinein wie Gladiatoren in Röcken. Unter ihrem Habit waren sie stark und muskulös wie eine Horde von Ringkämpfern. Robert hatte gesehen, wie sie Insassen gegen die Wand schleuderten und sie mit den Fäusten bearbeiteten, bis sie bewußtlos waren. Dann knieten sie nieder und behandelten liebevoll die Wunden, die sie ihnen zugefügt hatten, als wäre eine Naturkatastophe über sie hinweggegangen und als müßten sie ihr Bestes tun, um die Opfer wieder zum Leben zu erwecken.
Die Bäder selbst lagen in einem Gebäude, das im finstern Mittelalter vielleicht einmal die Küche gewesen war. Die hohe, gewölbte Decke konnte man kaum sehen, so wenig Licht fiel durch die blinden Glasscheiben. Man zog sich aus und ließ seine Sachen in einer der alten Zellen, die seit mehr als hundert Jahren nicht mehr bewohnt waren. Diese Zellen hatten keine Fenster; hätte nicht die eine Laterne an der Wand gehangen, wäre es so dunkel wie in einer Höhle gewesen; es war ebenso feucht, und man ahnte, daß es Ratten geben mußte. Eisengitter versperrten das Ende des Flurs, und die Zellen konnten durch eine eiserne Schiebetür geschlossen werden, die jedes Licht von draußen aussperrte. Robert hatte es dort nie gefallen, und er war immer froh, wenn er seine Kleider ablegen, die Handtücher nehmen konnte, die man bekam, und sich schnell in die offene, dampferfüllte Höhle zurückziehen konnte. Er haßte enge Räume – er haßte es, eingeschlossen zu sein. Seit der Unterstand eingestürzt war, hatte er Angst vor Wänden, die einen zu eng umschlossen. Er rannte beinahe in den Baderaum.
Die Badewärter wurden aus den ruhigsten Patienten ausgewählt, oft waren sie nur etwas zurückgeblieben. Manchmal

erlaubte man den Patienten, zusammen mit den Soldaten zu baden; es kam darauf an, wie viele Soldaten da waren. Sie saßen an den Wänden entlang, in weiße Tücher gehüllt, um sich vor Erkältungen zu schützen. Viele der Patienten wollten gar nicht baden und hatten Angst vor dem Wasser. Ab und zu gab es einen Krawall, wenn einer dieser Widerspenstigen gezwungen werden mußte, sein Laken abzulegen und in die Wanne zu steigen. An diesem Tag nun waren etwa ein Dutzend Patienten da und ein Paar männliche Wärter, die stark genug waren, sie unter Kontrolle zu halten. Es schienen auch Soldaten aller Ränge da zu sein – während früher die Bäder von Désolé das alleinige Vorrecht der Offiziere gewesen waren.

Robert vertrödelte fast eine Stunde in seiner Wanne. Er rasierte sich noch einmal und wusch sich das Haar, seifte sich von oben bis unten mit der flüssigen grünen Seife ein. Er bürstete sich die Fingernägel und die Fußnägel und schrubbte sich Handgelenke und Schultern mit einer Bürste, mit der man eine Steinwand hätte säubern können. Als er damit fertig war und im Wasser gelegen hatte, bis seine Fingerkuppen und Fußsohlen runzlig waren, stand er auf und spülte sich mit vier Eimern sauberen, lauen Wassers aus der Zisterne ab. Er hatte sich gerade abgetrocknet und sich auf den Weg in die Zelle gemacht, um seine Kleider zu holen, als einer der Patienten anfing zu brüllen und dem Wärter, der versuchte, ihn in die Wanne zu manövrieren, mit Obszönitäten zu überschütten.

So fing es an. Nichts als ein wütender Mann, der nicht ganz richtig im Kopf war.

Robert blieb stehen und sah einen Augenblick zu – ein wenig amüsiert vom Anblick der zappelnden Arme und Beine und der Flut von Beschimpfungen, die von den Lippen des Mannes kam. Dann ging er weiter, das Handtuch um den Kopf gewikkelt.

Als er den Korridor erreichte, hatte der Lärm ein solches Ausmaß erreicht, daß er sich noch einmal umdrehte. Fünf oder sechs weitere Patienten beteiligten sich an dem Getümmel, und die meisten Soldaten hatten sich in ihren Wannen aufgerichtet, feuerten die Kämpfenden mit Zurufen an und schwenkten ihre Handtücher, als wohnten sie einem Boxkampf bei. Robert dachte, es wäre gut, wenn noch ein paar weitere Wärter herunterkämen, damit man der Lage Herr würde, aber als er den Korridor betrat und auf seine Zelle zuging, war er in Gedanken bereits bei seinem Abendessen mit Huhn. Erst als er schon ein

paar Schritte in den Raum hineingetan hatte, merkte er, daß die Laterne nicht mehr brannte – und dann war es zu spät. Jemand war hier drinnen, die Tür schwang hinter ihm zu, schloß seinen Schrei zusammen mit ihm selbst ein und schnitt ihn von den Menschen draußen ab.
Sein Schrei war nicht mehr als die erschrockene Reaktion auf das Zuschlagen der Tür. Niemand hatte ihn berührt, aber er wußte, daß er nicht allein war. Er stand vollkommen still – wie ihm schien, in der Mitte der Zelle. Er hörte nichts als einen Atem und ein sehr leises, raschelndes Geräusch. Er dachte an die Ratten – aber es war nichts da, auf das er hätte hinaufsteigen können. Er versuchte, seine Augen an das Dunkel zu gewöhnen, aber das Dunkel war vollkommen, nicht einmal gemindert durch einen Spalt unter der Tür. Robert war blind. Er konnte überhaupt nichts sehen.
»Wer ist da?« sagte er.

Jemand bewegte sich.

Und noch jemand.

Es waren zwei.

Fast im gleichen Augenblick hörte Robert ein drittes Geräusch, das ihm klarmachte, daß er umstellt war. Mindestens drei, wahrscheinlich sogar vier verbargen sich im Dunkeln. Robert spürte ein Zerren – zuerst ganz leicht – am Zipfel seines Handtuchs. Er hielt es fest, und das Ziehen am anderen Ende verstärkte sich. Er hatte Angst, seine Arme auszustrecken. Er war sicher, daß er jemanden berühren würde, und der Gedanke war ihm unerträglich – er wußte nicht, wer dort war oder warum sie die Tür geschlossen und ihn eingesperrt hatten.
Das Handtuch wurde ihm mit einem plötzlichen Ruck aus der Hand gerissen, und er stand nackt und wehrlos da. Er legte eine Hand über sein Geschlecht und hatte plötzlich ein Gefühl, als bekäme er gleich einen Schlag. Auch in den Augen hatte er dieses Gefühl, er hätte sie gern bedeckt, weil er Angst hatte, geblendet zu werden, aber er wagte es nicht. Er brauchte die andere Hand, um sich zu verteidigen. Er fürchtete, man würde ihn mit Waffen angreifen. Seine Kehle war wie zugeschnürt, und sein Mund war völlig ausgetrocknet. Er konnte kaum atmen. Das Dunkel war schrecklich und schien in sein Gehirn einzudringen. In der Zelle war es sofort feucht geworden wie in einem Treibhaus oder in einem Dampfbad. Roberts Körper

troff von Schweiß. Sein Bewußtsein stolperte über einen Strand von Wörtern, hob sie auf wie Kiesel und rollte sie in seinem Kopf herum, aber keins davon fiel ihm in den Mund. Warum? dachte er immer wieder. Warum?
Jemand streifte seine Seite. Robert schrak zurück. Eine Hand faßte von hinten unter seiner Achsel hindurch und streichelte ihn direkt über der Schamgegend. Finger streiften nach unten durch seine Schamhaare und faßten seinen Penis. Robert spürte die ganze Länge eines nackten Körpers, der sich gegen seine Schulter drückte. Die Hand, die ihn hielt, fing an, ihn ganz langsam zu streicheln. Robert versuchte, auszuweichen, den Fingern zu entgehen, aber jemand, der vor ihm kniete, umfaßte seine Knie und begann, seine Wange gegen seine Schenkel zu reiben. Robert warf den Kopf zurück und versuchte zu schreien, aber eine Hand fuhr über sein Gesicht, und Finger drückten sich in seinen Mund. Sie zogen an seiner Unterlippe, bis er dachte, der Unterkiefer würde aus dem Gelenk springen, der Schrei verknotete sich in seiner Kehle und begann, ihn zu ersticken. Er wehrte sich mit solcher Gewalt, daß seine Angreifer sich sofort alle auf ihn stürzten – immer noch ohne einen Laut von sich zu geben. Sie packten ihn an Armen und Beinen und rissen ihn hoch.
Er wurde im Dunkeln so oft umhergeschleudert, daß er jedes Gefühl für Gleichgewicht verlor. Dann wurde er auf den Rükken gelegt und von jemandem festgehalten, der unter ihm lag. Seine Beine wurden so weit auseinandergerissen, daß er glaubte, sie würden brechen. Münder begannen, an seinem Geschlecht zu saugen. Hände und Finger faßten und befühlten jeden Teil seines Körpers. Jemand schlug ihn ins Gesicht.
Robert verlor allmählich das Bewußtsein. Er fühlte, wie er wieder hochgehoben und herumgedreht wurde, so daß er aufs Gesicht zu liegen kam. Wieder lag einer unter ihm, aber ein anderer lag jetzt auf ihm. Er konnte nur die Gestalt des Mannes fühlen, der jetzt in ihn eindrang, und die schreckliche Gewalt, mit der es geschah. Robert versuchte verzweifelt, seine Zähne in den Mann unter ihm zu graben – aber jemand packte ihn bei den Haaren und riß seinen Kopf so plötzlich zurück, daß Robert der Atem stockte und er das Bewußtsein verlor. Ein blasses, gemeines Licht hüllte ihn ein. Sein Gehirn erlosch.
Nach einer Weile (es mochte eine Stunde vergangen sein oder eine Minute) merkte er, wie die andern sich zurückzogen. Er fühlte, wie ihre Körper sich entfernten und sein eigener her-

umgerollt und mit dem Gesicht auf den Steinen liegen gelassen wurde. Er hörte, wie sie die Riegel vor der eisernen Tür zurückschoben, und versuchte, den Kopf zu heben, um zu sehen, wer sie waren, aber sein Hals ließ sich nicht bewegen. Er fühlte, wie er wieder ohnmächtig wurde, aber kurz bevor er das Bewußtsein verlor, hörte er eine Stimme – und die Worte waren glasklar: »Rührt sein Geld nicht an, das würde uns todsicher verraten.«
Seine Angreifer, die er für Wahnsinnige gehalten hatte, waren seine Kameraden. Vielleicht waren es sogar seine Offizierskameraden. Er würde es nie erfahren. Er hatte ihre Gesichter nicht gesehen.

*5*

Robert stand in der Mitte des Raumes.

Er wollte ein sauberes Hemd.

Er wollte sauberes Unterzeug.

Er wollte seine Pistole.

Er schaute hinter der Tür nach.

Er schaute unter dem Bett nach.

Er zog eine Kommodenschublade nach der anderen heraus.

Er stellte sie auf den Boden.

Er hob die Matratze hoch und zog sie seitlich über das Bett.

Nur eine alte Zeitschrift.

Er suchte hinter dem Waschtisch.

Staub.

Er kippte den Wasserkrug.

Wasser.

Er schleuderte den Krug in die Ecke.

Er zerbrach in sechzehn Stücke.

Er kippte den Kleiderschrank.

Nichts.

Er kniete neben dem Bett nieder und riß die Matratze auf, zog große Büschel Roßhaar heraus und ließ sie auf den Boden fallen.

Er zerrte den Drell von den Kissen, und die Luft füllte sich mit Federn.

Die Pistole. Die Pistole. Er brauchte seine Pistole.

Jemand klopfte an die Tür.
Robert konnte kaum sprechen.
Es klopfte noch einmal.
»Wer ist da?«
Er hatte Angst, die Tür zu öffnen.
»Ich bin's, Herr Leutnant«, sagte eine Stimme, die er kannte, aber nicht sofort identifizieren konnte.
»Gehen Sie«, sagte Robert.
»Nein. Herr Leutnant, das geht nicht«, sagte die Stimme. »Ich habe etwas für Sie.«
»Was?«
»Ihren Kleidersack.«
Robert wickelte sich in ein Bettuch – genau wie ein Irrer – und öffnete die Tür.
Es war Poole.
»Mein Gott«, sagte Robert. »Wo kommen Sie denn her?«
»Ich bin nur auf der Durchreise«, sagte Poole. »Aber das da kam beim Hauptquartier des Bataillons an, und ich wußte, daß Sie es brauchen.« Er zeigte auf den Kleidersack.
»Kommen Sie herein«, sagte Robert.
»Ich kann aber nicht bleiben«, sagte Poole. Er sah das Durcheinander im Zimmer. »Ich muß zum Zug, der Anschluß an das Schiff hat.«
Robert sagte: »Bleiben Sie einen Augenblick. Bitte.«
Poole kam herein, und Robert schloß die Tür. Er nahm den Kleidersack hastig an sich, ja, er riß ihn Poole beinahe aus der Hand.
Es folgte ein langes, verlegenes Schweigen.
Robert sagte: »Sie sehen gut aus.«
»Danke«, sagte Poole.
Robert lächelte. »Ihre Stimme hat sich verändert.«
»Ja, Herr Leutnant. Schon möglich.«
»Nun – das kann jedem passieren.« Robert versuchte zu lachen.

Dann wußte er nicht, wie er fortfahren sollte – was er sonst noch sagen sollte. »Sie fahren also nach England«, sagte er zaghaft.
»Ja, Herr Leutnant.«
»Wie geht es den andern? Bonnycastle? Devlin? Roots?«
»Leider ist Leutnant Bonnycastle ...«
»Oh.«
»Den andern geht's prima. Als ich sie verließ ...«
»Ja. Ich verstehe. Und Sie gehen jetzt in Urlaub. Nun. Ich wünsche Ihnen alles Gute, Poole.«
»Vielen Dank, Herr Leutnant.«
»Ich bin froh, daß Sie mir den Kleidersack gebracht haben. Ich brauchte ihn dringend.«
»Ja.«
Sie standen da. Robert wünschte von ganzem Herzen, daß Männer sich umarmen könnten. Aber er wußte jetzt, daß sie es nicht konnten. Nicht durften. Er sagte ganz plötzlich auf Wiedersehen. Poole ging einfach davon. Robert hörte ihn die Treppe hinuntergehen. Dann hörte er ihn auf dem Hof und trat ans Fenster, um ihm nachzuschauen. Er wünschte, Poole würde winken – aber er tat es nicht. Er ging davon und verschwand in der Menge.
Robert setzte sich auf die zerfledderte Matratze und öffnete seinen Kleidersack. Alles war da – auch das Bild von Rowena.
Robert verbrannte es mitten auf dem Fußboden.
Dies war kein Akt der Wut – sondern ein Akt der Liebe.

## *6*

Der massivste Vorstoß der Briten am Frontvorsprung von Ypern stand bevor. Massen von Material und Menschen wurden auf den Straßen herangeführt. Robert schloß sich ihnen am frühen Morgen an.
Er ritt in der Nachhut eines Munitionstransports von fünfunddreißig Maultieren und hundert Pferden. Sein Schlafsack, sein Koffer, sein Kleidersack und sein Brotbeutel lagen so, daß er sie sehen konnte, hinten auf einem Wagen. Die Webley steckte in ihrem Halfter und drückte gegen seine Rippen.
Sie kamen durch die Marschen, in denen Robert im Winter beinahe ertrunken wäre. Es kam ihm vor, als sei dies nicht mehr dieselbe Stelle. Amseln sangen in den Binsenbüscheln vom

vorigen Jahr. Lastkähne schwammen auf dem Kanal, drei Kähne wurden von alten Männern und Kindern gezogen, nur auf einem konnte man sich den Luxus eines Pferdes leisten. Es war alles so widersinnig. Eine Frau winkte von einem der Kähne. Weniger als einen Kilometer entfernt schlugen Granaten ein.

An einer Straßengabelung stießen sie auf Militärpolizei. Die Polizisten trugen rote Armbinden. Ihre Halfter standen offen. Sie dirigierten den Verkehr und hielten gleichzeitig Ausschau nach möglichen Deserteuren. Und natürlich nach Spionen. Bei so großen Truppenbewegungen versuchten manchmal Deserteure als Verwundete oder als Melder nach hinten zu gelangen. Auch Spione konnten in die Truppe eingeschleust werden – gewöhnlich als Bauern aus der Umgebung oder als Flüchtlinge aus den frontnahen Orten getarnt. Das Vorgehen der Militärpolizei war oft sehr brutal. Vor einem Angriff war es ihre Aufgabe, dafür zu sorgen, daß alle Mann die Schützengräben verließen. Sie hatten den Befehl, jeden zu erschießen, der sich weigerte. Von Zeit zu Zeit geschah das auch, aber Robert hatte es nie erlebt.

Die Straße gabelte sich hier. Die eine Straße führte nach Nordosten in Richtung Ypern – die andere zweigte ein paar Grad nach Süden ab und führte nach Wytsbrouk. Diese Straße schlug Roberts Konvoi ein. Die meisten der großen Geschütze und fast alle Truppen zogen weiter nach *Wipers*. Von dort aus konnten sie in der Nähe der Straße nach Menin und auf der Höhe 60 eingesetzt werden. Dies waren bis jetzt erst Ziele. Gewonnen war noch nichts.

Nach zehn Minuten hatten sie wieder eine Straßenkreuzung erreicht – diesmal zweigte eine Straße nach St. Eloi ab. Robert hatte das Gefühl, nach Hause gekommen zu sein.

Es war 11.45 Uhr vormittags.

Der Himmel war mit kleinen bauschigen Wolken gefleckt.

Es war seltsam.

Robert schaute nach oben.

Eigentlich hätten Vögel da sein sollen.

Er ritt jetzt etwa in der Mitte der Kolonne.

Aus dem Augenwinkel sah er neben der Straße ein Kaninchen.

Dann hörte er das Rauschen von Schwingen.

Etwas explodierte.

Das Kaninchen verschwand.

Robert duckte sich, als ein Luftstoß ihn nach vorn warf. Er

öffnete die Augen und sah gerade noch, wie die Räder eines Flugzeugs den Fahrer eines Gepäckwagens streiften. Sie trennten den Kopf des Mannes vom Körper, und seine Arme flogen in die Höhe, als wollten sie den Kopf auffangen.
Eine Bombe fiel. Sie explodierte rechts von Robert.
Er stürzte nach links, aber irgendwie fiel er auf die Füße und hielt immer noch die Zügel seines Pferdes in der Hand. Sein Pferd begann zu scheuen. Robert packte das Halfter und riß es nach unten. Wieder fiel eine Bombe. Die Luft war voller Flugzeuge – es waren so viele Flugzeuge, daß Robert keine Zeit hatte, sie zu zählen.
Pferde, Menschen und Maultiere liefen nach allen Seiten auseinander. Robert schien im Zentrum zu stehen. Alles um ihn herum war in Bewegung, während Menschen und Tiere sich in die Gräben stürzten. Es herrschte ein solches Geschrei, so viele Feuer brüllten, daß Robert nicht mehr hörte, wenn die Flugzeuge zurückkamen oder die nächste Serie von Bomben explodierte.
Die Flugzeuge kamen die Straße entlang zurück. Sie flogen so tief, daß Robert glaubte, sie versuchten zu landen. Er konnte sogar die Gesichter der Piloten erkennen. Diesmal fielen die Bomben mitten in die Kolonne, der Druck der Explosion pflanzte sich nach außen hin fort, auf ihn zu. Dann trat Stille ein.
Die Flugzeuge waren weg. Die Straße und die Gräben sahen aus wie der Eingang zu einem Schlachthaus. Robert setzte den Fuß in den Steigbügel. Sein Pferd begann sich im Kreis zu drehen. Er konnte kaum aufsteigen. Alles, was er dann vom Pferd aus erkennen konnte, war das Ausmaß des Gemetzels. Einzelne Männer erhoben sich vom Boden. Ein paar Pferde und Maultiere rannten wie von Sinnen hin und her – versuchten, dem Schauplatz zu entkommen, aber sie waren dazu so unfähig, als wäre die Straße eingezäunt. Schließlich sammelte sich in der Mitte ein Häufchen von Überlebenden. Es waren sieben Maultiere, fünfzehn Pferde und dreiundzwanzig von sechzig Mann. Als Robert sich herunterbeugte, um die Reste seines Kleidersacks aufzusammeln – es war fast nichts davon übriggeblieben – stak Juliets Kerze aufrecht im Boden. Irgendwie hatte sie sich entzündet. Robert blies sie aus und steckte sie in die Tasche. Dann wandte er sich um und half den anderen Überlebenden, sich aus den Toten herauszuwinden.

## 7

Robert verbrachte die nächsten sechs Tage damit, die Versorgungstransporte zu Pferd zu begleiten. Manchmal war es auch ein Pferdetransport, aber es war nicht die absolute Regel. Einige dieser Transporte wurden nachts durchgeführt. Manchmal regnete es. Immer wurden sie beschossen oder bombardiert. An manchen Stellen waren die Gräben bis über das Niveau der Straße hinaus mit Leichen und Tierkadavern gefüllt. Die zerstörten Motorfahrzeuge, Wagen und Kanonen bildeten mit der Zeit auch einen Konvoi – nur daß er sich nicht vorwärts bewegte. Die Pioniere bemühten sich vom Morgengrauen bis zum Dunkelwerden, die Straßen zu räumen, aber sie konnten sie lediglich offenhalten. Sie konnten nicht nehr tun, als die Leichen und die Wracks in die Gräben zu befördern. Nichts konnte begraben werden – nichts konnte geborgen werden. Zwischen den Angriffen reichten weder die menschlichen Kräfte noch die Zeit dazu aus.

Robert war noch nicht in den Schützengräben gewesen. Er hatte die ganze Zeit bei den Transporten zu tun. Aber er hörte viel über das, was dort geschah. An einigen Stellen war die deutsche Linie durchbrochen und aufgerollt worden. Die Schützengräben südlich von St. Eloi waren eingenommen worden, und der Bombentrichter, an dem Robert den deutschen Scharfschützen erschossen hatte, lag nicht mehr im Niemandsland. Er lag jetzt hundertfünfzig Meter hinter den britischen Linien.

Aber der Vormarsch erfolgte nicht ohne Schwierigkeiten. An einigen Stellen hatten die Deutschen Gegenangriffe unternommen, und viele Männer waren gefangengenommen worden. Es hieß auch, daß einige britische Truppenteile, einschließlich vieler Kanadier, sich ergeben hätten. So groß die Zahl der Truppen auch war, die man gegen den Feind warf, die Zahl der Deutschen und ihre Hartnäckigkeit schienen größer. Trotzdem strömte aus der Etappe ständig Nachschub nach vorn, und Robert befand sich immer inmitten einer allgemeinen Gegenbewegung, wie auf einem gigantischen Förderband, das zwischen der Front und Bailleul lief – zurück und vor und vor und zurück. Immer kam ihm ein Konvoi oder eine gestaffelte Marschkolonne oder ein Zug von Wagen oder Ambulanzen entgegen. Zurück und vor – vor und zurück. Es war nur ein verworrener Kreislauf, und manchmal wußte Robert kaum, in welcher Richtung er gerade ging. Die einzige Orientierung

boten bei Nacht die Kanonen, deren Stellung mehr oder weniger konstant war.
Südlich von Wytsbrouk war der Frontabschnitt besonders schwach. In dieser Gegend machte der Höhenzug, den die Deutschen noch hielten, einen Knick nach Norden in Richtung Passchendaele. Gerade an dieser Stelle bildete der Höhenzug einen *Ellbogen,* und dieser Ellbogen bot den Deutschen einen doppelten Vorteil. Sie konnten jeden unter Beschuß nehmen, der aus einer der beiden Richtungen kam; das heißt, wo der Ellbogen ins Niemandsland vorstieß, konnten sie Truppen, die gegen den gegenüberliegenden Rand des Höhenzuges vorrückten, von hinten beschießen. Die Verluste waren schrecklich, oft fielen Hunderte an einem Tag. Die Erstürmung dieser Höhe schien unmöglich, und gerade an dieser Stelle ergaben sich viele Truppen den Deutschen, weil der Angriff hoffnungslos schien. Die Straße, die aus dieser Gegend kam, traf hinter Wytsbrouk auf die Straße nach Bailleul, sie war voll von erschöpften Truppen und einem ständigen Strom von Verwundeten, die noch gehen konnten. Fast zwangsläufig, bei so vielen völlig demoralisierten Menschen, befanden sich unter diesen Verwundeten einige Deserteure. An der Stelle, wo die beiden Straßen aufeinanderstießen, war Militärpolizei postiert, und von Zeit zu Zeit hörte man einen einzelnen Pistolenschuß – meist wenn es dunkel war.
Eines Nachts, etwa eine Stunde vor Morgengrauen, befand sich Robert auf diesem Straßenabschnitt. Er ritt vor einem Munitionstransport her. Es regnete. Es wurde allmählich mühsam, sich im Schlamm vorwärts zu bewegen. Das Pferd war zweimal in ein Schlagloch getreten, und Robert hatte absteigen und eine Weile zu Fuß gehen müssen. Jetzt saß er wieder im Sattel – halb schlafend –, und die Kanonen waren verstummt. Es regnete in heftigen Schauern, und man konnte kaum etwas sehen. Zu hören war nichts außer dem strömenden Regen und dem Knirschen der Wagenräder. Ganz plötzlich scheute Roberts Pferd und weigerte sich, weiterzugehen. Robert war mit einem Ruck hellwach.
Er versuchte, das Pferd zu beruhigen, aber es war zwecklos. Er stieg ab, um zu sehen, was das Pferd beunruhigte. Er leuchtete mit seiner Taschenlampe den Schlamm ab, in dem er bis über die Knöchel watete, und sah, daß quer über der Straße ein Toter lag. Es war ein Mann, der keinen Mantel trug. Ein Offizier. Er war in den Rücken geschossen worden und lag da mit gespreiz-

ten Gliedern, das Gesicht zur Erde. Robert drehte ihn vorsichtig um; der Mann war vielleicht noch am Leben. Aber er war es nicht. Er war tot, und das seit mindestens einer Stunde. Es war Clifford Purchas.

## 8

Am siebenten Tag nach seiner Rückkehr an die Front befand sich Robert mit einem frischen Transport von Pferden und Maultieren (etwa je dreißig) in den Ställen des Gefechtsstands des Bataillons, als ein Sperrfeuer einsetzte, das vierzehn Stunden dauern sollte. Diesmal hatten die deutschen Kanonen ihr Ziel gefunden. Kaum eine Granate barst hinter oder vor den Schützengräben.

Robert hatte in den drei letzten Tagen nur acht Stunden geschlafen. Er lebte von Schokolade und Tee und reichlichen Portionen Rum, die er sich von den Verpflegungswagen holte. Sein Körper war fast gefühllos, und sein Bewußtsein war zu einer kleinen schützenden Höhle geschrumpft, in der er sich nur das Allernotwendigste an Verstand bewahrte.

Nicht alle Granaten schlugen in der Nachbarschaft ein. Das Sperrfeuer lag etwas mehr als einen Kilometer zu beiden Seiten des Gefechtsstands. Irgendwann ging Robert hinein, um Hauptmann Leather zu bitten, er möge ihm erlauben, die Pferde und Maultiere zu nehmen, die er gerade gebracht hatte, und einen strategischen Rückzug zu machen, um die Tiere zu retten. Aber Hauptmann Leather, der sich in diesem Augenblick (genau wie Robert) unter einem Tisch befand, weigerte sich entschieden. »Wie würde das aussehen?« sagte er zu Robert. »Das könnten wir nie wieder gutmachen.« Robert kehrte in den Stall zurück, wo er sich mit Devlin in eine Box kauerte – sie rollten sich beide wie Igel zusammen, die Köpfe zwischen den Knien.

Als schließlich Granaten im Hof einzuschlagen begannen, konnte Robert es nicht mehr aushalten und sagte zu Devlin: »Ich verweigere den Gehorsam und rette diese Tiere. Kommst du mit?« Devlin wollte – und er sagte es auch. Aber er hatte Angst vor Hauptmann Leather. »Leather ist nicht bei Verstand«, sagte Robert geradeheraus. »Man kann es bei Gott nicht Ungehorsam nennen, wenn wir diese Tiere retten, die eine halbe Stunde, nachdem das hier vorüber ist, dringend gebraucht werden. Und wenn wir hier bleiben, kommen sie unweigerlich um.« Devlin stimmte ihm zu. Sie standen beide auf und begannen, die Pferde und Maultiere loszubinden und in den Hof zu treiben. Robert schickte Devlin los, damit er das Gatter öffnete und die Tiere freiließ. Dann ging er in die Scheune zurück und band die restlichen Pferde los.

Zu ihrer aller Unglück kroch Hauptmann Leather, während Robert noch in der Scheune war, unter seinem Tisch im Büro hervor und schaute lang genug aus dem Fenster, um zu sehen, was Devlin machte. Trotz der Granaten rannte er nach draußen und schrie Devlin an, der soeben am Tor angekommen war. Aber Devlin ließ sich nicht mehr zurückhalten. Da er sich entschlossen hatte, Robert zu begleiten, blieb er dabei, trotz seiner Angst vor dem Hauptmann und vor den Folgen.

Leather schrie nach einem Militärpolizisten.

Keiner kam.

Er rannte mit gezogenem Revolver auf Devlin zu.

»Machen Sie das verdammte Gatter zu!« schrie er. »Machen Sie's zu! Machen Sie's zu! Sie Verräter!«

Aber Devlin fuhr fort, so viele Pferde wie möglich durch das Gatter zu treiben, bis Hauptmann Leather ihn unweigerlich erschoß. Dann rannte Hauptmann Leather zum Gatter und zerrte es selbst zu.

Es waren jetzt dreißig oder vierzig Pferde und Maultiere im Hof – sie rannten durcheinander und im Kreis herum.

Robert kam aus dem Stall und sah, was geschehen war.

Hauptmann Leather sah ihn, schwenkte seinen Revolver und fing an, ihn genauso anzubrüllen wie vorher Devlin. »Verräter! Verräter! Dafür werden Sie erschossen.« Er schwenkte seine Pistole durch die Luft und versuchte, den Kreis der Pferde und Maultiere zu durchbrechen, um auf Robert zielen zu können. Robert bewegte sich inzwischen auf das Gatter zu.

Jetzt hatten die Geschütze sich genau eingeschossen. Eine Granate schlug in den Gefechtsstand ein, dann noch eine. Robert achtete nicht darauf. Er lief weiter auf das Gatter zu. Er konnte die Männer, die innerhalb der Ruine eingeschlossen waren, schreien hören. Sie wollten herausgeholt werden. Alles stand in Flammen.

Eine weitere Granate landete auf den Ställen. Auch sie fingen an zu brennen. Einige Pferde liefen zurück in den Stall. Ro-

bert konnte das nicht verhindern. Er war zu weit entfernt. »Nicht aufgeben«, sagte er laut zu sich selbst. »Nicht aufgeben.«
Hauptmann Leather war jetzt zehn Meter entfernt. Bis zum Gatter waren es fünf Meter.
»Stehenbleiben!!!« schrie Hauptmann Leather.
Als sei dies das Stichwort gewesen, barsten drei Granaten hintereinander – alle im Hof.
Robert wurde auf die Straße geschleudert. Als er auf die Füße kam und sich dem Hof wieder zuwandte, den er eben verlassen hatte, war dieser nicht mehr da.
Die Ställe waren ein Haufen brennender Trümmer. In der Mitte des Hofes war nur noch ein rauchendes Loch. Die Pferde und Maultiere waren alle entweder tot oder am Verenden. Robert schien als einziger überlebt zu haben.
Er zog seine Webley; er wollte die Tiere erschießen, die noch nicht tot waren, aber er hielt einen winzigen Augenblick inne und betrachtete den Anblick, der sich ihm bot. Sein Zorn wurde so gewaltig, daß er glaubte, er werde wahnsinnig. Er stand da, wo das Gatter gewesen war, und dachte: Wenn ein Tier dies getan hätte, würden wir es als tollwütig bezeichnen und es erschießen, und genau in diesem Augenblick erhob Hauptmann Leather sich auf die Knie und versuchte, auf die Beine zu kommen. Robert schoß ihn zwischen die Augen.
Es dauerte eine halbe Stunde, bis er die Pferde und Maultiere erschossen hatte. Dann riß er sich die Rangabzeichen von seiner Uniform und verließ das Schlachtfeld.

## *9*

An dem Tag, an dem Mr. und Mrs. Ross die Nachricht erhielten, Robert sei »vermißt«, weigerte sich Mrs. Ross, sich anzuziehen. Sie behielt ihr Nachthemd an und wanderte, in der einen Hand die Flasche, in der anderen ein Glas, im Haus am South Drive umher. Miß Davenport schloß sich in ihrem Zimmer ein und setzte sich mit dem Rücken zum Fenster in einen Sessel. Mrs. Ross' Schreie gen Himmel drangen bis in ihr Zimmer, so daß sie sich die Ohren zuhalten mußte.
Peggy und Mr. Ross saßen im Wohnzimmer, wo Mister Ross die Vorhänge vorgezogen hatte. Draußen vor den Fenstern

sangen die Rotkehlchen, und die Sonne schien, und der Flieder blühte noch.
Stuart saß auf der untersten Treppenstufe in der Eingangsdiele, Bimbo zu seinen Füßen. Das Verhalten seiner Mutter beunruhigte ihn. Erschreckte ihn. Aber an sich war die Nachricht vom wahrscheinlichen Tod seines Bruders etwas Erfreuliches. Nicht, daß Stuart Robert Schlimmes gewünscht hätte. Aber er dachte daran, daß er zur Schule gehen und dort sagen könnte: »Robert ist tot. Er wird wahrscheinlich das Victoria-Kreuz bekommen« – dies war eine herrliche Aussicht, und ein Schauer lief ihm den Rücken hinunter.
Das Telegramm war kurz nach dem Essen eingetroffen. Nun war es früh am Abend. Mrs. Ross war kreuz und quer durchs Haus gewandert. Sie war barfuß. Das Haar hing ihr in einem Zopf den Rücken hinunter. Stuart ging ins Wohnzimmer und setzte sich neben seinen Vater. Ein seltsames und schreckliches Schweigen senkte sich über sie. Sogar Miß Davenport wurde so unruhig, daß sie ihre Tür aufschloß und öffnete.
Mrs. Ross stand auf dem Treppenabsatz. Die Flasche fiel ihr aus der Hand. Sie war leer und rollte bis zum Fuß der Treppe hinunter. Mrs. Ross tat einen letzten qualvollen Schrei.
Alle erstarrten. Sogar die Nachbarn, die hinter offenen Fenstern lauschten.
Mrs. Ross streckte die Hände aus und fing an zu gehen. Sie fand das Geländer und stützte sich darauf, während sie die Treppe hinunterstieg. Unten angekommen, wäre sie beinahe auf die Flasche getreten. Sie setzte sich daneben, dort, wo Stuart den ganzen frühen Nachmittag gesessen hatte.
»Helft mir«, sagte sie.
Niemand rührte sich.
»Helft mir«, sagte Mrs. Ross.
Mr. Ross, im Wohnzimmer, stand auf.
Er ging auf die Diele zu.
»Helft mir«, sagte Mrs. Ross.
Mr. Ross streckte seine Hand aus.
»Wo?« sagte Mrs. Ross. »Wo? Wo bist du?«
Mr. Ross sagte: »Ich bin hier.«
Mrs. Ross sagte: »Verzeih. Bitte. Ich kann dich nicht sehen.«
Mr. Ross ging über den Parkettboden und setzte sich neben seine Frau. Er legte den Arm um ihre Schulter und drückte sie an sich. Sie fror.
»Ich bin blind«, sagte Mrs. Ross. »Ich bin blind geworden.« In

ihrer Stimme war keine Spur von Gefühl mehr. Aber sie tastete mit den Fingern nach der Hand ihres Mannes und ergriff sie.
»Laß nur«, sagte Mr. Ross. »Laß nur. Wir sind da.«
Peggy kam und blieb in der Tür stehen. Mr. Ross machte ihr ein Zeichen, sie solle den Mantel ihrer Mutter holen. Peggy brachte ihn aus der Garderobe, und Mr. Ross legte ihn seiner Frau um die Schultern. Dann schickte Mr. Ross Peggy und Stuart und Bimbo weg. Sie gingen alle davon und setzten sich in den Garten.
Oben schaute Miß Davenport aus ihrem Fenster.
Die Schlucht war voller Nebel.
Die Sonne ging unter. Es war kühl.
In der Ferne brauste und rumpelte der Verkehr auf der Yonge Street und der Bloor Streeet. Alles ging nach Hause. Alle Uhren schlugen.
Mrs. Ross schlief allmählich ein. Mr. Ross hielt sie umschlungen und wiegte sie hin und her. Das Haus begann dunkel zu werden. Sie saßen da, sangen schweigend. Schließlich schlief sie.

Im Wohnzimmer begann Roberts Bild in seinem Silberrahmen zu verblassen.

Es wurde völlig dunkel.

Dies war der 16. Juni.

## *10*

An diesem Abend sank die Sonne durch wogende Rauchschwaden. Die Straße nach Bailleul war von Pferden und Maschinen verstopft. Die zurückströmenden Truppen waren auf die dreifache Stärke der Marschkolonnen angewachsen, die vorwärts auf die Front zustolperten. Die Erde unter ihren Füßen war zusammengebacken, und die Luft war von einem feinen grauen Staub erfüllt, der sich in das Haar setzte und die Augenränder wundrieb. Das einzige Wasser, das es gab, lag draußen in der Marsch hinter den flammenden Hecken aus liegengebliebenen Karren und Lastwagen. Niemand wagte, seinen Platz in der Kolonne zu verlassen, aus Angst, daß man ihn nicht wieder hineinlassen würde. Wenn ein Maultier oder ein Pferd stürzte oder im Geschirr strauchelte, wurde der Wagen, den es zog, beiseite gerollt, und man überließ die verwundeten Insassen ihrem Schicksal. Die gestürzten Tiere wurden, noch lebend, in die Gräben gezerrt, wo sie unweigerlich verbrannten oder ertranken. Es gab keinen Akt der Barmherzigkeit. Es gab keine überflüssige Munition.

Es wurde klar, daß die Deutschen beabsichtigten, Bailleul bis auf den Grund zu zerstören. Ihre weitreichenden Geschütze hatten an diesem Nachmittag zu schießen begonnen. Zuerst fielen die Granaten nur in die Obstgärten am Stadtrand, aber während der Nacht drangen sie immer tiefer ins Zentrum des Marktplatzes und bis zum Bahngelände vor. Der Zeitplan dieses Bombardements hatte verheerende Wirkungen für die Briten.

Bailleul war schon vor Wochen als Nachschubbasis aufgelöst worden, wegen der Schiffe, die vor Folkestone versenkt worden waren. Aber drei Tage zuvor waren die Schiffe im Hafen dank der übermenschlichen Anstrengungen der Kanadischen Reserveeinheiten, die drei Kilometer von Folkestone entfernt in Shorncliffe stationiert waren, gehoben worden. Dies bedeutete, daß die Kanalüberfahrt Folkestone–Boulogne wieder geöffnet werden konnte, und das wiederum bedeutete, daß die Bahnstrecke nach Bailleul wieder in Betrieb genommen worden war. Seit zwei Tagen wurden Truppen, Pferde und Nachschub, die bis dahin über Le Havre und Rouen umgelenkt worden waren (weit hinter der Front und völlig außer Reichweite der Artillerie), wieder mit dem Zug befördert. Gerade zu dem Zeitpunkt, da die Deutschen ihre Kanonen auf Bailleul richteten, um die Stadt auszulöschen, befanden sich dort sämtliche britischen Ersatztruppenteile.

Bailleul war überfüllt von Scharen von Soldaten – manche befanden sich ohne Befehlshaber auf dem Rückzug –, andere, die nur auf den Befehl zum Abmarsch an die Front warteten, standen schon in Marschordnung. Als die Granaten begannen, in die Kolonnen zu fallen, brach Panik aus. Die engen Straßen füllten sich mit flüchtenden Männern. Munitions- und Brennstofftransporte wurden zurückgelassen, wo sie gerade standen. Behälter und Kanister mit Benzin ergossen sich über das Pflaster und verbreiteten sich als Feuerströme durch die Stadt. Menschen, Maschinen und Häuser standen wie Fackeln in Brand. Es war wie ein Weltuntergang.

Auch dies geschah am 16. Juni.

## 11

Es stand mitten auf den Eisenbahnschienen. Es hatte den Kopf gesenkt, und der rechte Vorderhuf war erhoben, als ruhe es aus. Die Zügel hingen bis zum Boden herunter, und der Sattel war auf eine Seite gerutscht. Hinter ihm hatte ein Lager mit Medikamenten und Verbandszeug eben angefangen zu brennen. Neben ihm lag ein Hund, den Kopf zwischen den Pfoten, die Ohren aufmerksam gespitzt.

Drei Meter entfernt hockte Robert auf den Fersen und beobachtete die beiden. Die Pistole hing ihm zwischen den Knien lose vom Finger. Er trug noch die Uniform mit den zerfetzten Aufschlägen und den angesengten Ärmeln. Im Feuerschein glänzten seine Augen hell. Seine Lippen standen ein wenig offen. Er konnte nicht durch die Nase atmen. Sie war gebrochen. Sein Gesicht und die Handrücken waren von Lehm und Schweiß verschmiert. Das Haar hing ihm in die Stirn. Er war vollkommen ruhig. Er war jetzt länger als eine Woche unterwegs.

Hinter ihm erstreckten sich die Eisenbahnschienen bis zur Stadt. Vor ihm liefen sie durch das Feuer hindurch ins offene Land und auf die Straße zu, die nach Bois de Madeleine führt. Auf einem Seitengleis stand ein Zug. Der Lokführer und die Besatzung hatten ihn entweder im Stich gelassen oder waren umgekommen. Man konnte es nicht wissen. Robert schien der einzige Überlebende.

Er stand auf. Die Lokomotive zischte und rumpelte. Der Zug bestand aus einem Dutzend Waggons – nicht mehr. Es schienen Viehwagen zu sein. Robert trat auf das Pferd zu.

Er hatte Angst gehabt, es lahme, aber sobald er sich näherte, stellte es den Fuß wieder auf den Schotter und hob den Kopf. Robert klopfte ihm den Hals, schob seinen Arm über den Nacken des Tieres und zog ihm die Zügel wieder über die Ohren. Das Pferd begrüßte ihn mit einem Schnauben, es drehte den Kopf und beobachtete, wie er den Sattel zurechtschob und den Gurt anzog. Der Hund hatte sich inzwischen erhoben und wedelte mit dem Schwanz. Es war, als hätten beide, der Hund und das Pferd, darauf gewartet, daß Robert sie holen kam.

Das Pferd war eine schöne schwarze Stute, die Schulterhöhe betrug etwas mehr als eineinhalb Meter. Sie war bis jetzt gut gepflegt worden, und offenbar hatte jemand sie täglich geritten. Sie war in ausgezeichneter Verfassung. Anscheinend war der Hund an ihre Gesellschaft gewöhnt, und sie an seine. Sie

bewegten sich wie ein Gespann. Der Hund war auch schwarz. Das eine Ohr hing ihm auf merkwürdige Weise nach vorn, so daß es wie eine kecke Mütze wirkte. Robert wußte nicht, welche Rasse es war, aber er hatte etwa die Größe eines Labrador-Jagdhundes. Bevor Robert aufsaß, bückte er sich und strich mit der Hand über den Rücken des Hundes. Dann sagte er: »Los!« und schwang sich in den Sattel.
Sie ritten die Schienen entlang auf die Straße zu, die nach Bois de Madeleine führt, und kamen dabei an dem Zug vorbei, der auf dem Nebengeleise stand. Als sie den ersten Waggon erreichten, blieb das Pferd stehen. Es warf den Kopf hoch und wieherte. Andere Pferde gaben aus dem Inneren des Wagens Antwort. »Nun gut«, sagte Robert, »dann gehen wir eben alle zusammen.«
Eine halbe Stunde später standen die zwölf Wagen leer da, und Robert ritt hinter hundertdreißig Pferden die Schienen entlang; der Hund trottete neben ihm her. Um ein Uhr morgens befanden sie sich auf der Straße, die nach Bois de Madeleine führt. In diesem Augenblick ging rot der Mond auf.

## 12

An dieser Stelle verwirrt sich die Mythologie. Es gibt Berichte über das, was unmittelbar folgte. Sie sind jedoch zweifelhaft. Einige Versionen behaupten, daß Robert im Galopp durch La Chodrelle geritten sei und alle Pferde in panischer Flucht vor ihm hergejagt seien. Dafür gibt es mehrere »Augenzeugen«. Sie beschreiben Robert als eine Art wildgewordenen Cowboy – der mit dem Schrei des Rebellen vorbeiflog –, der die Pferde absichtlich durch einen Kordon Soldaten hindurchhetzte, der hastig aufgestellt worden war, um seine Flucht zu verhindern – daß er drei – fünf – neun, ja sogar ein Dutzend Posten umbrachte. Nichts davon steht im Bericht des Kriegsgerichts – aber die »Zeugen« bestehen darauf, daß es so war.
Viel wahrscheinlicher ist die Version, die berichtet, daß die Pferde einen Umweg um die Wälder herum machten, die westlich von La Chodrelle liegen, und daß dabei eine Einheit geweckt wurde, die unter dem Befehl eines Major Mickle stand und in einem Flachsfeld auf der anderen Seite des Waldes ihr Lager aufgeschlagen hatte. Hier, so heißt es, hatte Robert den

Gefreiten Cassles erschossen, und das ist wahrscheinlicher. Jedenfalls wurde der Gefreite Cassles von irgend jemandem erschossen, und es gibt zwei Zeugen (von denen der eine vor dem Kriegsgericht aussagte), die beide behaupten, der Gefreite Cassles sei Robert unbewaffnet in den Weg getreten, um ihn aufzuhalten, und daß Robert, als der Schütze nach dem Zügel seines Pferdes gegriffen habe, ihn ins Gesicht schoß. Es ist nie klargestellt worden, warum der Gefreite Cassles sich überhaupt veranlaßt fühlte, Robert aufzuhalten. Schließlich war Robert ein Offizier der Feldartillerie und war durchaus dazu berechtigt, mit einem Konvoi von Pferden unterwegs zu sein. Die offensichtliche Antwort auf diese Frage ist, daß Cassles sofort begriffen hatte, wie unwahrscheinlich es war, daß diese Pferde von der Sammelstelle in Bailleul *weg*getrieben werden sollten – aber niemand hat bestätigt, daß dies so war.

Jedenfalls geschah Folgendes: Major Mickles ging sofort persönlich zu seinem Hauptgefechtsstand in La Chodrelle und berichtete nach Bailleul, daß ein Offizier der Kanadischen Feldartillerie einen seiner Leute erschossen habe und mit einer großen Anzahl von Pferden in Richtung Bois de Madeleine geflohen sei.

Wegen des Durcheinanders, das in Bailleul herrschte, dauerte es einige Zeit, bis man feststellte, daß die Pferde tatsächlich vermißt wurden und daß kein Vorgesetzter *irgend jemandem* den Auftrag gegeben hatte, sie vom »Militärgelände« (eine euphemistische Bezeichnung für das Bahngelände während des Ausnahmezustands) zu entfernen. Als dies erst einmal festgestellt war, bekam Mickle den Auftrag, den flüchtigen Pferdedieb zu verfolgen, und etwa vier Stunden, nachdem Robert den Gefreiten Cassles erschossen hatte, nahm Major Mickle mit vierzig Mann zu Fuß seine Verfolgung auf.

## *13*

Sie fanden ihn in den verlassenen Scheunen, die er entdeckt hatte, als er zu Fuß nach Bailleul marschiert war. Von den hundertdreißig Pferden waren sechzig in zwei kleineren Scheunen untergebracht, und etwa fünfzig waren in der größeren Scheune zusammen mit Robert, der schwarzen Stute und dem Hund. Zwanzig andere waren durch ein Wäldchen auf den

Fluß zugelaufen – und diese wurden nie wieder gefunden. Von diesem Zeitpunkt an ist alles, was geschah, ganz klar und deutlich.

Die Sonne war aufgegangen. Es war ein wolkenloser, feuchter Tag. Die Luft war erfüllt vom Summen der Insekten. Mickle stellte seine Männer um die Scheunen herum auf – mit dem Befehl, gezielt zu schießen, falls Robert das Feuer eröffnen sollte. Mickle war darin eisern. Cassles war erschossen worden. Robert hatte ihn erschossen. Aber Mickle war auch entschlossen, die Pferde wieder der Armee zuzuführen. Das ließ er Robert wissen – er rief es ihm vom Hof aus zu.

Robert war in der Scheune – er beobachtete Mickle durch einen Spalt in der Tür. Er hatte die Webley gezogen und war entschlossen, auf jeden zu schießen, der ihn herausholen oder die Pferde befreien wollte. Es kann kein Zweifel darüber bestehen, daß Robert beschlossen hatte, die Pferde nicht wieder an die Front zu lassen. Sein Verhalten bei Wytsbrouk schließt jede andere Interpretation dessen, was nun folgte, aus.

Mickle stellte seine Forderung: Robert sollte sich und die Pferde ausliefern – die Waffe wegwerfen und sich freiwillig stellen. Mickle versprach, diese »freiwillige Übergabe« zu seinen Gunsten vor der Militärpolizei anzuführen.

Robert weigerte sich.

Mickles erwiderte, daß ihm in diesem Fall keine Wahl bleibe, als Robert mit Gewalt gefangenzunehmen.

Als Antwort gab Robert einen Schuß auf Mickle ab, der ihn aber verfehlte.

Mickle war ein tapferer Mann. Er war überzeugt, daß er es ganz einfach mit einem Mann zu tun habe, der verrückt geworden sei, und daß er entsprechend dieser Erkenntnis handeln müsse. Er mußte nicht nur auf Milde verzichten, sondern auch auf Vernunft. Daß er zu diesem Schluß kam, stellt seinen eigenen Geisteszustand in Frage – denn was er dann tat, muß man als ebenso »verrückt« ansehen wie die Tatsache, daß Robert die Pferde entführt hatte und desertiert war. Mickle sagte: »Wir werden Sie da rauskriegen, lassen Sie sich das gesagt sein. Zweifeln Sie nicht daran. Ich werde Sie kriegen, auch wenn Sie mich umbringen.«

Danach gab er Robert noch eine letzte Chance, freiwillig herauszukommen, und Roberts Antwort war – wie schon zuvor – ein Schuß. Nachdem er diesen zweiten Schuß abgegeben hatte und Mickle hinter dem Hoftor in Deckung gegangen war, rief

Robert ganz deutlich (und dafür gibt es *zwanzig* Zeugen): »Sie werden uns nicht kriegen.«
Dieses *uns* besiegelte sein Schicksal. Mickle schloß daraus, daß Robert einen Komplizen hatte. Vielleicht mehr als einen. Mickle glaubte zu wissen, wie er »sie« herausholen könnte.
Er schickte vier Mann hinter die Scheune, auf einem Weg, den Robert nicht gesehen haben kann – er lief der Mauer entlang –, und befahl ihnen, Feuer an das Dach zu legen.
Das taten sie.
Mickle behauptete, es sei nur eine List gewesen. Er hatte nicht die Absicht, die Pferde zu gefährden. Er konnte nicht vorhersehen, sagte er, daß Robert nicht imstande sein würde, das Tor so rechtzeitig zu öffnen, daß sie entkommen konnten.
Es wurde Feuer an das Dach gelegt.
Mickle berichtet, daß sie hörten, wie drinnen der Hund anschlug.
Es hatte zwei Tage lang nicht geregnet, und das strohgedeckte Dach brannte innerhalb von Sekunden lichterloh. In weniger als einer Minute stürzte der hintere Teil des Daches in die Scheune hinein – und wahrscheinlich auf die Rücken der Pferde.
Niemand weiß, was Robert daran hinderte, das Scheunentor zu öffnen. Vielleicht wurde er in diesem Augenblick von einem der Pferde, die außer sich vor Angst waren, verletzt (sein Schlüsselbein war gebrochen); vielleicht war er sogar während der wenigen kostbaren Minuten, die ausgereicht hätten, die Tiere freizulassen, ohne Bewußtsein.
Was man mit Sicherheit feststellen kann, ist dies: Robert begann zu schreien: »Ich kann nicht! Ich kann nicht! Ich kann nicht!« und als Mickle begriff, daß dies hieß: »Ich kann das Tor nicht öffnen«, war es zu spät. Ein Mann wurde losgeschickt, um das Tor aufzureißen – was er auch tat. In der Mitte der Scheune wurde Robert sichtbar, er saß auf dem Rücken der schwarzen Stute und versuchte, das Tier unter Kontrolle zu bringen. Er war von Flammen umgeben, seine Kleider brannten. Mickle gibt zu, daß er in diesem Augenblick ein Gebet für Robert sprach – ein Gebet, das um seinen raschen Tod flehte.
Aber in dem Augenblick, als die Wände anfingen, über den fünfzig Pferden zusammenzustürzen – die alle an ihren Plätzen waren und in Flammen standen –, gelang es Robert, die Stute zu wenden, und sie sprang durch das Feuer hindurch – schon im

Zusammenbrechen –, und Robert saß brennend auf ihrem Rücken.
Mickle und ein paar andere stürzten hin, um ihn zu retten – sie taten es, indem sie ihn im Staub wälzten.
Mickle hat ausgesagt, daß er, als das Feuer gelöscht war und er auf Robert hinunterschaute, kaum erkennen konnte, daß Robert ein Gesicht hatte – aber daß man trotzdem Robert ganz deutlich sagen hörte: »Der Hund. Der Hund.« Und dann verlor er das Bewußtsein.
Der Hund wurde nie gefunden.

## 14

Abschrift: Marian Turner 3:
Die Sprache ist etwas Merkwürdiges, nicht wahr? *Bois de Madeleine... Magdalene Wood.* Sie können es sich aussuchen. Also, *ich* sage *Mag-daleen* Wood, wenn ich sozusagen *kanadisch* spreche; Sie wissen schon, nordamerikanisch. Aber die Engländer sagen, es heißt *Maudlin* Wood. Maudlin-Magdaleen-Madeleine. Jeder der Namen klingt schön – aber ich mag *Madeleine.* Dort, sage ich, bin ich gewesen, wenn die Leute mich fragen. Ich tat Dienst in *Bois de Madeleine* vom Frühjahr 1916 bis zum Herbst 1917 – ungefähr achtzehn Monate. Eine Ewigkeit. Hier ist eine Photographie... (SIE ZEIGT MISS TURNER IN IHREN ZWANZIGERN AUF EINEM GRASBEWACHSENEN HÜGELCHEN MIT DREISSIG ODER VIERZIG ANDEREN SCHWESTERN – ALLE IN AUSGEHUNIFORM MIT UMHANG.) Mädchen. Sie sehen doch? Nur Mädchen. Ich bin die einzige Überlebende. Das da ist Olivia Fischer. Meine beste Freundin. »Fish mit einem C«, sagte sie immer. (LACHEN) Fish mit einem C. (EINE PAUSE) Sie ist sehr hübsch... gewesen, nicht wahr? Ja. (SIE LEGT DIE PHOTOGRAPHIE BEISEITE. BESSIE TURNER, MARIANS SCHWESTER, TRITT IN DIESEM AUGENBLICK INS ZIMMER, UND WIR WERDEN EINANDER KURZ VORGESTELLT. BESSIE TURNER SETZT SICH ANS FENSTER UND SCHIEBT DEN VORHANG BEISEITE, UM MEHR SONNENLICHT HEREINZULASSEN.) Robert Ross wurde am 18. Juni 1916 zu uns gebracht. Ich weiß das Datum noch, weil zwei Tage zuvor das Lazarett bombardiert worden war. Ich hatte zum erstenmal erlebt, was man »unter Feuer« nennt. Wir Schwestern wohnten in Zelten, wissen Sie, und diese wurden alle vernichtet; außerdem entstanden Schäden am Lazarett, das sich in einem Privatgebäude befand. Ich

erinnere mich noch, daß ich, nachdem der Angriff vorüber war, etwas ganz Groteskes sah. Ich war unter einem Bett in Deckung gegangen, und als ich hervorkroch und mich aufrichtete, blickte ich die Reihe von Plattformen entlang, auf denen die Zelte gestanden hatten, und da, am Rande einer Stufe, saß eine ganz weiße Katze, die wir uns als Maskottchen hielten. Sie leckte sich die Pfoten! Sie leckte sich seelenruhig die Pfoten. Nun ... das Leben geht weiter – und eine Katze putzt sich die Pfoten, da kann kommen, was will. Wir mußten uns an die Arbeit begeben und das Lazarett wieder funktionsfähig machen. Keine Fensterscheibe war heil geblieben, und die elektrischen Leitungen waren völlig zerstört. Die Lage damals war schrecklich. Die Deutschen taten ihr Bestes, um uns alle zu vernichten – und die ganze Bodenwelle, die sich von Ypern über die Gegend von St. Eloi bis nach Ploegstreet und Armentières erstreckt, ging in Rauch auf. Und dies war knapp zwei Wochen vor der Somme-Offensive, für die wir aufs beste gerüstet sein sollten, um die Verwundeten aufzunehmen, sie zu behandeln und nach England weiterzuschicken. Und dabei war alles, wie die jungen Leute heute sagen würden, ein einziges Schlamassel! Unter diesen Bedingungen bekamen wir Robert Ross. *Bekamen.* Schon wieder die Sprache. Wir bekamen ihn wie ein Paket. Oder eine Nachricht. Oder ein Geschenk. Wir bekamen ihn. Nun – ich habe Ihnen das schon erzählt: in welchem Zustand er war – die Verbrennungen – die Schmerzen und das schreckliche, schreckliche Schweigen, das ihn umgab. Er wurde uns in der Dunkelheit gebracht. Irgendwann ganz früh morgens. Ich erinnere mich noch deutlich, wie ich im Dunkeln neben seiner Bahre stand und zu ihm sagte: »Ich bin da.« Ich war überrascht und wütend, daß immer eine Wache bei ihm war, ein junger Militärpolizist, der ihn nie allein ließ. Auch als Robert Ross in den Operationssaal gebracht wurde, blieb der Polizist vor der Tür stehen – weil Ross einen Mann erschossen hatte. Ich habe das nie begriffen. Mitten in einer Schlacht wurde ein Posten aufgestellt, damit verhindert wurde, daß der Mörder Ross nicht entfloh. Und wohin hätte er denn fliehen sollen? In den Tod? In ein paar kurze Stunden Schlaf? In die schmerzfreie Ruhe des Morphiums? Ich sage Ihnen, es machte mich fast verrückt – der Anblick des properen jungen Mannes mit der Armbinde, der auf seinem hölzernen Stuhl neben Robert Ross' Bett saß. (MISS TURNER WIRD GEFRAGT, OB SIE SICH JEMALS MIT ROBERT ROSS UNTERHALTEN HABE. HIER IST EINE PAUSE AUF DEM BAND – UND DANN HÖRT

MAN, WIE BESSIE TURNER VON DER ANDEREN SEITE DES ZIMMERS HER SAGT: *»Warum sagst du es ihm nicht, Mernie? Warum sagst du es nicht und schaffst es dir von der Seele?«* DARAUF FOLGT WIEDER EINE PAUSE, UND MAN HÖRT, WIE MARIAN TURNER SICH VON IHREM STUHL ERHEBT. MAN HÖRT IHRE STIMME NUR NOCH LEISE, DENN SIE HAT DEN RAUM DURCHQUERT UND STEHT AM FENSTER UND SCHAUT IN DEN PARK HINUNTER, DEN RÜCKEN DEM MIKROPHON ZUGEKEHRT.) Ja. Ein einziges Mal. Sehen Sie – es war für ihn fast unmöglich zu sprechen. Ich konnte zu ihm sprechen – und ich tat es oft –, aber ich erwartete keine Antwort, außer dieses eine Mal. Ich hatte ihm Morphium gegeben. Es wurde schon knapp bei uns. Dies war nach dem ersten Juli, und die Somme-Offensive hatte für einen Zustrom von Verwundeten gesorgt. Ich hielt etwas Morphium für Robert Ross in Reserve – damit will ich sagen, ich hortete es, bewahrte es in einem Versteck auf. (WIEDER EINE PAUSE. BESSIE SAGT: *»Sag es.«* DIE PAUSE ZIEHT SICH IN DIE LÄNGE, DANN SAGT MARIAN:) Ich wollte ihm helfen zu sterben. (HIER WANDTE SIE SICH VOM FENSTER AB, ABER MAN KONNTE IHR GESICHT IMMER NOCH NICHT SEHEN: NUR DEN SCHIMMER DES STERBENDEN LICHTES HINTER IHR.) Ich bin Krankenschwester. Ich habe noch nie jemandem den Tod angeboten. Ich habe oft darum gebetet. Aber ich habe nie das Angebot gemacht. Aber in jener Nacht – umgeben von all dem Dunkel – und all diesen schmerzgequälten Menschen – und die Züge brachten uns immer mehr, immer mehr, immer mehr – und der Krieg würde nie, nie, nie zu Ende gehen – in jener Nacht dachte ich: *Ich schäme mich zu leben.* Ich schäme mich des *Lebens.* Und ich wollte einen Ausweg aus dem Leben anbieten – ich wollte Gnade für Robert Ross. Inzwischen hatte ich den jungen Militärpolizisten, der neben dem Bett saß, kennengelernt und schickte ihn weg – irgend etwas holen – Wasser – die Bettpfanne – ich weiß nicht mehr, was es war … und als er gegangen war, setzte ich mich auf seinen Platz – auf den Stuhl an Roberts Bett –, und ich schaute durch das Lampenlicht und das Gitter (es war ein Gitter vor dem Bett, damit er nicht im Schlaf herausfiel. Er träumte immer im Schlaf und versuchte aufzustehen), und ich sagte: »Ich will Ihnen helfen, wenn Sie es wollen.« Und ich wußte, daß er verstand – denn er sagte: »Noch nicht.« *Noch nicht.* Verstehen Sie? Er hätte sagen können: »Nein.« Er hätte sagen können: »Niemals.« Er hätte sagen können: »Ja.« Aber er sagte: »Noch nicht.« Hier, in diesen beiden Wörtern haben Sie das Wesen von Robert Ross. Und

vielleicht das Wesen dessen, was es heißt zu leben. *Noch nicht* ist seitdem mein Wahlspruch ... und da bin ich also! (*»Nein, Liebes«,* SAGT BESSIE TURNER. *»Da sind wir alle.«* UND DANN ZUM INTERVIEWER: *»Möchten Sie nicht noch ein Glas Sherry?«*)
(SPÄTER SCHICKTE MARIAN TURNER EINE PHOTOGRAPHIE, AUF DER SIE MIT IHRER FREUNDIN OLIVIA FISCHER UND DER WEISSEN KATZE ZU SEHEN IST. »Ich dachte, Sie hätten dies Bild vielleicht gern«, SCHRIEB SIE. »In meinem Alter braucht man keine Bilder mehr.«)

## 15

Robert wurde im Lazarett von Bois de Madeleine zwei Monate unter Arrest gehalten, bevor er transportfähig war. Gegen Ende August kehrte er nach England zurück. Im September wurde sein Fall *in absentia* vor Gericht verhandelt, und da man ihn nicht in ein Gefängnis sperren konnte, erlaubte man ihm, bis zu seiner Genesung nach St. Aubyn zu gehen. Dies wurde unter der Voraussetzung erlaubt, daß – nach ärztlichem Zeugnis – praktisch keine Hoffnung mehr bestand, daß er jemals wieder gehen oder sehen oder zur Verantwortung gezogen werden könnte.
Barbara d'Orsey nahm Kenntnis von seiner Ankunft und machte ihm einen einzigen Besuch. Sie trug einen Arm voll Freesien – und war in Begleitung von Oberstleutnant Albert Rittenhouse, einem Australier, der viel Lob geerntet und zwei Orden für seine Tapferkeit vor Gallipoli bekommen hatte.
Juliet d'Orsey hat gesagt, daß sie Robert Ross liebte. Daran kann kein Zweifel sein. Während er sich von seinen Verbrennungen erholte, wich sie kaum von seiner Seite. Jeden Tag brachte sie ihm Blumen – sommers wie winters. Im Winter schnitt sie Blumen im Treibhaus. Und neben seinem Bett stand immer eine Kerze, die nicht brannte.
Er starb im Jahr 1922. Er war noch nicht ganz sechsundzwanzig Jahre alt.
Es gibt eine Photographie von Robert und Juliet, die etwa ein Jahr vor seinem Tod aufgenommen wurde. Er trägt eine eng anliegende Mütze, eher eine Art Turban, die über die Ohren gezogen ist. Er hat keine Augenbrauen, seine Nase ist verun-

staltet und verbogen, und das Gesicht besteht nur noch aus vernarbtem Gewebe. Juliet blickt zu ihm auf – spricht –, und Robert schaut direkt in die Kamera. Er hält Juliets Hand. Und er lächelt.
Mr. Ross war das einzige Mitglied der Familie, das zur Beerdigung erschien. Auf dem Grabstein hatte Juliet die folgenden Worte schreiben lassen –

ERDE UND LUFT UND FEUER UND WASSER
ROBERT R. ROSS
1896 – 1922

## *Epilog*

Robert sitzt auf einem Wasserfaß. Es ist in Lethbridge, im Frühjahr 1915. Hinter ihm sieht man Zelteingänge – Bettzeug – Feldbetten. Jemand liegt unter einer Decke, man sieht ihn nur verschwommen – aber man kann eine Schulter erkennen und eine Hand, die vor dem dunklen Hintergrund herunterhängt. Man erkennt sie an der unverwechselbaren Form des Daumens. Roberts Beine stecken in Wickelgamaschen, und seine Uniform ist bis zum Hals zugeknöpft. Er hat keine Mütze auf. Seine Augen starren direkt in die Kamera, und seine Lippen sind ein wenig geöffnet. Sein Haar ist vom Wind zerzaust, und es muß Frühling sein, denn das Gras zu seinen Füßen ist noch kurz. Offenbar sitzt er auf seiner linken Hand. Vielleicht war es ein kühler Tag. Sein rechter Arm hängt herunter, und er hält etwas in der Hand. Der Gegenstand muß sehr empfindlich sein. Robert hält die Finger so, daß man den Eindruck haben muß, er halte etwas Lebendiges oder etwas Zerbrechliches. Aber der Gegenstand ist, wenn man ihn genau betrachtet, nichts dergleichen. Er ist weiß und etwas größer als eine Faust. Unter der Lupe erkennt man den Schädel irgendeines kleinen Tieres – eines Kaninchens oder eines Dachses. Roberts Zeige- und Mittelfinger greifen in die Augenhöhlen. Du legst dies Bild beiseite, weil es dir wichtig erscheint. Links von Robert sieht man eine Gewehrpyramide, zusammengestellt und gebündelt wie bei der Ernte. Dann erinnerst du dich an etwas, das geschrieben wurde, lange nachdem Robert Ross tot war. Es wurde von dem irischen Essayisten und Kritiker Nicholas Fagan während eines anderen Krieges geschrieben – 1943. Er schreibt folgendes:

*»Der Abstand zwischen dem Wahrnehmenden und dem Wahrgenommenen kann... durch einen Ausruf des Erkennens überbrückt werden. Eine Form des Ausrufs ist der Schuß. Nichts bestätigt so vollkommen unsere Wahrnehmung von etwas, wie die Tatsache, daß wir es vernichten.«*

Die Archivarin schließt ihr Buch. Sie starrt in die Zeit, und das Haar fällt ihr zu beiden Seiten des Gesichts nach vorn. Ihre Finger glätten den Umschlag des Buches, der hart, braun und alt ist. Sie schürzt die Lippen. Sie steht auf. Es ist Zeit, uns allen zu sagen, daß wir gehen sollen. Irgend etwas hindert sie daran – jedenfalls einen Augenblick lang. Es ist das Geräusch von Vögeln vor dem Fenster, die sich im Dunkeln regen. Die Archivarin geht zwischen den Tischen umher, knipst Lichter aus und lächelt und sagt uns mit sanfter Stimme: »Spät. Es ist spät!« Du beginnst, deine Fundstücke in Stapeln zu ordnen – Briefe – Photos – Telegramme. Dies ist das letzte, was du siehst, bevor du deinen Mantel anziehst.

ROBERT UND ROWENA MIT MEG: Rowena sitzt rittlings auf dem Pony – Robert hält sie fest. Auf der Rückseite steht geschrieben: »Sieh mal! Du kannst unseren Atem sehen!« Und das kann man auch.

Elsa Morante

## La Storia

Roman. Aus dem Italienischen von Hannelise Hinterberger.
1976. 603 Seiten. Leinen.

Ein Roman von einzigartiger erzählerischer Kraft und menschlicher Güte. Sieben Jahre im Leben einer Frau und ihrer beiden Söhne. Elsa Morante breitet das unvergleichliche unverwechselbare Leben jener Unschuldigen vor uns aus, nach denen die Geschichte – in Krieg und Frieden – nie fragt.

»Elsa Morantes Buch ›La Storia‹ ist wirklich Geschichte, aber sie ruht auf einem durchschimmernden Goldgrund, den man ›Heilsgeschichte‹ nennen möchte, auf dem Glauben, daß das Kind im Menschen, wenn wir es zu bewahren vermöchten, die Welt von ihrer Geschichte erlösen könnte ... Dieser Roman ist eine Botschaft, aber die Botschaft hat die Grazie der Poesie.« Toni Kienlechner/Weltwoche

»Der neue Roman von Elsa Morante ist ein großes Fresko.«
Pier Paolo Pasolini

»Das ist ein großes Werk der Weltliteratur. Gebt dieser bewundernswürdigen Dichterin den Nobelpreis, den sie verdient. Und lest, lest, lest.« Johannes Mario Simmel

»... eine ergreifende Beschreibung des Elends der kleinen Leute, wie sie durcheinandergewirbelt werden von den großen Mächten – eine Beschreibung auch von historischem Wert ... ein anspruchsvolles Erzählwerk.« Die Zeit

# Unterhaltung

**Scholem Alejchem**
**Geschichten aus Anatevka**
Band 1842

**Sybille Bedford**
**Ein Liebling der Götter**
Roman. Band 2407

**Juliette Benzoni**
**Der Nebelfalke**
Roman. Band 2427

**Lucien Bodard**
**Der Konsul**
Roman. Band 1819

**Der Sohn des Konsuls**
Roman. Band 2412

**Mary Elizabeth Braddon**
**Lady Audley's Geheimnis**
Roman. Band 1618

**Pearl S. Buck**
**Die Frauen des Hauses Wu**
Roman. Band 1766

**Wie Götter werden**
Roman. Band 2455

**Sheila Burnford**
**Die unglaubliche Reise**
Zwei Hunde und ein Kater wandern durch die Wildnis. Mit Zeichnungen von Gunter Böhmer.
Band 1657

**Ian Cameron**
**Insel am Ende der Welt**
Roman. Band 1706

**Joyce Cary**
**Des Pudels Kern**
Roman. Band 2456

**Elisabeth Castonier**
**Unwahrscheinliche Wahrheiten**
Band 1850

**Dreimal Liebe**
Drei ungewöhnliche Frauenschicksale.
Band 1792

**Gabriel Chevallier**
**Clochemerle**
Roman. Band 1190

**Papas Erben**
Roman. Band 1623

**Wilkie Collins**
**Lucilla**
Roman. Band 1201

**Winter im Haus am Ende der Welt**
Roman. Band 2450

**Fynn**
**»Hallo Mister Gott, hier spricht Anna«**
Band 2414

**Max Gallo**
**Engelsbucht**
Roman. Band 2433

**Der rote Schal**
Roman. Band 1993

**Monica Dickens**
**Sommer im Haus am Ende der Welt**
Roman. Band 1843

**Meine Pferde – meine Freude**
Band 1703